지금은 시니어 라이브커머스 시대

시간과 공간을 초월하는
라이브커머스

공 저 정소영 강진교 박윤아 정주리
김창금 윤채홍 김덕건

감 수 김진선

미디어북

시간과 공간을 초월하는 **라이브커머스**

초 판 인 쇄 2023년 3월 21일
초 판 발 행 2023년 3월 29일

공 저 자 정소영 강진교 박윤아 정주리
김창금 윤채홍 김덕건

감 수 김진선

발 행 인 정상훈
디 자 인 신아름
펴 낸 곳 미디어북

서울특별시 관악구 봉천로 472
코업레지던스 B1층 102호 고시계사

대 표 02-817-2400 팩 스 02-817-8998
考試界 · 고시계사 · 미디어북 02-817-0418~9
www.gosi-law.com
E-mail : goshigye@chollian.net

판 매 처 미디어북·고시계사
주 문 전 화 817-2400
주 문 팩 스 817-8998

정가 20,000원 ISBN 979-11-89888-39-8 03320

미디어북은 고시계사 자매회사입니다

라이브 커머스,
시니어도 할 수 있다!

Preface

네이버·카카오 등 라이브커머스에 불붙은 경쟁
시간과 공간을 초월한 세상에서 승부수를 띄울 마지막 카드!
누구든 어디에서든 할 수 있는 라이브커머스 전략을 한 권에 모두 담아낸 실전서

'쇼핑 플랫폼'의 생태계가 바뀌고 있다. 오프라인에서 온라인으로 옮긴 비대면 쇼핑은 코로나19가 지나도 여전히 강세를 보이고 있다. 이에 숏폼 영상 콘텐츠 시장이 급성장하며 앞으로는 숏폼과 라이브커머스 시장으로 고객 유입이 더욱 커질 것으로 예측된다.

한번 변화를 일으킨 시장의 물결은 거스를 수 없이 바뀌고 있고 이 흐름은 누구도 거스를 수 없을 것이다. 이 흐름에 IT 기술을 잘 이해하는 젊은 청년들만 기회를 잡을 것이라고 생각한다면 오산이다. 이 책에서는 변화되는 물결에서 기회를 잡아 더욱 경쟁력 있게 성공할 수 있는 수혜자를 '시니어'라고 말하고 있다. 그리고 수혜자뿐만 아니라 리더 역시 시니어로 초점을 옮겼다.

인생 2막을 준비하는 '액티브 시니어'들은 장기적으로 축적된 경험과 스킬이 있다. 수많은 콘텐츠가 쏟아지는 세상에서 경험에서 나오는 실전 메시지처럼 막강한 메시지가 없을 것이며 이런 메시지들만이 주목받을 수 있을 것이다.

열심히 일만 해온 시니어들은 이제 인생 2막을 고민하고 있다. 금전적으로 여유가 있고 시간이 있어도 갈 곳도, 할 것도, 함께 할 사람도 찾아보기 쉽지 않은 세상에서 그들은 무엇을 해야 할까?

건강과 케어 중심이었던 기존의 노인들과 다르게 액티브 시니어들은 배우고 즐기며 다양한 경험에 근거한 소비를 한다. 2025년 초고령 사회를 준비하는 우리나라의 '실버·시니어 시장'에서 필요한 것은 바로 이들의 눈높이에서 공감하며 함께해 줄 수 있는 '쇼핑 메이트'와 '인플루언서'다.

60대는 2030 세대의 방송과 멘트를 얼마나 공감할 수 있을까? 소비자의 마음과 지갑을 열기 위해 가장 중요한 것은 '소비자 관점에서의 동감'이다. 같은 경험과 동질감을 느낄 수 있는 세대라서 더욱 유리한 시장이 바로 시니어 시장이다.

시니어는 더 이상 지는 별이 아니다. 고강도 체력이 소모되는 일이 아닌 자신의 경험담을 콘텐츠로 담아내며, 모바일 하나로 언제 어디서든 라이브를 하고, 콘텐츠를 제작하며 시공간을 초월한 소통을 이끌어 낼 수 있다.

이 책에서는 실제 인생 2막의 설계에서 성공한 액티브 시니어의 사례와 라이브커머스 시장의 미래 전략까지 모두 담고 있다. 라이브커머스가 재미에서 끝나는 것이 아니라 비즈니스의 기회를 가져다주는 파랑새가 되길 바라는 분들에게 이 책은 필독서로 추천하고 싶다.

우리가 겪은 모든 변화와 이슈는 아주 작은 점에서 시작한다. 이 책 한 권을 끝까지 읽고 하나의 행동을 실천으로 옮긴다면, 현재와 미래의 커머스 시장을 선도할 수 있는 수혜자의 반열에 설 수 있을 것이다. 사회의 트렌드를 거시적 관점에서부터 작은 실천 전략까지 모두 이해하고 실천해 티핑 포인트를 경험해보기를 바란다.

끝으로 이 책의 감수를 맡아 수고하신 파이낸스투데이 전문위원, 이사이며 현재 한국메타버스연구원 아카데미 원장이신 김진선 교수님께 감사를 드리며 미디어북 임직원 여러분께도 감사의 말씀을 전한다.

2023년 3월

저자 정 소 영

공저자 소개

정 소 영

대한민국 모바일쇼핑호스트 1호로 활동하며 현재는 교육컨설팅 종합 광고대행사 더블티컨설팅과 MCN회사인 SY미디어 대표를 역임하고 있다. 유튜브 '엄마의 지혜 TV (엄지TV)' 크리에이터이자 'K-웰니스 인플루언서 최우수상'을 수상했다. '지금은 라이브커머스 시대' 저자로 전국에서 교육 및 컨설팅을하고 있다. 1만 중소상공인과 1만명의 쇼핑호스트를 양성하는 것이 그녀의 목표다.

강 진 교

한국IT산업뉴스 발행인과 국제온라인6차산업협회 협회장으로 전남과학대 평생교육원 전담교수를 거쳐 현재 한국메타버스연구원 광주지회장, 지도교수, 연구원으로 활동하고 있다. 또한 출판사와 정기간행물 등록으로 얼굴분석, 성명학, 지문분석 및 사람에 따른 성향과 관찰을 통해 퍼스널브랜딩 컨설팅을 활발하게 진행하고 있다.

박 윤 아

13년간의 스피치 강의, 방송 경험을 통해 축적된 노하우를 바탕으로 대학과 기업, 관공서 등 다양한 현장에서 활동 중이다. 현재 '복지TV호남방송' 아나운서이자 '에듀에이교육원'의 교육 팀장으로서 기획과 진행은 물론 강의, 내레이션, 쇼호스트, 리포터로 활약하며 열정 긍정의 마인드로 사람들과 소통하며 행복한 삶의 주인으로 사는 중이다.

정 주 리

전남 해남에서 나고 자라 지역 특산물을 온·오프라인으로 산지 유통하고 있다. 자칭 '농촌 경제와 농사일에 해박한 지혜의 여신'이자 농업 회사《산이로움》 대표다. 현재 전남 도립대학교 웰니스 6차 산업학과에 재학 중이며, 로컬 크리에이터, 액티브 시니어 쇼핑호스트로 활동 중이다.

김 창 금

동강대학교 미디어콘텐츠과 자문위원이며 국제온라인6차산업협회 광주지부장, 스마트폰활용지도사 1급, 초경량비행장치 1종 취득, 메타버스콘텐츠전문가, 라이브커머스전문가, 유튜브크리에이터 2급, 전산회계사 1급을 취득하고 활발하게 활동 중에 있다.

윤 채 홍

전남대학교 경영학 석사와 광주교육대학교 교육학 석사로 동강대학교와 전남도립대학교 외래교수로 활동하며 미디어세상 주식회사 대표이다. 또한 한국사진작가협회 정회원, 사진예술지도사, 드론교육지도사 1급, 국가공인 재무설계사(AFPK), 스마트폰활용지도사 등 다양한 미디어관련 교육 강의로 활발하게 활동하고 있다.

공저자 소개

김 덕 건

가수로 활동하고 있으며 대표곡 돌아와줘, 몰랐네, 사랑애, 별빛창가에서 4곡 음반에 수록돼 있다. 가수 외에도 라이브커머스 쇼핑호스트, 방송진행, 노래강의를 하고 있다.

감 수 자

김 진 선

'i-MBC 하나더 TV 매거진' 발행인, 세종 대학교 세종 CEO 문학포럼 지도교수를 거쳐 현재 한국메티버스연구원아카데미 원장, 파이낸스투데이 전문위원/이사, SNS스토리저널 대표로서 활동 중이다. 30여 년간 기자로서의 활동을 바탕으로 출판 및 뉴스크리에이터 과정을 진행하고 있다.

Contents

CHAPTER 1

라이브커머스 성공전략

Contents

Contents

CHAPTER 6 라이브커머스에 필요한 방송 장비

Contents

Chapter
01

라이브커머스 성공전략

정 소 영

Chapter 01

Chapter **01**

라이브커머스 성공 전략

Prologue

'라이브커머스'를 한마디로 정리하면 '실시간 스트리밍을 통해 물건을 판매하는 미디어 커머스'다. 라이브커머스는 '라이브 스트리밍(Live streming)'과 '커머스(Commerce)'의 합성어로 기존의 '이커머스(e-Commerce)'와 차이점은 바로 'Live'라는 점이다. 이커머스 시장에서 단점이었던 체험이 불가능하다는 점을 라이브커머스에서는 간접적으로 체험이 가능하다. 실시간 방송이기 때문에 소비자가 던진 질문에 판매자나 진행자가 즉각 답변을 줄 수 있어 실시간 소통과 구매까지 연결된다는 점이 장점으로 주목받고 있다.

라이브커머스는 이러한 이커머스의 한계에 해결책을 제시한 시장이며 ICT 기술의 발전으로 5G 환경에서 인터넷 접속이 가능한 국가들은 더욱 빠르게 라이브커머스 시장에 진출하고 있다. 또한 전 세계가 COVID19를 겪으며 배송 물류망은 더욱 탄탄해졌다. 이는 온라인과 오프라인 시장의 비중이 오프라인 기반의 소비로 되돌아가지 않을 것이라는 의미이기도 하다.

지금은 '라이브커머스 시대'라고 말해도 과언이 아니다. 라이브커머스를 정확히 이해하기 위해서 우리는 커머스 시장을 이해할 필요가 있다. IT 기술이 빠르게 도입되는 산업이 바로 커머스 산업이다. 조금이라도 뒤처진다 싶으면 소비자의 마음을 놓치고 외면을 받는다. 커머스 산업의 종사자들은 늘 내일을 내다보며 소비자의 마음과 지갑이 언제 어디에서 열리는지를 예측해야 한다.

소비자의 세대는 교체되고 있고, 시대는 변하고 있다. 빠르게 변화하는 고객의 취향은 물론 트렌드와 우리가 살아가는 환경 및 기후까지도 모두 고려해야 이 치열한 커머스 시장에서 살아남을 수 있다. 변화가 빠르다는 것은 강자가 살아남기 좋은 환경이지만 준비된 약자에게 언제든지 기회가 될 수도 있다는 말이다. 라이브커머스에 대해 자칫 대기업에 의한, 대기업을 위한 무대라고 생각하는 독자가 있다면 'No'라고 답해주고 싶다. 변화된 커머스 시장을 두려움의 눈빛으로 바라보지 말고 부디 이 변화 속 기회를 발견하기를 간절하게 바라는 마음이다.

1. 국내 라이브커머스 시장

국내 라이브커머스 시장은 2020년 3조 원 시장으로 주목을 받으며 커지기 시작해 2023년엔 10조 원 시장을 내다보고 있다. 정도의 차이는 있지만 현재 라이브커머스 시장은 초기 단계의 불안했던 테스팅 베드 시기를 지나 안정적으로 자리 잡아가고 있는 단계이다. 앞으로도 라이브커머스 시장은 더욱 가속도가 붙어 빠른 속도로 성장할 것이라는데 전문가들은 같은 의견을 모으고 있다.

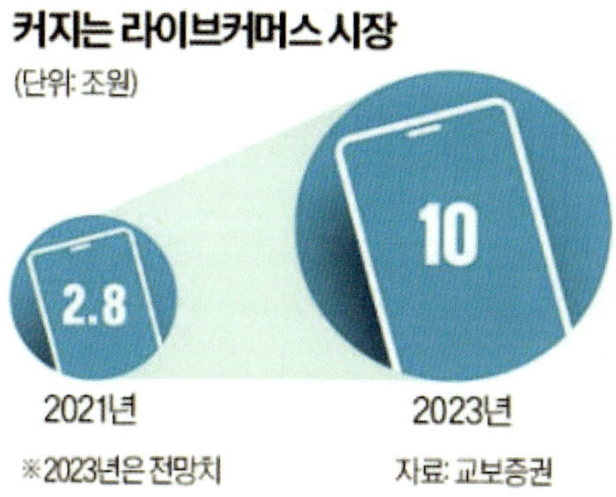

[그림1] 2023년 라이브커머스 시장규모(출처 : 교보증권)

국내의 라이브커머스 플랫폼을 비교하면 다음과 같다. 네이버, 카카오처럼 IT 회사에서 운영하는 라이브커머스 플랫폼은 다양한 유저(고객) 층을 확보하고 있으며 방송마다 노출도가 높아 시청자 유입이 다른 플랫폼들에 비해 높다는 장점을 갖고 있다.

티몬, 쿠팡, 11번가, 인터파크 등 온라인 쇼핑몰에서 운영하는 플랫폼은 이미 온라인 쇼핑몰에서 구매 경험이 있거나 구매 욕구가 높은 고객을 대상으로 라이브 방송이 진행되다 보니 구매전환률이 높다는 장점을 갖고 있다.

롯데·신세계·현대 백화점에서 운영하는 라이브플랫폼은 오프라인 구매력이 높은 고객들에게 라이브 방송 시청 푸시를 함으로써 다양한 온오프라인 프로모션을 진행 할 수 있다. 온오프라인 연계를 통해 홍보 효과가 더욱 커질 수 있다는 점과 고객들의 구매력이 높다는 점에서 객단가가 높다는 장점을 갖고 있다.

마지막으로 라이브커머스 전문 플랫폼인 그립, 보고, 소스, 잼라이브의 경우 라이브커머스에 특화돼 개발된 플랫폼으로 타 채널에 비해 다양한 콘셉트의 방송들을 선보이고 있다. 플랫폼마다 특색을 갖고 있어 방송의 찐 팬층을 확보하고 있다는 장점이 있다.

IT플랫폼	네이버 '쇼핑라이브' 카카오 '카카오쇼핑라이브'
온라인 쇼핑몰	티몬 'TV ON' 쿠팡 '쿠팡라이브' 11번가 '라이브 11' 인터파크 '월요라이브' 아프리카 TV 등등
오프라인 유통사	CJ ENM 롯데백화점 '100LIVE' 신세계 '신세계TV쇼핑' 현대백화점 등등
라이브커머스 전문	그립 보고 소스라이브

[표1] 국내 라이브커머스 플랫폼 비교 표 (출처: 정소영)

2. 해외 라이브커머스 시장

1) 중 국

중국의 경우 국내보다 일찍 라이브커머스 열풍이 불어 안정기에 접어들었고 현재 중국 라이브커머스 시장의 규모는 매우 커진 상태이다. 코트라 자료에 따르면 중국의 라이브커머스 매출액은 2017년 200위안으로 시작해 4년 사이 9,610위안(한화로 160조 원)으로 성장했다. 무려 4,800%가량 성장을 보인 중국의 라이브커머스 시장은 국내에도 '왕홍 마케팅' 열풍을 불러일으킨 바 있다.

2021년엔 중국에서 가장 유명한 인플루언서인 '리쟈치'의 누계 시청자 수는 2.48억 명으로, 왕홍 한 명의 총 거래액은 115.4억 위안(한화로 2조 1,000억 원)이라는 엄청난 규모를 형성한 기록들이 있다. 이처럼 중국의 라이브커머스 시장이 막강하게 성장할 수 있었던 이유는 한국의 라이브커머스 시장은 특별한 플랫폼에서 판매자, 호스트만이 권한을 갖고 라이브를 하는 반면, 중국에서는 규제가 적어 언제 어디서나 상품의 종류나 방송 환경의 제약을 받지 않고 자유롭게 라이브방송을 했기 때문이다. 라이브커머스 시장의 존재 이유이기도 한 시간과 공간의 제한 없이 자유롭게 실시간 소통하며 거래가 이뤄져야 한다는 기본이 잘 지켜질 수 있었기 때문에 성장의 속도가 기하급수적이었다고 생각한다.

또한 중국의 소비문화 중 하나가 '쇼핑 행사'이다. 2009년 알리바바 그룹이 주도한 할인행사인 '쐉스이'와 '광군절'은 중국의 대표적인 '할인행사의 날'로 자리 잡았다. 매년 쐉스이(11월 11일)의 매출액은 상상을 뛰어넘는다. 쐉스이가 되면 중국 각 기업뿐만 아니라 외국기업까지도 다양한 할인 프로모션과 이벤트들을 쏟아내며 소비자들의 지갑을 열기 위해 소비촉진 활동을 하기 바쁘다. 중국의 라이브커머스 시장은 이렇게 자리 잡힌 중국의 소비문화에 더욱 기름을 부은 격이 됐다.

중국 이커머스 플랫폼으로는 타오바오, 티몰, 징둥, 핀둬둬, 샤오홍슈 등이 있으며 이 중 국내에도 유명한 플랫폼은 '타오바오'를 들 수 있다. 2021년 3월 기준 8억 9,100만 명의 방문자 수를 기록한 타오바오가 시장을 장악하고 있으며, 탄탄한 고객층을 잡고 있기에 중국의 라이브커머스 시장은 더욱 빠른 시간 내에 안정적으로 자리 잡을 수 있었다.

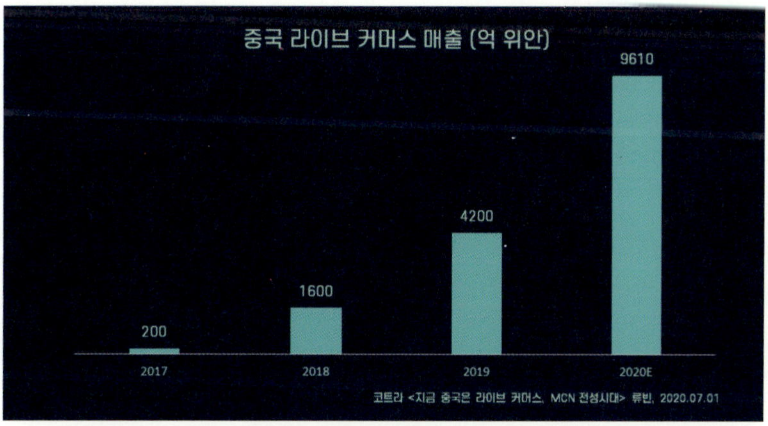

[그림2] 중국 라이브커머스 매출 그래프(출처 : 코트라)

2) 북 미

라이브커머스는 중국과 한국만 열광인 것이 아니다. 북미에서도 거대 IT 기업들이 라이브커머스 시장에 진입했다. 아마존은 2019년 '아마존 라이브(Amazon Live)'로 미국 시장에서 라이브커머스를 시작했다. 2017년에 론칭한 아마존 인플루언서 프로그램은 SNS의 인플루언서들에게 그들의 최애템을 소개하게 하고, 아마존 링크를 걸어 클릭 횟수에 따라 수익을 얻게 하는 서비스다. 국내에서는 쿠팡이 진행하고 있는 '쿠팡 파트너스'와 비슷한 서비스라고 볼 수 있다.

이 서비스를 라이브 서비스로 확장해 실시간으로 상품을 시연하고, 실시간 채팅 기능을 사용해 쇼핑하는 고객들과 실시간으로 소통하고, 팔로우 기능을 통해 팬덤을 늘려가도록 하고 있다. 아마존 라이브는 크리에이터 앱을 다운로드하고 무료로 자체 아마존 라이브스트림을 생성하거나, 아마존과 협업을 통해 아마존에서 기획하고 제작한 라이브스트림을 이용할 수도 있다.

아마존 라이브 크리에이터 앱은 스토어를 보유한 벤더 및 아마존 브랜드 레지스트리에 등록된 프로페셔널 셀러가 미국에서 사용할 수 있다. 아마존이 제작하는 라이브는 오늘의 딜 라이브, 쇼핑 이벤트 관련 라이브(프라임데이, 블랙프라이데이, 사이먼데이, 개강 맞이 등), 공휴일 관련 라이브(어버이 날, 할로윈 등) 그 외 특정 시즌 관련 라이브가 있다.

현재 패션, 뷰티 뿐만 아니라 요리, 피트니스, 가전, 자동차까지 카테고리를 다양하게 선보이며 케이블 홈쇼핑과 차별화된 방식으로 시장을 선점하고 있다. 현재 미국의 라이브커머스 시장이 전체 이커머스 시장에서 차지하는 비중은 낮지만, 아마존을 비롯해 IT 대기업인 구글까지 시도했던 시장으로 앞으로도 성장의 잠재력이 높아 기대해볼만하다.

[그림3] 아마존 Live 메인 사진(출처 : 아마존)

3. 소비와 마케팅 트렌드

1) 웰니스와 6차산업

'웰니스(wllness)'는 '웰빙(well-being)'과 '행복(happiness)', '건강(fitness)'의 합성어로 신체적·정신적·사회적 건강이 조화를 이루는 이상적인 상태를 이르는 말로 2000년대 이후 웰빙 트렌드가 사회적으로 확산하면서 등장한 개념이다. (출처: 네이버 시사상식사전)

세계는 건강에 대한 새로운 패러다임으로 웰니스(wellness)가 확산함에 따라 생활습관을 개선하고 운동·여가활동을 통해 건강을 증진하고 힐링이나 명상 등을 통해 자아발견을 하는 웰니스 관광이 주목받고 있다. 이러한 트렌드에 발맞춰 웰니스 관광상품, 프로그램을 비롯해 농어촌 및 산촌 체험들이 쏟아지고 있다.

강원도 정선에 위치한 파크로쉬 리조트 앤 웰니스는 투숙객 한정으로 명상, 요가, 테라피, 피트니스 등의 다양한 프로그램을 제공하며 건강한 먹거리와 휴식에 포커싱 된 국내의 대표적인 웰니스 전문 호텔 사례로 볼 수 있다.

[그림4] 웰니스 호텔 사례(출처 : 파크로쉬 리조트앤웰니스 홈페이지)

한국관광공사는 대한민국 추천 웰니스 관광지를 선정하고 책자로 배포 했으며 '대한민국 구석구석(wellness.visitkorea.or.kr)'이란 사이트에서 다양한 정보를 제공하고 있다.

[그림5] 추천 웰니스 관광지58 지도(출처 : 한국관광공사)

그러면 왜 '웰니스'에 집중하고 있을까? 코로나19를 비롯해 환경으로부터 위협받는 지금 우리에게 필요한 것은 '치료' 이전의 '예방'이 중요하기 때문이다. 물리적인 환경으로부터의 위협과 정신적 스트레스가 높은 현대인들은 올바르게 먹고, 운동하고, 자신의 마음을 돌아볼 수 있는 시간이 필요하다. 앞으로 감정, 마음, 몸, 사회, 환경으로부터 더욱 자신을 지켜내기 위한 욕구는 커질 것이기 때문에 개인, 기업뿐만 아니라 국가적으로도 웰니스에 관심을 갖고 있는 것이다.

[그림6] 추천 웰니스 관광지58(출처 : 한국관광공사)

익스피디아 그룹이 한국인 여행객 1,000명을 포함해 17개국 수천여 명의 여행객 및 업계 전문가들을 대상으로 실시한 맞춤형 설문조사를 통해 발표한 '2023 여행 트렌드 전망 보고서'에 따르면 한국인 여행객의 절반 이상(59%)이 '이전에 비해 웰니스 여행에 더 많은 관심이 생겼다'고 응답했으며, 그 중 밀레니얼 세대(25세~34세)가 높은 응답률을 보였다고 한다.

[그림7] '웰니스'는 여행 트렌드의 대세로 굳어져 가고 있다.(출처 : 호텔스닷컴)

웰니스 여행에 더 많은 관심을 갖게 된 이유에 대해서는 '그 어느 때보다 정신 및 육체 건강 관리에 집중하고 있어서', '정신적 및 육체적 건강을 증진할 수 있는 새로운 방식을 찾고 싶어서' 그리고 '팬데믹으로 중단된 웰니스 여행을 보상받고 싶어서'인 것으로 확인됐다.

그렇다면, 대한민국은 웰니스 트렌드에서 어떤 기회를 잡을 수 있을까? 대한민국은 위기를 기회로 역전시키는 의지의 한국인들이 있다. 최근까지도 여전히 숙제로 남겨져 있던 농산물이 바로 기회를 가져올 것이라고 생각한다. 바로 국내에서 생산된 믿을 수 있는 먹거리와 농촌 관광자원의 활용이다. 이것을 '농촌융·복합산업'이라고 하며 '6차 산업'이라고 한다.

6차 산업이란 1차 산업인 농림수산업, 2차 산업인 제조·가공업, 3차 산업인 유통·서비스업을 복합한 산업으로, 농산물을 생산만 하던 농가에서 고부가가치 상품을 가공하는 것은 물론 향토 자원을 이용한 체험프로그램 등 서비스업으로 확대해 높은 부가가치를 발생시키는 것을 말한다.

현재 농림축산식품부에서는 6차 산업 사업자를 대상으로 성장 가능성 등을 고려해 심사를 거친 뒤 '농촌융복합산업(6차 산업) 사업자 인증서'를 수여하고 있다. '농촌융복합산업 사업자 인증제'는 농업인·농업법인을 인증해 핵심경영체를 육성하는 시스템이다. 농촌의 다양한 유무형 자원을 활용해 농업(1차 산업)과 2·3차 산업을 연계해 새로운 부가가치를 창출하고 향후 성장 가능성이 있는 농업인·농업법인을 인증해 핵심경영체로 육성하기 위해 도입했다.

웰니스와 6차 산업의 트렌드를 따라 지역들도 기회를 잡기 위해 다양한 웰니스 프로그램과 상품 및 공간들을 조성하고 있다. 한 사례로 전라북도 순창의 '순창쉴랜드'는 총 493,189㎡ 규모로 (재)순창건강장수연구소, 건강장수체험과학관, 명상관, 찜질방, 방갈로, 카페, 의농업체험관, 편백 치유 숲 등 다양한 교육과 체험·힐링 시설이 자리 잡고 있다.

또한 (재)순창건강장수연구소는 2003년 미국 '타임' 지에 순창군을 세계적인 건강장수지역으로 소개하면서 이를 계기로 2009년 총 166억 원의 사업비를 투입 착공해 2013년 6월에 설립했으며 그동안 정책연구, 고령사회연구, 기능성 식품연구 등 건강과 관련된 다양한 연구와 체험을 진행하고 있다.

앞으로도 웰니스에 대한 관심은 더욱 높아질 것으로 보이기에 대한민국과 중소기업 및 농업인들에게 위기가 기회로 역전될 수 있기를 바란다.

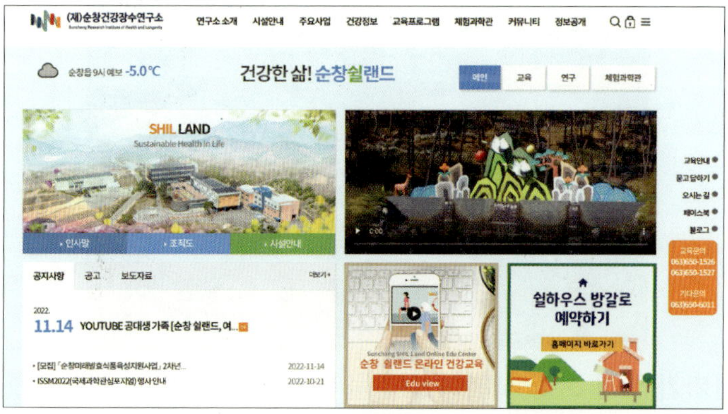

[그림8] 국내 웰니스 사례 순창(출처 : 순창쉴랜드 홈페이지)

2) 액티브 시니어

'액티브 시니어(Active Senior)'는 은퇴 이후에도 하고 싶은 일을 능동적으로 찾아 도전하는 50~60대를 일컫는 말로, 적극적으로 소비하고 문화 활동에 나선다는 점에서 '실버 세대'와 구분된다. 이들은 외모와 건강 관리에 관심이 많고 여가 및 사회 활동에도 적극적으로 참여한다. '어모털족'과 비슷하다고 할 수 있겠다.

2020년 5월 문화체육관광부와 국립국어원은 '액티브 시니어'를 대체할 우리말로 '활동적 장년'을 선정했다. 액티브 시니어의 가장 큰 특징은 소비다. 이들은 넉넉한 자산과 소득을 바탕으로 이전 노년층과 달리 자신에 대한 투자를 아끼지 않는다. (출처= 네이버 지식백과)

11번가의 2022년 6월 중장년층 라이브방송인 '할렉스(할아버지 · 할머니 플렉스)'는 누적 시청 수 39만 회를 넘기며 60대 이상의 쇼호스트들을 출연시켜 '새치염색샴푸'와 같은 시니어 타깃 상품을 소개하고 판매했다.

신한카드 빅데이터연구소가 자사 고객 소비데이터 분석을 통해 2022년 4월에 발표한 보고서에 따르면 코로나19 발생 전인 2019년에 견줘 2021년 한 해 동안 50대와 60대 이상의 온라인 업종 이용이 각각 110%, 142% 증가했다고 한다. 20대와 30대의 이용 증가율이 각각 45%, 63%인 것을 고려하면 50대 이상의 온라인 구매 경험의 증가세가 유독 가파름을 확인할 수 있다.

[그림9] 11번가가 60대 이상 시니어 고객을 위한 라이브방송 '할렉스'를 시작했다.
화면은 2022. 06. 28. 첫 방송 된 할렉스 영상(출처 : 11번가 라이브방송 갈무리)

또한 다른 세대에 비해 중장년층은 구매력이 높다. 온라인 명품 플랫폼인 '머스트잇'이 2021년 1월부터 2022년 4월까지 이용자 데이터를 분석한 결과, 50대 평균 구매 금액은 81만 원으로 20대 49만 원, 30대 66만 원보다 많았다. 롯데의 통합 온라인쇼핑몰인 롯데온의 경우 2021년 기준 40대 이상 매출액은 2020년 대비 60%가량 증가한 것으로 나타났다.

이커머스 업계에서는 '액티브 시니어'가 향후 온라인 소비를 이끌어 나갈 큰손이라는 시각이 있다. 간편 로그인과 간편 결제 시스템이 보편화되면서 온라인 거래가 편해질수록 중장년층의 소비는 더욱 증가할 것이다.

이에 따라 시니어들의 마음을 잘 공감하고 공략할 수 있는 액티브 시니어들의 다양한 활동들이 필요한 시기이기도 하다. 11번가의 사례처럼 라이브커머스 방송에서 주름 하나 없는 젊은 쇼핑호스트가 시연하고 추천하는 상품보다 같은 연배의 중장년층 쇼핑호스트가 추천하는 상품에 더욱 신뢰가 갈 것이다. 액티브 시니어가 소비시장에서 큰손 소비자로 떠오르는 만큼 다양한 산업군에서 액티브 시니어를 위한 일자리들도 다양하게 만들어질 것으로 보인다.

3) 콘텐츠 커머스

'콘텐츠 커머스'는 예능·드라마 등의 콘텐츠와 판매를 연계시키는 사업모델이다. 라이브커머스와 OTT 플랫폼의 중간 정도에 있다고 볼 수 있다. 하지만 콘텐츠 커머스는 영상 제작에 비용이 많이 들고 판매 효율이 낮다는 단점이 있다. 그럼에도 불구하고 콘텐츠 커머스가 트렌드로 떠오른 이유는 무엇일까?

코로나19 이후 2년여 시간 동안 이커머스는 전성기를 맞이했다. 많은 플랫폼들이 거래액의 규모를 키우며 상장기업 반열에 오르기도 했다. 이렇게 성장한 플랫폼들의 특징은 '물류'였다. 그렇다면 '물류'가 약한 이커머스 플랫폼이 살아남기 위해 필요한 것은 무엇일까? 바로 '찐팬', 다시 말해 '충성고객'이다. 가격경쟁, 물류배송경쟁에서 우위를 차지하지 않았다면 마지막 카드는 '콘텐츠'가 돼야 할 것이다. 이러한 콘텐츠 커머스의 성공적인 사례로 '티몬'을 소개하고 싶다.

이커머스 시장의 경쟁이 가열되면서 자고 일어나면 새로운 유행들이 만들어지는 세상이 됐다. 소비자에게 선택지가 많다는 것은 공급자 입장에서는 소비자 마음을 파고들어 지갑을 열 만한 전략연구가 끊임없이 이어져야 한다는 의미이기도 하다.

1세대 이커머스 '티몬'은 '콘텐츠 커머스'를 앞세워 내실 다지기에 나섰다. 티몬은 2021년 '피키캐스트'를 운영하는 '아트리즈'를 인수하고 창업주를 대표로 선임했다. 아트리즈 창업주인 장윤석 대표는 취임 직후부터 콘텐츠 커머스를 핵심 경쟁력으로 내세우며 유튜브 '놈 스튜디오'에서 개그맨 정준하가 출연하는 '광고 천재 신드롬', 배우 김수미 씨와 함께하는 '웹 예능'을 통해 MZ 세대의 반응을 이끌어내는데 성공했다. 단순히 상품을 보여주는 식의 기존 상품 소개방식에서 벗어나 큐레이션 콘텐츠를 만들어 MZ 세대 감성에 맞춘 노력을 하고 있다.

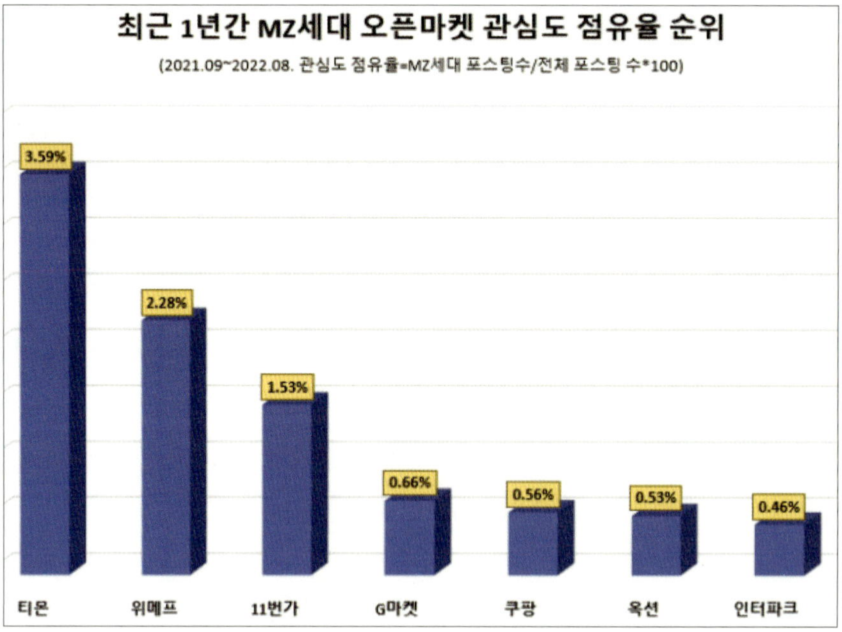

[그림10] MZ 세대 오픈마켓 관심도 점유율 순위(출처 : 데이터앤리서치)

그렇다면, 콘텐츠 커머스에서 성공을 거두기 위해 필요한 요소는 무엇이 있을까? 미디어 커머스 콘텐츠의 3대 요소는 'FUN(재미), NEW(발견), TIP(도움)'이다. 말 그대로 소비자 입장에서 콘텐츠는 재미있어야 한다. 그리고 콘텐츠를 보고 나서 상품에 갖는 '호감도'가 높아져야 한다. 재미있는 콘텐츠는 고객이 자발적으로 공유하고 확산시키게 한다. 두 번째 요소는 '새로운 발견'을 제공하는 것이다. 여기서 말하는 발견이란 새로운 상품의 발견, 새로운 가치의 발견, 새로운 기회의 발견을 말한다. 콘텐츠를 시청한 고객의 입에서 "어머, 이런 상품도 있어?", "어머, 이거 지금 사야 해"라는 발견의 메시지가 나와야 한다는 것이다. 마지막으로는 '도움'이다. 화장품을 판매하기 위해서 메이크업 방법 영상을 찍어 배포하는 것이 대표적인 사례다. 레시피 영상을 통해 식재료 구매로 이어지는 것처럼 콘텐츠는 단순히 시청에서 끝나지 않고 구매 욕구를 자극하기 때문이다.

"내가 무슨 말을 했느냐가 중요한 것이 아니라, 상대방이 무슨 말을 들었느냐가 중요하다." 현대 경영학의 창시자로 불리는 피터 드러커(Peter Druker)가 한 말이다. 콘텐츠 커머스에서 무엇보다 중요한 것은 포기하는 것이다. 내가 하고 싶은 많은 메시지를 전부 담기 위한 노력보다 하나의 핵심 메시지만 남기고 소비자가 느낄 재미 부분에 더 집중하고 고민해야 할 것이다. 콘텐츠에서 재미는 확실한 메시지를 남기고 호감과 호기심으로 연결돼야 한다는 것이 본질이기 때문이다.

4) 마이크로 인플루언서

2017년부터 마케팅 시장을 이끈 트렌드 중 하나가 바로 '인플루언서'였다. 인스타그램, 유튜브 등 SNS에서 수십만 명의 팔로워를 보유한 영향력 있는 인플루언서에게 기업들은 돈을 주고 제품사용 후기 등을 올리게 하는 인플루언서 마케팅을 해왔다. 하지만 2018년 9월 5일 인플루언서에게 돈을 주고 홍보성 제품사용 후기를 올리게 하는 기업을 단속하겠다는 공정위의 발표에 따른 뒤 광고 논란으로 유명 인플루언서들이 잠적을 감추게 됐다. 또한 소비자들은 인플루언서의 후기에 대해 신뢰도가 떨어지기 시작했다. 또한 소비자들은 인플루언서가 진짜 좋아서 올리는 건지, 아니면 그냥 돈을 받고 올린 것인지 판별할 수 있게 되면서 기업의 입장에서도 인플루언서 마케팅의 효과가 떨어진 것이다.

그렇다면 인플루언서 마케팅은 지는 별인가? 그렇지 않다. 시장의 트렌드는 '마이크로 인플루언서'로 방향을 틀었다. 마이크로 인플루언서는 대개 1,000~1만 명의 팔로워를 가진 사람들을 의미한다. 마이크로 인플루언서는 해당 분야에서 적당한 전문가로 포지셔닝도 돼 있으며 팔로워 수가 메가 인플루언서처럼 많지 않아 팔로워들에 대해서도 빠삭하게 이해하고 소통하고 있다는 점이 큰 강점이다. 마이크로 인플루언서는 유명 연예인들이나 메가 인플루언서에 비해 돈독하고 긴밀한 팬층을 형성하고 있어 보다 진정성 있는 메시지 전달이 가능하다. 또한 기업의 입장에서 지불해야 하는 광고비도 훨씬 적고 기업의 의뢰에 더욱 정성이 담긴 콘텐츠를 생산한다는 점에서 주목할 수밖에 없기도 하다.

10만 명의 팔로워가 있는 메가 인플루언서 1명보다 5,000명의 팔로워가 있는 마이크로 인플루언서 20명이 정성적·정량적으로 유리하다는 것이다. 마이크로 인플루언서는 보통의 평범한 사람들이다. 이는 팔로워들에게 팬이 아니라 동시대를 함께 살아가며 공유하는 동료로 생각하게 하는 경향이 있다. 이러한 마이크로 인플루언서의 효과는 소비심리와 전환율이라는 점에서 많은 것을 시사하고 있다. 고객이 구매를 결정할 때 대다수는 유명 인플루언서의 콘텐츠보다 친구나 가족들이 올린 SNS 콘텐츠에 더 큰 영향을 받는다는 점이다. 마이크로 인플루언서는 브랜드의 진정성을 전달하고 그들이 홍보하는 브랜드나 상품의 대중성이라는 옷을 입혀줄 것이다.

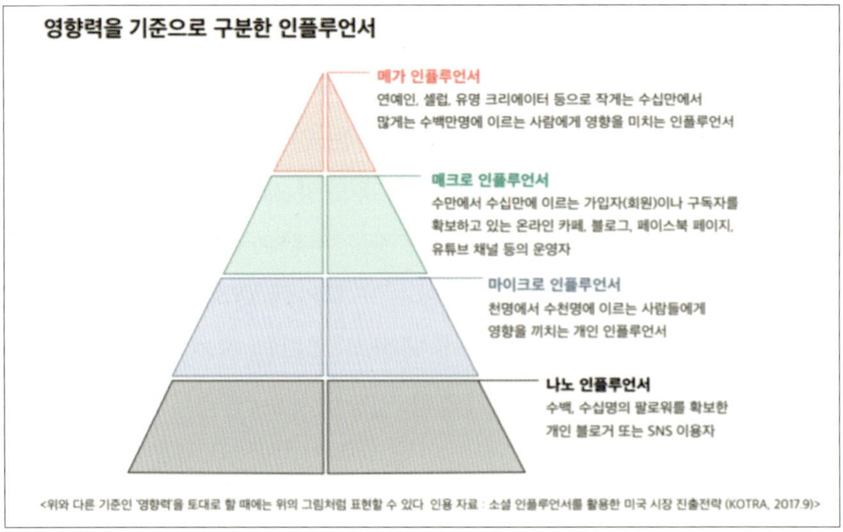

[그림11] 인플루언서의 구분(출처 : KOTRA '2018 성과형 인플루언서 마케팅 보고서')

LF몰이 라이브커머스 방송을 위한 전문 크리에이터를 운영하는 '엘플루언서(LFluencer)' 프로그램을 선보였다. 엘플루언서는 LF몰과 인플루언서를 조합한 합성어로 다양한 직군의 전문가를 선정해 라이브방송에서 LF몰 상품을 소개하는 크리에이터를 육성하고 운영하는 프로그램이다. 선발된 인플루언서들은 서류전형과 현장오디션을 통해 모집했으며 틱톡커, 퍼스널컬러 컨설턴트, 뮤지컬배우, 백화점 MD, 카레이서 등 다양한 직군의 종사자들을 뽑았다. 이 중엔 이미 메가 인플루언서도 있지만 LF몰의 충성도를 갖고 함께 협업할 수 있는 인플루언서도 있다. 고객의 관점에서 이미 이름만 들어도 아는 유명인보다 나와 비슷하지만 딱 한걸음 앞에서 전문성을 갖고 있는 마이크로 인플루언서에 대한 호감과 신뢰도가 매출에도 기여할 것이라는 예측으로 이러한 시도가 이뤄졌다고 본다.

[그림12] 엘플루언서(출처 : LF몰)

지금은 누구나 SNS를 통해 꾸준히 나만의 콘텐츠를 쌓아가면 영향력을 가질 수 있다. 믿기지 않는다면 당장 서점으로 뛰어가길 바란다. 신간코너 베스트셀러 코너에서 SNS로 월 1,000만 원을 번다는 주제의 책들이 쏟아지고 있으며 저자들 또한 유명인이 아닌 일반인들임을 확인할 수 있을 것이다.

5) 고객 경험, Customer Experience(CX)

CX란 'Customer Experience'의 약자다. 고객 경험이란 제품이나 회사에 대한 고객의 전반적인 경험을 전략적으로 관리하는 프로세스, 전략인 동시에 과정과 실행에 중점을 두는 고객 만족 개념으로 'before-on-after' 제품에 대한 고객의 전 과정을 포괄적으로 분석하고 개선하는 과정을 말한다.

CX 서비스는 왜 중요할까? 요즘은 과거처럼 브랜드마다 제품력이나 기술의 차이가 크지 않다. 그러기 때문에 고객은 얼마나 좋은 제품이냐도 중요하지만 나에게 얼마나 만족감을 주는 제품과 서비스인가를 따진다. 과거의 고객들은 가격 대비 성능 좋은 제품인 '가성비' 제품을 선호했다면, 오늘날의 고객들은 가격대비 만족감인 '가심비' 제품을 구매한다.

내가 근무하는 사업장에서 성과를 내고 싶은 마음은 아마도 모든 대표들의 마음일 것이다. 우리가 성과를 내기 위해서 어떤 것들이 필요할까? 지식, 자본, 아이템 만큼 중요한 것이 바로 고객이다. 성공하는 사업 속 고객은 단발성 고객이 아니라 지속 반복적으로 이용하는 단골고객, 충성고객이 있어야 한다는 것쯤은 누구나 알고 있을 것이다. 그 고객을 사로잡기가 여간 쉽지 않기 때문에 어려운 것일 뿐이다. 단골고객 확보는커녕 매장에 고객들의 접근조차 없어 힘든 이 시기에 앞으로 고객경험 서비스는 더욱 중요해질 것이다.

산업이 발달하고 코로나19 이슈까지 더해져 산업환경이 변화됐다. 이에 따라 고객의 소비방식, 패턴, 가치관도 급격하게 바뀌었다. 고객의 변화에 따라 우리도 고객서비스 방식, 패턴, 채널 등을 흐름에 맞춰서 바꾸고 고객이 원하는 것이 무엇인지 끊임없는 관심을 갖고 변화해야 할 것이다.

우리 방식으로 서비스를 만들어놓고 고객이 알아서 선택하고 재이용할 것이라고 기대하는 건 어떠한 결과도 얻을 수 없을 것이다. 고객 접점이 비대면 화 됐다. 은행대출, 메뉴 주문, 교육까지 모두 이렇게 비대면으로 전환된 디지털 시대에 서비스 패러다임도 정말 빠르게 변하고 있다. 기존의 오프라인 기반의 서비스도 디지털 서비스로 전환하면서 비대면 채팅 상담, 화상 상담 또는 AI 상담으로 아예 사람을 컨택하지 않는 셀프 서비스 같은 언택트로 전환했다.

표면적으로 드러나는 고객의 요구를 넘는 고객의 숨은 욕구를 찾아 충족시켜주고, 서비스 전 과정에서 고객이 서비스를 쉽고 편리하게 이해할 수 있도록 폭넓게 관리해야 한다. 서비스업은 아무나 쉽게 할 수 있는 일이 아니라 전문가의 영역이다. 고객들의 니즈가 다양해지면서 남들과 다른 나만의 특별한 경험과 서비스를 희망하는 고객들의 세대가 등장했기 때문에 서비스 또한 더욱 복합적이고 고차원적인 서비스로 진화하고 있다.

한 번 좋지 않은 서비스를 경험한 고객은 더 나은 서비스를 제공하는 브랜드로 전환하는 것을 두려워하지 않는다. 기업에는 완벽한 제품을 생산하기 위해 노력하는 것만큼 더 나은 고객서비스를 만들기 위해서 투자와 노력이 필요하다. 고객센터의 고객 경험 전략을 예시로 들어보자.

고객센터와 통화를 하는 동안 처음의 감정과 기대가 점점 하락하는 것으로 나타났다. 고객의 경험을 부정적으로 만든 원인이 무엇인지 확인해보니 첫 번째, 상담원과 통화하기까지 너무 오랫동안 기린다는 점이었다. 두 번째, 의도치 않게 전화를 많이 해야 하거나 특정 문제를 해결하기까지 여러 부서나 단계를 거치게 된다는 것이다. 마지막으로 회사에서 정한 정책과 절차에 의해 고객은 원하는 답변을 결국 받지 못한다는 것이다.

그렇다면 고객이 원하는 경험을 제공하기 위해서 고객센터에서 어떻게 서비스를 디자인하면 좋을까? 고객 경험(CX) 디자인을 위해 단기적인 해결이 아니라 장기적 관점으로 접근해야 한다. 고객 경험 서비스는 고객이 고객센터와 상호작용할 때 마찰을 최소화 할 수 있는 방법으로 설계한다. 전통적인 방식에서 벗어나 클라우드와 AI를 통합한 서비스로 365일, 24시간 고객 응대가 가능할 것이다. 그렇다고 무조건 AI 응대가 이뤄지는 것이 아니라 고객의 상황에 따라 사람이 응대해야 하는 경우를 신속히 찾아내어 연결하고 단순한 응대는 챗봇이나 AI 가상비서가 응대하며 고객에게 제공하는 서비스 과정을 최소화할 것이다.

고객 경험 서비스는 디지털화 되는 세상의 서비스를 의미하는 것이 아니다. 우리의 고객이 어디선가 경험한 것이 곧 서비스의 기준이 된다는 것이다. 5성급 호텔에서 최고의 서비스를 경험한 고객은 3성급 호텔에서도 5성급 호텔의 경험을 기준으로 평가하게 된다는 것이다. 우리가 3성급 호텔이니 5성급 호텔만큼 서비스가 우수할 필요가 없다고 생각하면 안 된다. 물리적인 차이는 극복할 수 없지만 무형의 서비스는 고객 기대 이상의 경험을 선사할 수 있다.

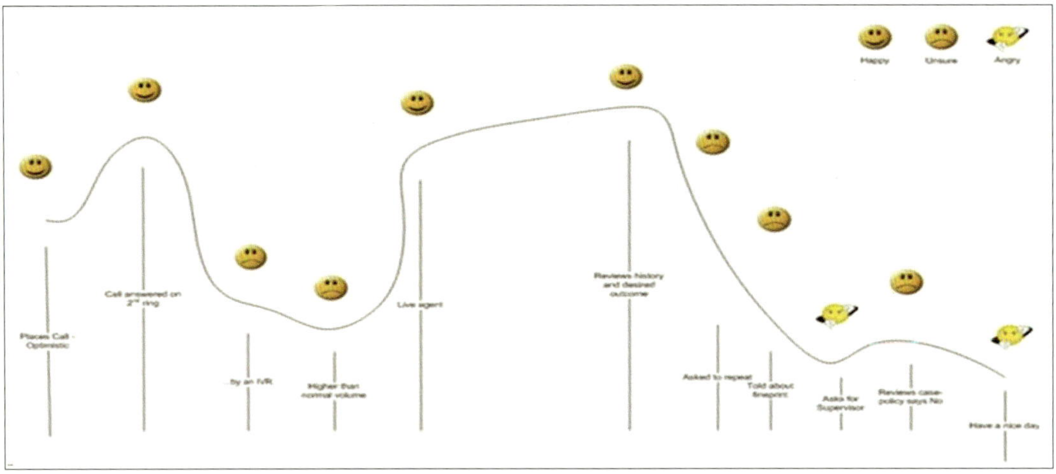

[그림13] 고객센터와 통화하는 시간에 따른 고객의 감정과 기대치

(출처 : Taylor Reach Group)

4. 성공적인 라이브방송 기획하기

1) 타깃 설정하기

A : 이 상품의 타깃은 어떻게 되나요?
B : 3040 여성입니다.

마케팅 의뢰를 할 때 필수적으로 건너는 단계가 바로 타깃 설정이다. 하지만 위의 대화는 광고 매체가 많지 않던 과거에나 쓰던 타깃 설정이다. 인구통계학적인 접근으로 30대부터 40대까지의 여성들이 주로 사용하거나 구매할 것으로 예측한 답변이다. 하지만 지금은 광고와 마케팅이 고도화됐다. 광고를 태울 수 있는 매체도 다양해졌다. 하루에 스마트폰을 보면서 접하는 광고가 얼마나 될까? 수없이 많은 광고를 접한다는 것은 누구나 동의할 것이다. 그렇다면 그 많은 광고들 중 기억에 남거나 구매로 전환된 광고는 얼마나 될까? 결국 눈에 띄지 않으면 그저 지나치는 글자일 뿐이다.

타깃을 분석하고 설정한다는 것은 마케팅에 투자할 비용이 적을수록 더욱 중요하다. 자본력으로 여러 매체를 태우고 양적인 승부를 볼 수 있는 대기업에 반해, 중소기업이나 소상공인들은 타깃을 더욱 정교하게 설정해야 한다는 의미이다.

인구통계학적인 타깃 설정의 방법이 틀린 것은 아니다. 하지만 타깃에서 드러나는 특징이 전혀 보이지 않는다.

〈타깃 설정 예시〉

연령 : 30대 중반
성별 : 여성
결혼 유무 : 미혼
거주 환경 : 1인 가구
거주 지역 : 서울

봄 신상 스텔레토 힐을 판매한다고 예를 들어보자. 인구통계학적으로 30대 중반 여성이라고 설정한다면 30대 중반 중 결혼한 여성들은 구두를 신을 시간도 많지 않고 관심사가 육아나 생활용품일 것이기에 상품에 대한 구매 전환율이 높지 않을 것이다. 타깃을 더욱 정교하게 설정한다는 의미는 '3040 여성'이라고 타깃의 범위를 넓히는 것이 아니라, 위의 사례처럼 여러 조건들을 통해 실제 가장 구매력이 높은 타깃에게 접근하는 것부터 시작한다는 말이다. 이렇게 설명하면 꼭 묻는 질문들이 있다.

"그럼 서울에 안 사는 사람들은 이거 안 사요?", "1인 가구 아니면 이 제품 안 사나요?"라고 물어볼 것이다. 물론 20대도 40대도 살 것이다. 기혼이거나 서울이 아닌 타 지역에 거주하는 사람들 중에서도 구매는 일어날 것이다. 하지만 우리가 자본력이 넘치는 상황이 아닐수록 타깃의 설정이 정교하고 날카로워야 한다는 것을 기억해야 한다.

타깃의 범위가 넓을수록 오랜 시간이 걸린다. 물론 그 시간을 버티는 동안에는 많은 자본도 투입해야 할 것이다. 그러므로 초반엔 세부 타깃을 설정하고 그 대상에게 집중적인 메시지를 보내야 한다. 타깃은 넓히는 것이 아니라 더 확실한 내 고객을 찾아내는 것이다. 타깃을 좁게 설정하자는 것은 결코 적게 판매하자는 것이 아니다. 도미노 게임에서 처음 힘차게 넘길 수 있는 블록을 찾자는 의미다. 타깃 하나가 확실히 선점되면 그 뒤로 다음 타깃에게 소문내기는 더 쉽다. 정교한 타깃 설정을 위해 가상의 고객이라고 생각하며 접근해 보는 것도 방법이다.

이렇게 타깃을 설정하는데 하나의 기준을 제시하고자 한다. 우리의 구매고객은 이 상품을 사용할 사용자(User)일 수도 있고, 구매만 하는 구매자(Buyer)일 수도 있다.

[그림14] 타깃 설정의 기준

예를 들어 홍삼을 판매한다고 하자. 홍삼을 먹을 사용자는 수험생, 어르신들, 육아에 지친 주부, 야근하는 직장인 등이 떠오를 것이다. 하지만 구매자를 기준으로 접근한다면 학생들은 사용자이긴 하지만 구매력이 없다. 방송에서는 사용자가 아니라 구매자를 중심으로 멘트를 하게 된다. "공부에 지친 수험생을 둔 부모님들 우리 아이에게 하루 한 포 챙겨주세요." 이 멘트에서 사용자는 수험생, 구매자는 부모님이 된다. 우리가 타깃을 설정할 때는 사용자에만 집중한다. 하지만 진짜 매출을 내기 위해 한번 고민해볼 기준점이 바로 이 제품의 사용자와 구매자의 구분이다. 어느 한쪽만 선택하라는 의미가 아니다. 사용자와 구매자 어느 쪽도 놓치지 말고 고민해보라는 것이다.

2) 소구점 잡기

'소구점'이란 영어로 'Unique Selling Point'를 줄여서 'USP'라고 한다. 영어 단어의 의미 그대로 해석해보면 Unique(고유의), Selling(팔리는), Point(부분)이다. 즉, 상품이 고유의 팔리는 부분을 의미한다. 소구점을 잡는다는 의미는 결국 판매가 되느냐, 되지 않느냐의 성패를 결정하므로 그 어떤 단계보다도 중요한 단계라고 할 수 있다. 그렇다면 소구점은 어떻게 찾아야 할까?

(1) 특징-장점-이점을 정리한다

예를 들어 3M 이젤패드를 판매하는 상품이라고 해보자.

특징 : 손잡이가 있다.

장점 : 들기 편하다.

이점 : 이동이 편리하다.

이처럼 상품의 특징만을 나열하고 전달하는 방식은 고객에게 구매 욕구를 불러일으키지 않는다. 이 상품의 특징과 장점으로 인해 내가 얻게 될 이점을 상상하고 느낄 수 있도록 해야 한다.

[그림15] 3M 이젤패드 소구점 예시(출처 : 3M 온라인 공식 스토어)

(2) 고객의 거절 사유를 분석한다

이 상품의 구매제안을 거절할 고객들의 사유를 분석하는 것이다. 예를 들어 너무 큰 핸드크림의 경우 너무 크다는 단점이 '짐승 용량'이라는 강점으로 어필할 수 있다. 커버력이 약한 쿠션의 경우 두껍지 않고 자연스러운 메이크업이 가능한 쿠션이라는 소구점으로 전환할 수 있다.

(3) 부정과 위협의 요소를 분석한다

부정의 소구는 'A가 없으면 B라는 손해가 발생한다' 식의 전개 방식이다. 이 제품을 구매하지 않을 경우 얻게 될 손해나 공포심을 유발하는 것이다. 이를테면 '미리 건강기능식품을 챙기지 않으면 결국 면역력이 떨어진 다음 건강을 회복하는 데에는 더 많은 비용과 시간이 들어간다. 그럼에도 불구하고 한번 망가진 몸은 예전처럼 회복도 되지 않는다'라는 식의 위협적 요소가 소구점이 되기도 한다.

(4) 경쟁사를 분석한다

라이브방송을 보면서 구매하지 않는 고객들은 결국 내가 지금 구매하는 것이 손해를 볼 것 같은 불안함 때문이다. 이 불안한 마음을 다시 직설적으로 표현하자면 '다른 곳에서 더 저렴하거나 좋은 혜택으로 살 수 있지 않을까?'라는 생각이다. 여기서 중요한 포인트를 뽑아보자면 다음의 세 가지로 정리할 수 있다.

① 우리 상품과 비슷한 상품을 다른 채널이나 경쟁사 브랜드에서 판매하고 있는가?
② 비슷한 상품의 시장 판매가는 얼마에 형성돼 있는가?
③ 만약 더 비싸게 판매되고 있다면, 그럼에도 불구하고 비싼 가격을 지불하고 구매해야 하는 이유는 무엇인가?

비싸도 다른 곳에서 구매하는 사람들은 새벽 배송처럼 더 빠른 배송을 해주는 경우이거나, 제품 구매에 따라오는 서비스나 포인트 적립 등의 혜택이 많거나, 결제주문 방식이 간편해서 일 수도 있다. 무엇이든 우리 방송에서 구매를 고민하는 고객의 불안함을 제거하기 위해 경쟁사 분석은 필수다.

(5) 후기를 읽는다

우리가 판매할 상품의 후기가 100개 이상 있다면 우리 상품의 후기를 읽어보고, 아직 후기가 많지 않다면 경쟁사 상품의 후기를 읽으며 분석하면 된다. 후기를 쭉 훑어보는 것이 아니라 메모하고 적으면서 모든 후기를 읽어야 한다. 예를 들어 후기가 1만 개 있다면 그 1만 개의 후기를 몇 날 몇 일 걸려도 모두 읽어야 한다. 후기를 읽으면서 후기에서 말하는 주요 키워드를 발췌한다. 이때 중요한 것은 만족 후기와 불만족 후기를 나눠서 카테고리를 다르게 메모하는 것이다.

예를 들어 5점 만점에서 3점 이상의 점수를 준 후기는 긍정 피드백 카테고리에 키워드를 표로 정리하고, 1~2점을 준 후기는 부정 피드백 카테고리에 키워드를 표로 정리하는 것이다. 그리고 하나하나 카운트를 해보는 것이다. 물론 분석해주는 자동화 프로그램들도 많이 있고, 마케팅 대행업체에 위탁하면 이런 분석 리포트를 받아볼 수 있으나, 가장 정확한 방법이자 고객의 목소리를 직접 확인할 수 있는 귀한 시간이 될 테니 직접 이 방법을 사용해보기를 권장한다.

예를 들어 립스틱 구매 후기가 다음과 같다고 해보자.

- 배송이 빨라서 좋아요. 색깔 발색도 좋아서 맘에 들어요 : 배송, 발색

- 지난번 사고 엄마 선물해주려고 또 샀어요. 엄마도 너무 맘에 들어하네요. : 재구매, 추천
- 색상 너~~~무 예뻐요! 아침에 바른 게 점심까지도 지워지지 않아 최고예요. : 색상, 지속력
- 입술이 건조한 편인데 이거 하나만 발라도 촉촉해요!! 가성비 갑 제품입니당. : 보습력, 가격

이렇게 후기에 있는 키워드를 표로 정리한다. 그리고 어떤 키워드가 많이 나오는지 그 키워드를 카운팅하고 전체 100%에서 차지하는 비중을 계산해 보는 것이다. 내가 생각하는 이 립스틱의 최대 장점은 보습력이라고 생각했지만, 후기들을 취합 해보니 발색력이 가장 후기에서 많이 나온 키워드였다면 이 상품의 소구점은 고객들 후기에서 '발색'에 대한 칭찬이 되는 것이다. 물론 소구점은 하나가 아니라 여러 개다. 쉽게 말해 우리가 몇 개의 총알을 장전할 것인지 총알을 준비하고 그 총알을 쏘는 순서를 정하는 것이 방송 준비단계라고 보면 된다.

3) 기획안/큐시트 작성하기

먼저 방송 기획을 위해 이 3W 질문에 답할 수 있어야 한다.

- 왜(Why) 필요한가?
- 왜(Why) 이것인가?
- 왜(Why) 지금인가?

질문하지 않으면 답을 찾을 수 없다. 하지만 질문한 자는 반드시 답을 찾는다. 3가지 Why에 대해 답이 내려진다면 방송을 기획하고 진행하는데 시청자(고객)의 궁금증을 해결할 뿐만 아니라 구매로 전환 시킬 수 있을 것이다.

라이브방송의 기획 또한 머리로 하는 것이 아니라 손으로 해야 한다. 어떤 부분을 고려하고 준비해야 하는지 방송 기획안(약식)을 통해 알아보자. 우선 '프로젝트 No'는 빠르게 알아보기 위해 잘 알아볼 수 있는 키워드로 적어보았다. 이 부분에는 제품명, 브랜

드, 회사명을 적어도 된다. 다음으로 촬영날짜를 적는다. 여기서 시간은 방송시간을 적을 수도 있지만 준비와 정리에 소요되는 시간을 모두 포함해서 적어둔다. 제품란에는 방송에서 소개할 구성을 적으면 된다.

만약 하나 이상의 옵션이 있다면 번호를 적어 (1) 상품구성 (2) 상품구성으로 작성한다. 가격 부분은 원래 방송 전 판매되는 가격을 기재하고, 라이브방송 중 특별 가격을 적으면 되는데 이때 고려할 부분이 방송 중에만 이 가격으로 판매를 하는 것인지, 아니면 방송 후 일정 시간까지 할인된 가격이 적용되는지 명시해둬야 한다.

그리고 이 부분은 방송 중에도 혼란이 발생하지 않도록 꼭 체크 한다. 이벤트에는 선착순 구매 추가증정 이벤트, 댓글 추첨 이벤트, 구매 후기 이벤트, 퀴즈 정답 이벤트, 무료배송 이벤트 등 다양한 콘셉트로 이벤트를 구성할 수 있다. 준비물엔 라이브방송에서 필요한 모든 준비물을 적어둔다. 실제 이렇게 적어두지 않고 여러 번 진행했으니 잘 준비할 수 있을 것이라고 안일한 태도를 가졌다가 결정적인 순간 스마트폰 배터리를 체크하지 못해 충전기를 찾아 헤매기도 했고, 삼각대를 두고 와서 진땀을 흘렸던 기억이 있다.

마지막으로 구성안은 방송 중 체크 해야 하는 흐름을 기록해두는 것인데 주로 카메라 시선 이동을 중심으로 구성했다. 이렇게 기획안을 작성해둬서 좋은 점은 준비물을 빼먹지 않는다는 점과 이 한 장의 기획안으로 여러 명이 공유해도 전체적인 방송의 흐름과 준비사항을 공유할 수 있다는 점이다. 그러므로 1인 셀러로서 방송을 혼자 진행한다 하더라도 반드시 방송 전 기획단계에서부터 기획안을 작성해볼 것을 추천한다.

라이브방송 기획안

프로젝트 No.	완도 전복편	촬영 날짜	2021.06.16(수) 19시~20시
제품	전복 9미(큰전복) 5마리 + 16미(중전복) 10마리 = 전복 15마리		
가격	(원래 가격) 60,000원 (라이브 가격) 48,000원 (20% / 12,000원 할인)		
이벤트	선착순 구매 10명 미역 500g 증정		
준비물	구성 본제품 포장까지 그대로 1세트, 시연 및 디스플레이용 전복 10마리, 이벤트 선물 (미역), 손피켓, 삼각대, 도마, 접시, 투명보울, 턴테이블		
구성안			

SC#1. 인사
(액션) 쇼핑호스트 인사

SC#2. 오늘의 상품 소개
(카메라 가까이) 살아 움직이는 전복 보여주며 상품 구성 멘트

SC#3. 제품 훑으며 돌아오기
(멘트) 구성,가격,이벤트,혜택,주문방법 브리핑

SC#4. 게스트 초대 (15")
(호스트) 안녕하세요. 오늘 소개해드릴 전복을 직접 전라남도 완도에서 생산하시는 oo수산 대표님을 모셔보겠습니다.
(게스트) 안녕하세요. (자기소개)

SC#5. 전복요리 시식
- 전복 라면
- 전복 구이
- 전복 솥밥

SC#6. 클로징
(호스트) 게스트에게 감사인사 및 마무리
구매독려 멘트 후 댓글소통
시청자 참여 감사인사

[그림16] 방송 기획안(출처 : 정소영)

기획안이 잡히면 다음으로 준비해야 할 것이 '큐시트'이다. 큐시트는 방송에서 진행표라고 한다. 방송 기획안 중 구성안에 해당 되는 내용을 좀 더 구체적으로 만든 것을 큐시트라고 보면 된다. 실제 방송에서도 이 큐시트를 보며 모든 스태프들이 일사분란하게 움직인다. 진정한 셀러가 되기 위한 조건 중엔 큐시트를 작성할 수 있는 능력과 큐시트를 숙지하고 방송을 진행하는 능력도 포함된다.

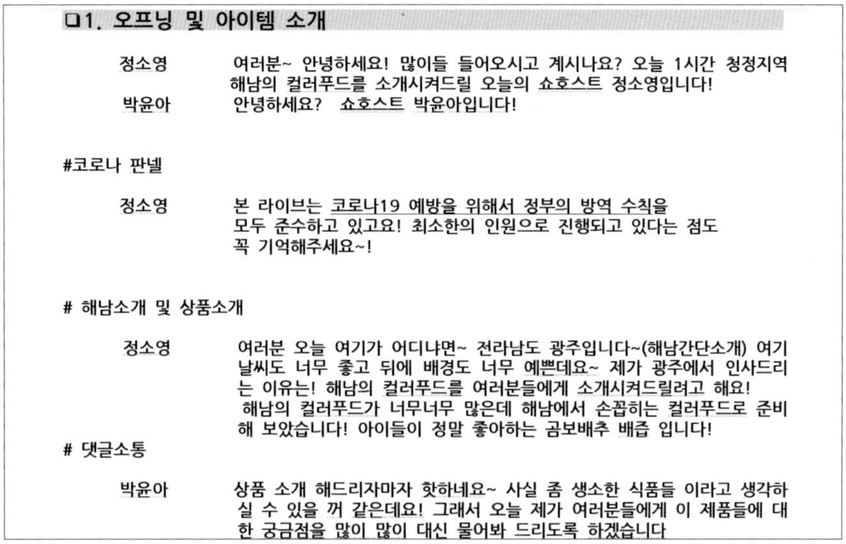
❑1. 오프닝 및 아이템 소개

정소영 여러분~ 안녕하세요! 많이들 들어오시고 계시나요? 오늘 1시간 청정지역 해남의 컬러푸드를 소개시켜드릴 오늘의 쇼호스트 정소영입니다!

박윤아 안녕하세요? 쇼호스트 박윤아입니다!

#코로나 판넬

정소영 본 라이브는 코로나19 예방을 위해서 정부의 방역 수칙을 모두 준수하고 있고요! 최소한의 인원으로 진행되고 있다는 점도 꼭 기억해주세요~!

해남소개 및 상품소개

정소영 여러분 오늘 여기가 어디냐면~ 전라남도 광주입니다~(해남간단소개) 여기 날씨도 너무 좋고 뒤에 배경도 너무 예쁜데요~ 제가 광주에서 인사드리는 이유는! 해남의 컬러푸드를 여러분들에게 소개시켜드릴려고 해요! 해남의 컬러푸드가 너무너무 많은데 해남에서 손꼽히는 컬러푸드로 준비해 보았습니다! 아이들이 정말 좋아하는 곰보배추 배즙 입니다!

댓글소통

박윤아 상품 소개 해드리자마자 핫하네요~ 사실 좀 생소한 식품들 이라고 생각하실 수 있을 꺼 같은데요! 그래서 오늘 제가 여러분들에게 이 제품들에 대한 궁금점을 많이 많이 대신 물어봐 드리도록 하겠습니다

[그림17] 큐시트 예시(출처 : 정소영)

큐시트를 대본으로 오해하고 작성된 문장 그대로 외우려는 쇼핑호스트와 게스트를 종종 본다. 녹화방송에서는 편집도 가능하고 정해진 시나리오 대로 진행이 가능하다. 하지만 라이브방송은 상황이 다르다. 우리가 미리 짜놓은 시나리오는 그저 시나리오일 뿐이다. 실시간 댓글을 보고 소통하며 소개의 순서도 달라지고 전개도 달라질 수 있다. 없던 상황이 요구될 수도 있다. 그럼에도 불구하고 예측할 수 없는 라이브방송에서 큐시트를 작성하는 이유가 무엇일까?

〈라이브방송 큐시트를 작성해야 하는 이유〉

- 예측할 수 없는 상황을 대비하기 위해 시나리오를 더욱 철저히 준비하기 위함
- 어떤 돌발 질문에도 유연한 답변을 하기 위함
- 편집이 불가능 하므로 방송 중 실수를 최소화하기 위함
- 쇼핑호스트 2인 또는 게스트 출연 시 호흡을 맞추기 위함
- 제한된 방송시간 중 전달해야 하는 내용을 골고루 시간을 배분하기 위함

라이브커머스 시장에서는 정답이 없다. 상품군, 타깃, 홍보 방향이 모두 다르기 때문에 한 채널과 기획이 아닌 다양한 시도를 해보는 것만이 성공으로 갈 수 있는 해답이라고 말할 수 있겠다.

5. 라이브방송 홍보 마케팅

1) 라이브방송 예고페이지 만들기

잘 준비된 방송이면 모두 완판할 수 있을까? 대답은 'NO'다. 결국 아무리 좋은 방송을 완벽하게 준비했다고 해도 보는 사람이 없으면 판매가 일어날 수 없다. 매출을 높이려면 아주 단순하다. 첫째, 보는 사람이 많아야 한다. 구매 전환율 1%라고 가정했을 때 100명이 보는 방송에서 1%와 1000명이 보는 방송에서 1%는 다르기 때문이다. 결국 이 방송을 시청하는 시청자 유입을 늘려야 한다.

두 번째, 구매 전환율을 높이는 것이다. 1,000명이 시청한다고 가정한다면 그중 1%가 구매하는 것과 5%가 구매하는 것은 다르다. 그렇다면 시청자를 늘리는 방법과 구매 전환율을 높이는 것 중 무엇이 더 중요할까? 대답은 '둘 다' 중요하다. 우리가 구매 전환율을 높이기 위해 방송 준비단계에서 타깃을 분석하고 소구점을 잡고 기획하고 연출전략을 세워 총알들을 장전하는 것이다.

그렇다면 시청자를 늘리기 위해서는 무엇을 해야 할까? 바로, 사전 홍보다. 사전 홍보는 할 수 있는 모든 수단과 방법을 써서 최선을 다해 많은 사람에게 홍보한다는 마음으로 임하면 된다. 우선, 가장 기본적인 라이브 예고페이지를 등록하는 것부터 시작해 보자.

네이버 쇼핑라이브의 경우 스마트스토어 판매자페이지에서 '스토어 전시관리' 클릭 후 '라이브 예고페이지 관리'에서 등록할 수 있다.

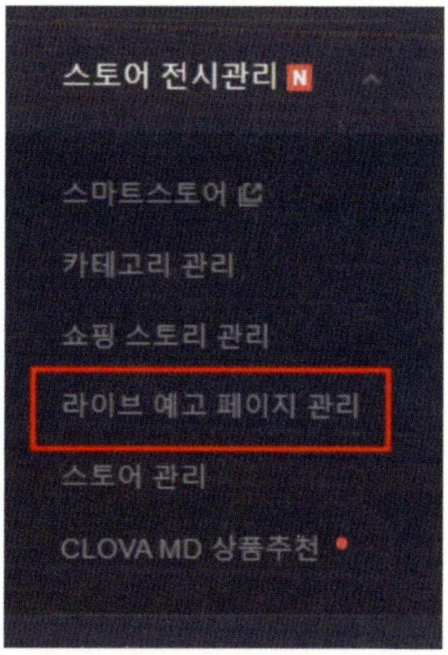

[그림18] 네이버 쇼핑라이브 예고페이지 들어가기(출처 : 스마트스토어)

라이브 예고페이지 관리 목록을 보면 스토어를 선택할 수 있다. 스토어가 여러 개 있는 경우 라이브방송을 할 스마트스토어를 선택하면 된다.

[그림19] 라이브 예고페이지 관리 스토어 선택하기(출처 : 스마트스토어)

라이브로 예고할 스마트스토어 선택 후 오른쪽 끝에 '새 라이브 예고 페이지 등록' 버튼을 클릭한다.

[그림20] 새 라이브 예고페이지 등록하기(출처 : 스마트스토어)

라이브 예고페이지를 등록하기 위해서는 반드시 라이브방송 예약을 미리 해야 한다. 라이브방송 ID를 헷갈리는 경우가 있는데 라이브 예약을 하고 나면 URL로 공유할 수 있는 링크가 나온다. 이 링크에서 맨 마지막 숫자를 입력하면 된다. 다음으로 제목과 이미지를 넣으면 되는데 이미지는 모바일 800*696, PC 1440*675 사이즈로 맞춰야 사진이 업로드된다.

[그림21] 라이브 예고페이지 등록하기(출처 : 스마트스토어)

라이브 예고페이지를 등록하고 나면 네이버 쇼핑라이브 홈에서 날짜, 시간별로 예약된 라이브를 미리 노출해주는 곳에서 확인할 수 있다. 라이브방송 채널 자체 노출이 됐다면 이제 SNS로도 노출해야 한다. 인스타그램, 페이스북, 유튜브, 블로그, 카카오톡 등 다중 채널에 모두 업로드해서 최대한 내가 홍보할 수 있는 많은 사람들에게 알리는 것을 목표로 한다.

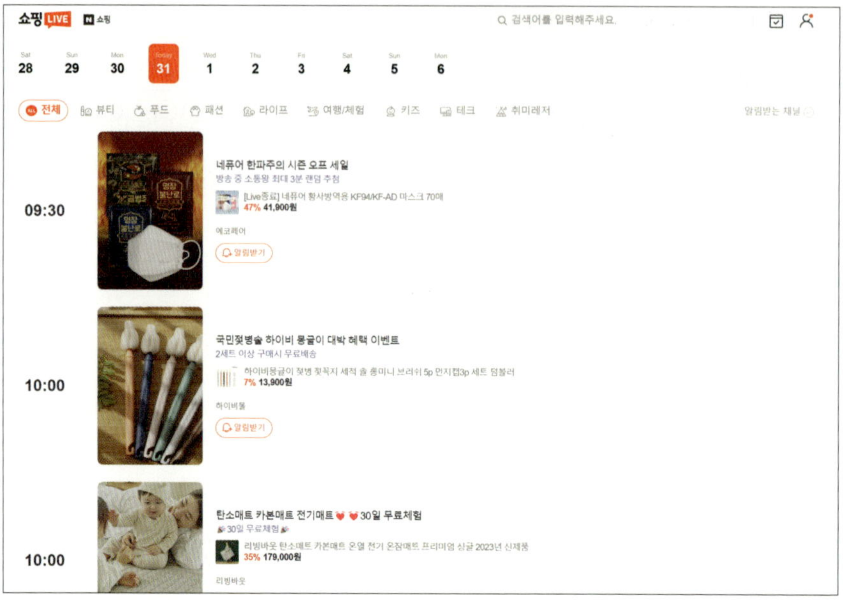

[그림22] 네이버 쇼핑라이브 예약 라이브 노출 예시(출처 : 쇼핑라이브)

2) 라이브방송 홍보 타이밍

그렇다면 홍보는 언제부터 하면 좋을까? 보통 방송하는 날 5일 전부터 홍보를 진행한다. 방송 예약을 통해 링크를 미리 받고 이 링크로 관심 있는 사람들이 유입돼 알림 설정을 할 수 있도록 하는 것이다. SNS에 홍보 시 사전 이벤트들을 함께 진행하는 것도 방법이 될 수 있다.

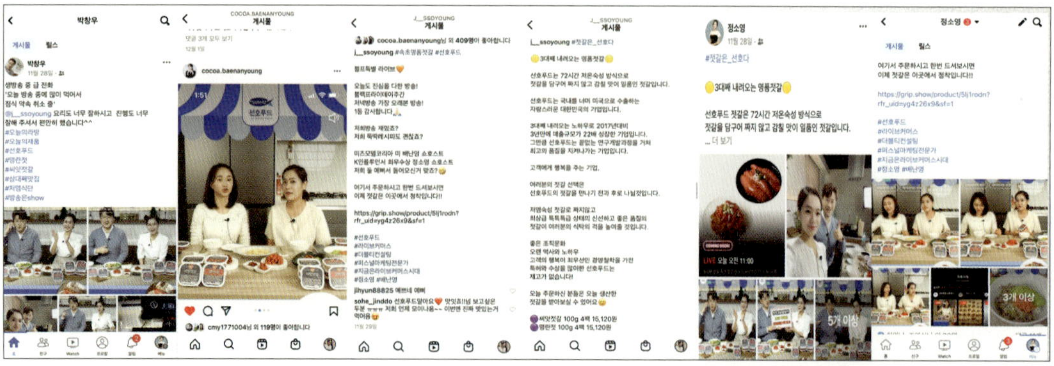

[그림23] SNS로 라이브 전/후 홍보사례(출처 : 필자의 SNS)

방송 시작 30분 전, 가장 분주하고 바쁘겠지만 지금부터가 홍보에 총력을 다해야 하는 시간이다. SNS에 글을 올리면 30분~1시간 사이 노출이 많이 되므로 방송에 실시간 유입할 수 있는 시청자 확보에 골든타임으로 볼 수 있다. 방송 유입을 위한 다이렉트 메시지나 지인, 기존 고객들에게 문자나 카카오톡 플러스 친구 메시지를 발송한다.

[그림24] 라이브방송 SNS 사전 홍보 예시(출처 : 필자의 SNS)

6. 라이브커머스 정부 지원사업

1) 해양수산 창업 투자지원사업

- 소관부처 : 강원도
- 수행기관 : 강릉과학산업진흥원
- 사업개요 : 강원도 도내 해양·수산 제품을 보유한 중소기업의 매출증진 및 대국민 소비촉진을 위해 전문 쇼호스트 및 장비, 스튜디오, 송출 플랫폼, 홍보비용 등 라이브방송에 소요되는 비용을 지원해 주는 사업

– 강원 해양수산창업투자지원사업 수혜기업 및 해양수산 제품이 있는 기업이다.

– 기업당 1,500만 원내 한도로 지원한다.

– 운영방법 : 지원기업을 대상으로 적합도 등 평가 및 선발 후 지원. 주요 유통사의 라이브커머스 플랫폼을 활용, 방송 기획 및 관련 제반 사항 설계 등을 통해 라이브커머스 개별 방송을 진행한다.

2) 디자인 주도 제조혁신 지원사업

- 소관부처 : 산업통상자원부
- 수행기관 : 한국디자인진흥원
- 사업개요 : 디자인 역량이 취약한 중소·중견기업의 제조 혁신과 기업과 상품의 경쟁력 강화를 위해 스마트스튜디오 전문 운영사를 통한 영상·사진 제작 및 프로모션을 지원하는 사업이다.

– 서울특별시 및 강원도 소재 중소·중견기업

– 스마트스튜디오 전문 운영사를 통한 영상·사진 제작 및 프로모션 지원

3. 지원 규모 및 내용

ㅇ 스마트스튜디오 전문 운영사를 통한 영상/사진 제작 및 프로모션 지원 실시

※ 지원규모는 변경 될 수 있음

라이브커머스	홍보영상제작
30개사 내외	10개사 내외
라이브커머스 기업 연계, 판매 촉진 등 유통채널 지원	인플로언서 활용 영상제작 및 PPL 진행, 사진촬영 등 SNS채널 홍보

4. 지원 절차

8월초		8월중		9월~11월		12월
공고/접수	⇒	기업선정평가	⇒	라이브커머스 및 홍보 영상 제작지원	⇒	홍보지원 성과도출

[그림25] 디자인 주도 제조혁신 지원사업 규모 및 내용(출처 : 한국디자인진흥원 공고)

[그림26] 경북 디자인 주도 제조혁신 지원사업 포스터(출처 : 한국디자인진흥원)

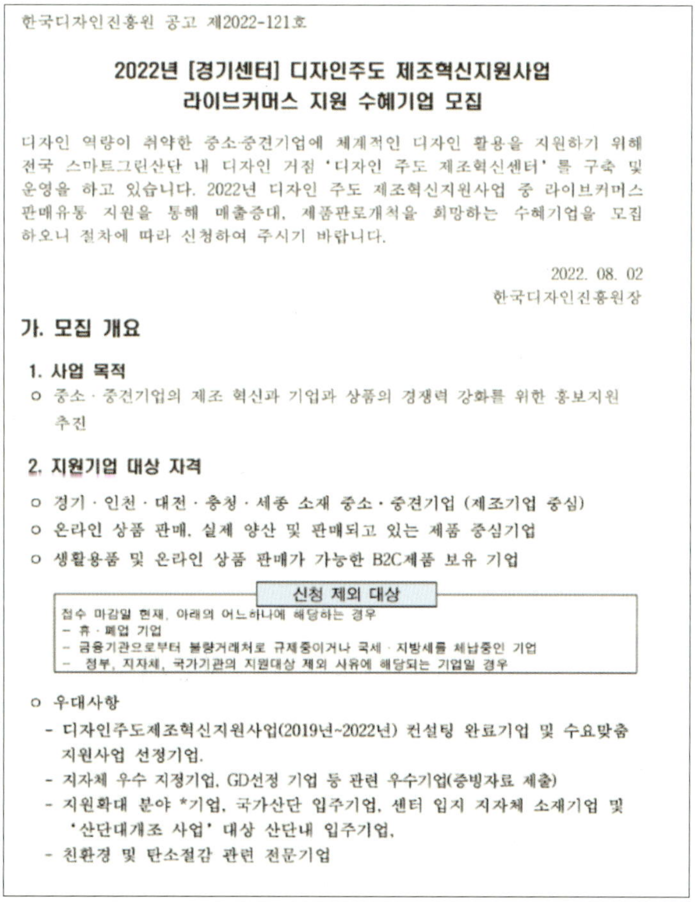

한국디자인진흥원 공고 제2022-121호

2022년 [경기센터] 디자인주도 제조혁신지원사업
라이브커머스 지원 수혜기업 모집

디자인 역량이 취약한 중소·중견기업에 체계적인 디자인 활용을 지원하기 위해 전국 스마트그린산단 내 디자인 거점 '디자인 주도 제조혁신센터'를 구축 및 운영을 하고 있습니다. 2022년 디자인 주도 제조혁신지원사업 중 라이브커머스 판매유통 지원을 통해 매출증대, 제품판로개척을 희망하는 수혜기업을 모집하오니 절차에 따라 신청하여 주시기 바랍니다.

2022. 08. 02
한국디자인진흥원장

가. 모집 개요

1. 사업 목적

ㅇ 중소·중견기업의 제조 혁신과 기업과 상품의 경쟁력 강화를 위한 홍보지원 추진

2. 지원기업 대상 자격

ㅇ 경기·인천·대전·충청·세종 소재 중소·중견기업 (제조기업 중심)
ㅇ 온라인 상품 판매, 실제 양산 및 판매되고 있는 제품 중심기업
ㅇ 생활용품 및 온라인 상품 판매가 가능한 B2C제품 보유 기업

신청 제외 대상

접수 마감일 현재, 아래의 어느하나에 해당하는 경우
- 휴·폐업 기업
- 금융기관으로부터 불량거래처로 규제중이거나 국세·지방세를 체납중인 기업
- 정부, 지자체, 국가기관의 지원대상 제외 사유에 해당되는 기업일 경우

ㅇ 우대사항
- 디자인주도제조혁신지원사업(2019년~2022년) 컨설팅 완료기업 및 수요맞춤 지원사업 선정기업.
- 지자체 우수 지정기업, GD선정 기업 등 관련 우수기업(증빙자료 제출)
- 지원확대 분야 *기업, 국가산단 입주기업, 센터 입지 지자체 소재기업 및 '산단대개조 사업' 대상 산단내 입주기업.
- 친환경 및 탄소절감 관련 전문기업

[그림27] 디자인 주도 제조혁신 지원사업 공문(출처 : 한국디자인진흥원)

3) 해양수산 창업투자 지원센터 해외 라이브커머스 지원사업

- 소관부처 : 해양수산부, 제주특별자치도
- 수행기관 : (재)제주테크노파크
- 사업개요 : 해양수산업에 특화된 창업·기업컨설팅·제품개발·마케팅 등의 지원을 통해 창업과 투자를 유도해 좋은 일자리를 창출하고, 글로벌 경쟁력을 갖춘 미래성장 산업으로 육성하기 위함이다.

지원 프로그램		세부내용	지원금액 (천원)	기업부담 (현금)
유형	프로그램명			
해양 수산 기업 마케팅 지원	해외(중국) 라이브커머스 홍보 지원	• 지원대상 : 제주특별자치도에 사업자 등록을 필한 해양수산산업 및 전·후방 연관산업 관련 수출중소기업 • 사업기간 : 2021년 4월 ~ 2021년 9월 • 신청기간 : 2021년 3월 9일 ~ 4월 2일 • 지원금(기업당) : 10,000천원 이내 • 기업지원수 : 2개사 내외 • 지원내용 : 중국시장 온라인 실시간 라이브 방송을 위한 콘텐츠 제작 및 촬영, 번역, 수출 관련 업무 등 지원 ※ 해외(중국) 오픈마켓 입점 및 판매 연계 지원	10,000 × 2개사	지원금액이 10% 이상

[표2] 해외 라이브커머스 홍보 지원사업 공고문(출처 : (재)제주테크노파크)

4) 중소기업 R&D지원사업 제품 라이브커머스 지원사업

- 소관부처 : 중소벤처기업부
- 수행기관 : 중소기업기술정보진흥원
- 사업개요 : 중소기업 R&D 지원사업을 통해 개발된 제품을 보유한 기업을 대상으로 판로 확대를 위해 새로운 마케팅 수단인 라이브커머스('가치삽시다')를 활용해 B2C 소비재 제품의 효과적인 제품판매와 홍보를 지원하는 사업이다.

'가치삽시다' 라이브커머스 참여 안내

<안내> 중소기업기술정보진흥원(TIPA)은 판로지원의 일환으로 **새로운 마케팅 수단인 라이브커머스('가치삽시다')를 활용**하여 **B2C소비재 제품**의 효과적인 **판매와 홍보를 지원**하고자 합니다. 관심있는 기업의 많은 신청을 바랍니다.

□ (배경) 코로나19 사태 등으로 비대면 소비문화가 확산되는 가운데,

○ 네이버, 카카오 등 대형포털을 중심으로 라이브커머스(쇼핑LIVE) 도입 및 성장세가 확연

○ 중기부에서는 소상공인, 중소기업의 판로지원을 위해 가치삽시다' 라이브커머스를 런칭하고 확대 중(운영기관 중소기업유통센터)

□ 가치삽시다'플랫폼 특징

① 가치삽시다 자체플랫폼과 민간플랫폼*을 이용하여 시청자 최대 확보
 * 카카오, 롯데ON, 티몬, 위메프, 11번가 및 네이버
② 시청자 분석을 통해 구매율이 높은 시간대에 적합 상품군 배정
③ 사전홍보 매체 다양화* 및 대상별 맞춤홍보 실시
 * 네이버 모바일 배너, 구글 제휴 웹 광고, 페이스북·인스타 광고, 카카오 push 메시지
④ 대규모 판촉행사, 유명 인플루언서 투입 등으로 홍보 강화

□ 가치삽시다' 라이브커머스 신청방법

○ (신청자격) 중소기업R&D지원사업을 통해 개발된 기술이 포함된 B2C판매 가능제품을 보유한 기업

○ (추진방법) TIPA는 신청제품의 자격요건을 확인하여 가치삽시다' 플랫폼에 참여할 수 있도록 추천

○ (대상선정) 상품기획 민간전문가(MD 등)의 평가로 라이브커머스 판매 적격상품을 선별 → 선정된 제품만 라이브커머스 추진

○ (소요비용) 라이브커머스 참여를 위한 별도 비용은 없음
 * 단, 최저가 판매를 위한 협조가 필요하며, 추가홍보를 위한 별도비용이 발생 할 수 있음

○ (신청방법) 신청서류 이메일 제출(참가신청서, 라이브커머스 상품기술서)
 * (이메일 주소) rnbd@tipa.or.kr, (문의처) TIPA 김보민 책임연구원 (042-388-0241)

○ (신청기간) 수시접수 (매달 첫째주 금요일까지 신청된 제품을 대상으로 추천)
 * (예시) 12.04 신청과제는 '20년 12월 추천대상에 포함, 12.07 신청은 '21년 1월에 추천

- 1 -

[그림28] '가치삽시다' 라이브커머스 참여 안내문(출처 : 중소기업기술정보진흥원)

Epilogue

컨설팅을 하며 만나는 많은 사장님들과 예비창업자들은 모두 "성공하고 싶다", "돈을 많이 벌고 싶다", "인정받고 싶다"라고 말한다. 성공과 인정에 대한 기준은 개인마다 가치관과 기준이 다르니 본문에서는 돈을 많이 버는 방법에 대해서만 집중해봤다. 백만장자 억만장자라 불리는 부자들은 어떻게 돈을 많이 벌게 됐을까? 공통점은 '행동'이었다.

수련 잎 위에 다섯 마리의 개구리가 앉아 있다. 이 중 한 마리가 뛰어내리기로 결심했다. 수련 잎 위엔 몇 마리가 남아있을까? 정답은 다섯 마리다. 결심하고 생각하는 것만으로는 어떤 상황의 변화도 만들 수 없다.

라이브커머스를 할 수 없는 이유는 곧 라이브커머스를 해야 하는 이유이기도 하다. 혼자 고민하기 힘들다면 다른 사람에게 도움을 요청해보면 된다. 모르면 배우면 된다. 결국은 내가 하고자 하는 의지를 행동으로 바꿔 실천하는 것이 힘이다.

라이브커머스 전문가가 되고 싶은데 힘들고 고민되는 사람이 있다면, 이 책을 덮기 전 꼭 퍼스널 마케팅전문가 정소영에게 연락하길 바란다. 연락을 했다라는 것 자체가 벌써 한 걸음 나간 것이고, 그다음부터는 행동하게 될 것이다.

이 책을 쓰며 많은 내용을 담기도 하고 덜어내기도 했다. 세상은 여전히 변하고 있고 누군가는 이 변화의 물결을 서핑하듯 즐기고, 누군가는 이 변화의 물결에 잠식될 것이다. 우리는 모두 기회를 놓치지 않고 잡는 수혜자가 되기를 바라며 이 글을 마무리한다.

Chapter

02

AI 시대 라이브커머스 시장

강진교

Chapter 02

Chapter **02**

AI 시대 라이브커머스 시장

Prologue

한국의 라이브커머스의 역사는 홈쇼핑 채널이 케이블 TV에 처음 등장한 2000년대 초반으로 거슬러 올라간다. 이들 채널은 제품 시연과 쇼핑 채널을 생중계해 고객들이 TV에서 직접 구매할 수 있도록 했다. 그러나 기술이 발전하고 인터넷이 더 널리 퍼지면서 라이브커머스는 온라인 플랫폼으로 이동해 고객들에게 더 편리하고 접근하기 쉬운 쇼핑 경험을 제공했다.

다양한 플랫폼은 셀러와 고객 간의 실시간 상호 작용을 통해 매우 개인화된 쇼핑 경험을 제공한다. 이를 통해 셀러는 맞춤형 권장 사항을 제공하고 고객이 가질 수 있는 질문에 답변해 신뢰와 충성도를 높일 수 있으며 오늘날 라이브커머스 시장은 고객들이 이용할 수 있는 다양한 플랫폼과 서비스로 번창하고 있다.

이 산업은 1조 원 이상의 가치가 있는 것으로 추정하며 앞으로 몇 년 동안 계속 성장할 것으로 예상한다. 한국 라이브커머스 시장의 주요 강점 중 하나는 고객에게 개인화된 쇼핑 경험을 제공할 수 있는 능력이다. 라이브커머스 플랫폼은 실시간으로 셀러와 상호작용하고, 질문을 하고, 개인화된 추천을 받을 수 있게 함으로써 고객 간 신뢰와 충성도를 쌓는 데 도움이 되며 매출과 수익 증대로 이어진다.

이어 손쉽게 링크 주소를 통해 공유가 돼 카카오톡, 인스타그램, 페이스북 같은 인기 있는 소셜 미디어 네트워크와 통합돼 있다. 이를 통해 고객이 친구 및 팔로워와 제품을 쉽게 공유할 수 있어 판매자의 도달 범위와 가시성을 높일 수 있다.

한국 라이브커머스 시장의 또 다른 강점은 기술과 혁신에 초점을 맞춘다는 것이다. 업계의 많은 선도적인 플랫폼은 인공지능이나 머신러닝과 같은 첨단 기술을 사용해 고객에게 맞춤형 추천을 제공하고 쇼핑 경험을 최적화한다. 기술에 대한 이러한 집중은 한국의 라이브커머스 시장이 트렌드 곡선을 따라가고 국내 전자상거래 산업에서 경쟁력을 유지하는 데 도움이 됐다.

또한 강력한 물류 인프라와 잘 발달 된 전자상거래 생태계의 혜택을 받는다. 업계를 선도하는 플랫폼 중 많은 수가 물류 및 이행 분야에서 다년간의 경험을 보유한 기성 전자상거래 업체의 지원을 받고 있다. 이를 통해 고객에게 빠르고 안정적인 배송을 제공할 수 있으며, 이는 온라인 소매의 경쟁적인 세계에서 필수적이다.

마지막으로, 한국의 라이브커머스 시장은 혁신과 기업가 정신의 문화로부터 이익을 얻는다. 업계의 많은 선도적인 플랫폼들은 전자상거래의 세계에서 가능한 것의 경계를 끊임없이 헐고 있고 젊고 기술에 정통한 기업가들에 의해 설립됐다. 이러한 혁신 문화는 성장을 촉진하고 업계에 투자를 유치하는 데 큰 도움이 됐으며, 이는 향후 몇 년 동안 글로벌 전자상거래 시장의 핵심 플레이어로 발전할 것이다.

1. 라이브커머스 시장 사례는?

1) 코로나19 영향은 오프라인에서 온라인으로

세계적으로 'COVID-19'라는 바이러스는 누구나 처음 겪는 바이러스로 소비자들을 오프라인 시장상권에서 온라인 시장상권으로 유입시키는 큰 기폭제 역할을 했다. 또한 오프라인 시장의 중소상공인들을 온라인 시장으로 누구보다 빠르게 블랙홀처럼 흡수

시켰다. 무엇보다 대한민국 정부는 다양한 정부자금을 소상공인들의 매출 증대를 위해서 앞장섰으며, 플랫폼의 기술 발전에 따라 교육시스템, 물류시스템, 소비자와 생산자를 바로 연결해주는 가장 큰 역할을 한 라이브커머스에는 너무나 다양하고 많은 판매사례가 있다.

한국농촌경제연구원 보고서에 따르면 2020년 국내 라이브커머스 시장은 85%나 성장한 총 10조 원 이상의 매출을 기록했다고 한다. 이러한 수요 급증은 기존 플랫폼 간 경쟁 심화는 물론 새로운 시장 플랫폼이 등장하는 계기가 됐다.

2) 지역시장 상인 사례

한국 라이브커머스 시장의 핵심 업체 중 하나는 신선한 농산물과 다른 식료품을 전문적으로 판매하는 플랫폼인 '마켓'이다. 이 플랫폼은 고객이 실시간으로 판매자와 상호작용하고, 제품에 대한 질문을 할 수 있도록 해 개인화된 매력적인 쇼핑 경험을 만들어준다. 즉 많은 사람들이 식료품 구매를 위해 온라인쇼핑으로 눈을 돌렸는데 이는 COVID-19 팬데믹 기간 특히 성공적이었다. 이 플랫폼은 지역 시장 상인과 지역 농부들 및 생산자들과의 제휴를 통해 다양한 고품질 제품을 제공함으로써 지역경제를 살리는 데 큰 도움을 주고 있다.

3) 중소기업 생산자 사례

라이브커머스는 전통적인 오프라인 매장에서 대형 유통업체들과 경쟁할 수 없는 중소기업 생산자들에게도 혜택이 되고 있다. 네이버 쇼핑 라이브와 카카오 쇼핑과 같은 플랫폼들은 이러한 사업들을 통해 더 많은 청중에게 접근하고, 개인화된 상호작용과 매력적인 콘텐츠를 통해 충성스러운 고객 기반을 구축할 수 있게 해준다. 예를 들어, 소규모 패션 소매상들은 라이브 패션쇼를 통해 그들의 제품을 선보일 수 있었고, 고객들은 방송 중인 옷을 보고 크기와 착용감에 대해 질문할 수 있었다.

4) 지역특산물 시장 사례

한국의 라이브커머스 시장에서 또 다른 흥미로운 사례는 지역 특산품에 초점을 맞춘 플랫폼의 부상이다. 다양한 라이브커머스 플랫폼들은 한국 특정 지역의 독특하고 찾기 어려운 제품들을 선별해 제공한다. 플랫폼에서는 이러한 제품의 고유한 기능과 이력을 강조함으로써 품질과 신뢰성을 중시하는 전담 고객층을 유치할 수 있었다. 이것은 고객들에게 독특한 쇼핑 경험을 제공하는 동시에 지역 생산자들을 지원하고, 전통 공예품과 산업을 보존하는 데 도움이 됐다.

또한 소비자들은 도서 산간지역의 기후 및 토양 등 환경적인 특성에 맞게 재배한 지역특산물을 출장 라이브커머스를 통해 직접 볼 수 있게 됐다. 이와 같은 판매 방식은 소비자들로부터 신뢰 향상은 물론 바로 상품 구매로 이어졌다. 코로나19로 지역 행사 및 지역축제 감소 현상을 라이브커머스 '랜선 투어'를 통해 매출 증대에 큰 도움이 됐다. 지역 상권 상인들은 물론 지역특산물의 판매 촉진에 라이브커머스는 '소통'으로 이어졌다. 정해진 날짜와 정해진 시간에 방송되는 라이브커머스는 다양한 이벤트도 진행하면서 무엇보다 누구나 지역특산물을 사기 위해 시장이나 지역을 방문하지 않아도 손쉽게 집안에서 구매할 수 있는 가장 큰 장점을 갖고 있다.

2. 라이브커머스 플랫폼

1) 다양한 라이브커머스 플랫폼

(1) 그립(Grip)

'그립'은 안정적인 라이브방송으로 상품판매는 물론 마케팅 효과까지 있으며, 하루 1,000여 개의 라이브방송이 열리는 시스템 운영으로 안정적인 라이브 송출이 가능하다. 특히 다양한 송수신 환경에 따른 예기치 못한 문제 발생 시, 그립은 가장 빠르고 적절하게 대응하며 소상공인이 손쉽게 접근하고 사용 할 수 있는 한국 최초 라이브커머스 플랫폼이다.

(2) 네이버 쇼핑 라이브

'네이버 쇼핑 라이브'는 한국에서 인기 있는 또 다른 라이브커머스 플랫폼으로 패션, 미용, 가정용품, 전자제품을 포함한 다양한 제품들을 제공한다. 고객은 플랫폼을 통해 라이브 스트림을 시청하고 제품을 직접 구매할 수 있다.

[그림1] 네이버 쇼핑 라이브(출처 : 네이버 쇼핑 라이브)

(3) 쿠팡 라이브

'쿠팡'은 라이브커머스 서비스를 제공하는 국내 대표 전자상거래 업체다. 고객은 쿠팡 라이브를 통해 제품 시연 라이브 스트림을 시청하고, 실시간으로 질문을 하고, 플랫폼을 통해 직접 구매할 수 있다.

(4) 무신사 TV

'무신사'는 최근 '무신사 TV'라는 자체 라이브커머스 플랫폼을 출시한 한국의 인기 '온라인 패션' 소매업체이다. 고객들은 패션쇼, 제품 시연, 패션 전문가들과의 인터뷰 라이브 스트림을 볼 수 있다.

(5) 올리브 영 라이브

'올리브 영'은 라이브커머스 서비스를 제공하는 한국의 인기 있는 '미용 소매점'이다. 고객들은 메이크업 튜토리얼, 스킨 케어 루틴, 제품 리뷰의 라이브 스트림을 볼 수 있다. 고객들은 플랫폼을 통해 직접 제품을 구매할 수도 있다.

(6) 농심 라이브

'농심'은 라이브커머스 서비스를 제공하는 한국의 인기 있는 '식음료' 회사이다. 고객들은 요리 시연, 제품 리뷰, 음식 맛보기의 라이브 스트림을 볼 수 있다. 플랫폼을 통해 직접 제품을 구매할 수도 있다.

(7) 롯데홈쇼핑 라이브

'롯데홈쇼핑'은 라이브커머스 서비스를 제공하는 국내 대표 홈쇼핑 업체다. 고객은 제품 시연, 리뷰 및 쇼핑 채널의 라이브 스트림을 볼 수 있다. 플랫폼을 통해 직접 제품을 구매할 수도 있다.

(8) CJ ENM 라이브

'CJ ENM'은 자회사인 CJ오쇼핑을 통해 라이브커머스 서비스를 제공하는 대한민국의 엔터테인먼트 및 미디어 기업이다. 고객들은 제품 시연, 쇼핑 채널, 버라이어티 쇼 라이브 스트림을 볼 수 있다. 플랫폼을 통해 직접 제품을 구매할 수도 있다.

(9) G마켓 라이브

'G마켓'은 한국에서 인기 있는 전자상거래 플랫폼으로, 라이브커머스 서비스를 제공한다. 고객들은 제품 시연, 쇼핑 채널, 패션쇼의 라이브 스트림을 볼 수 있다. 플랫폼을 통해 직접 제품을 구매할 수도 있다.

2) 홍보마케팅 효과와 고객이 열광하는 이유

라이브커머스는 고객들에게 개인화된 쇼핑 경험을 제공하는 능력 때문에 점점 더 인기를 얻고 있다. 이를 통해 소비자들은 구매하기 전 실시간으로 판매자와 상호작용하고, 제품에 대한 질문을 할 수 있다. 이런 참여는 고객과 셀러 간 신뢰와 충성도를 높이는 데 큰 도움이 되며, 이는 매출과 수익 증대로 이어질 수 있다.

이어 '프로모션 마케팅'은 라이브커머스의 성공에도 큰 영향을 미칠 수 있다. 할인, 경품 및 기타 인센티브를 제공함으로써 셀러는 더 많은 고객을 유치하고 판매량을 늘릴 수 있다. 프로모션 마케팅은 고객들에게 프로모션이 만료되기 전 구매하도록 장려하면서, 고객들 사이에 긴박감을 조성하는 데 도움이 될 수 있다.

[그림2] 라이브커머스 프로모션 마케팅(출처 : 호남백과사전 디자인팀)

사람들이 라이브커머스에 열광하는 또 다른 이유는 쇼핑의 사회적 공감대를 제공한다는 것이다. 고객은 친구나 가족과 함께 라이브 스트림을 시청하고, 제품에 대한 의견을 실시간으로 공유할 수 있다. 이는 전통적인 전자상거래 플랫폼에서 부족할 수 있는 공동체 의식과 소속감을 조성한다.

라이브커머스는 또한 전통적인 전자상거래 플랫폼에서 부족한 투명성을 제공한다. 고객은 구매하기 전에 자신이 무엇을 구매하고 어떻게 작동하는지 정확하게 확인할 수 있다. 이것이 바로 라이브커머스에 관심을 갖고 시간과 공간을 초월해 누구든지 라이브커머스를 손쉽게 보고, 시청하고, 구매할 수 있는 장점이다. 지금 이 순간에도 라이브커머스의 플랫폼으로 많은 사람은 찾아와 구매하고 만족한다.

3. 스마트워크를 통한 정보수집 플랫폼

온라인쇼핑은 잘 짜인 각본처럼 패턴이 있으며 그 패턴은 모든 사람의 클릭과 통계 및 빅데이터로 쌓인다. 그런데 지금도 전 세계적으로 트렌드는 변하고 또 변한다. 그에 발맞춰 소비의 트렌드 및 소비자들의 성향, 지금은 어떤 상품이 유행하는지 등 대기업의 MD처럼 유행에 민감해야 정보의 승리자가 돼 성공할 수 있다.

쉽게 말해서 정보는 곧 돈이다. 예를 들어 어제 급상승한 주식시장의 정보가 곧 돈을 부르며, 어제의 정보는 새것이 아니라 세월이 흐를수록 세상은 빠르게 변하며, 정보의 바다와 홍수 속에서 인간 필터링이 돼 정보를 잘 분석해 보면 부는 쌓인다.

하지만 그 정보를 알아낸다는 게 절대 쉽지 않다. 수많은 정보를 찾는 것은 시간의 낭비이며, 내가 할 일을 못 하게 만들고 자료수집 및 그 정보를 찾다가 지치게 된다. '스마트워크'는 사이트마다 특성이 다르며 물론 무료이다. 유료사이트도 있지만 이 정도의 정보를 습득하고 구별한다면, 그 어떤 정보에서도 여러분들은 승리한다고 말하고 싶다.

그렇다면 이제 정보의 바다에서 서핑을 해보자. 그래야 여러분도 승리를 쟁취할 수 있다. 실질적으로 온라인마케팅 컨설팅 사업 10년 차가 되다 보니 본질은 같다. 본질은 소비자를 읽어야 하고, 내가 어떻게 어느 영역에서 광고할지, 내가 어느 달에 광고 그물망을 통해 소비자들을 나의 플랫폼에 유입시키고 구매 전환을 일으킬지가 관건이다.

모든 박자가 맞아야 하고 손뼉도 부딪쳐야 소리가 난다. 실행이 정답이다. 스마트워크 4가지 데이터 플랫폼에서 여러분들은 많은 정보를 얻고 좋은 성과를 이루길 바란다.

여러분이 운전하면서 네비게이션에 등록해 쉽게 길을 찾아가듯이, 온라인사이트에 접속해서 원하는 키워드와 트렌드를 보면서 정보가 찾아오게 만든다. 나아가 시간을 효율적으로 이용해 스마트워크를 할 수 있는 빅데이터 플랫폼이다.

1) 네이버 데이터랩

'네이버 데이터랩'은 네이버의 검색 트렌드 및 급상승검색어 이력, 쇼핑 카테고리 별 검색 트렌드를 제공한다. 쇼핑 분야별 클릭 추이와 분야별 검색어 현황을 확인할 수 있다. 또한 네이버의 데이터랩에서는 검색 트렌드 및 급상승검색어 이력, 쇼핑 카테고리별 검색 트렌드 제공, 쇼핑 분야별 클릭 추이와 분야별 검색어 현황을 확인할 수 있다.

[그림3]처럼 네이버 검색 창에서 '데이터랩'을 검색하고 사이트를 찾아 클릭한다.

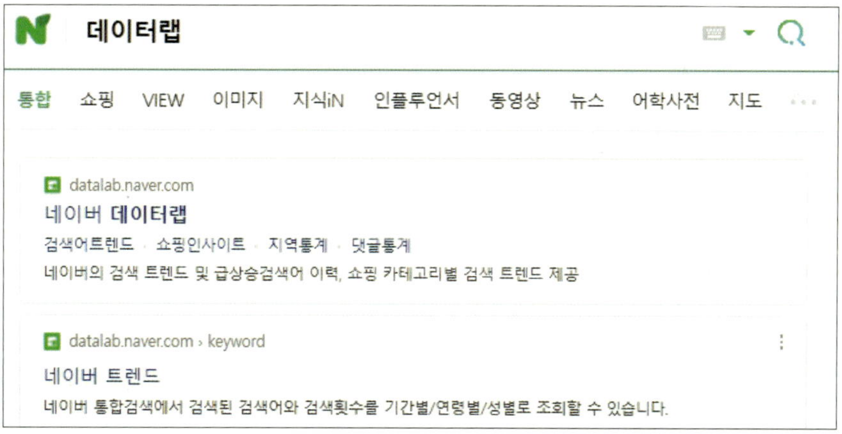

[그림3] 데이터랩(출처 : 네이버 데이터랩)

[그림4]처럼 '쇼핑인사이트' 화면이 보이면 분야별 인기 검색어를 카테고리에 따라 클릭해서 실시간 트렌드 정보를 구한다.

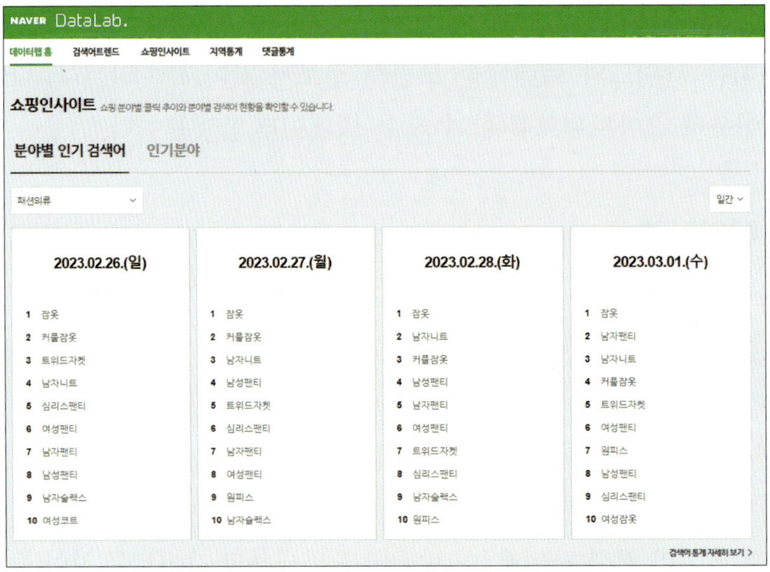

[그림4] 쇼핑인사이트(출처 : 네이버 데이터랩)

[그림5]와 같이 분야별 인기 검색어는 카테고리에 따라 일간, 주간, 월간으로 나눠서 볼 수 있다.

[그림5] 분야별 인기 검색어(출처 : 네이버 데이터랩)

[그림6]처럼 네이버에서 얼마나 많이 검색되는지 궁금한 주제가 있다면 맨 왼쪽에 적고 클릭하면 검색 데이터 누적에 따른 정보를 보여준다.

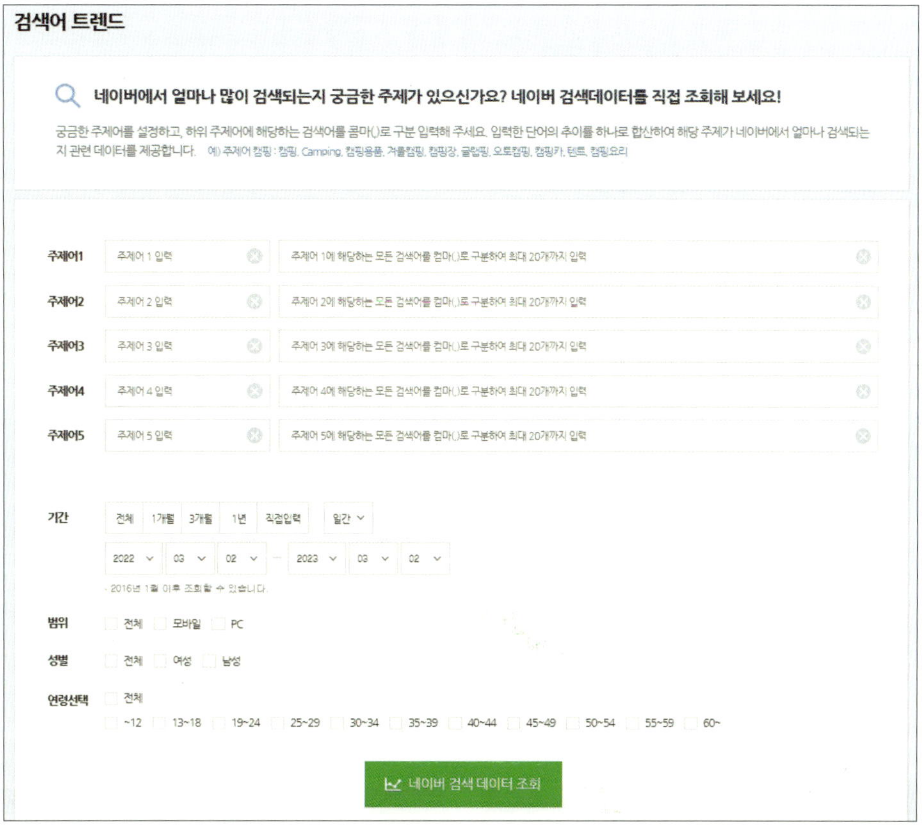

[그림6] 검색어 트렌드(출처 : 네이버 데이터랩)

[그림7]처럼 쉽게 말하면 삼겹살 주제어에 맞춰 하위 기준 주제어가 나온다. 삼겹살을 사람들이 먹을 때 상추와 고추, 된장, 마늘, 야채에 싸서 자신의 입맛에 맞게 섭취하는 데 그에 따른 [그림8]과 같은 그래프를 보고 데이터를 확보할 수 있다.

[그림7] 검색어 트렌드(출처 : 네이버 데이터랩)

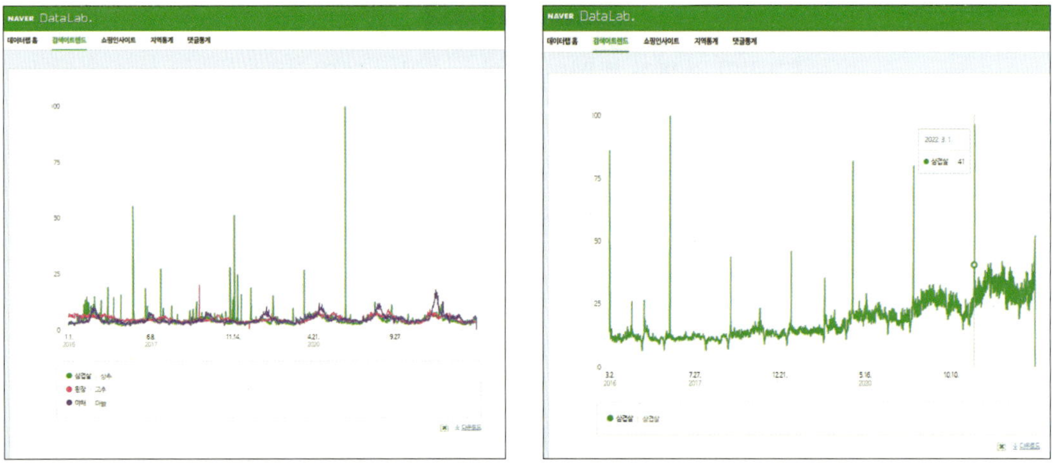

[그림8] 트렌드 그래프(출처 : 네이버 데이터랩)

[그림9]처럼 쇼핑 인사이트는 다양한 분야에서 클릭이 발생한 검색어와 [그림10]과 같이 검색어의 클릭량 추이를 볼 수 있다.

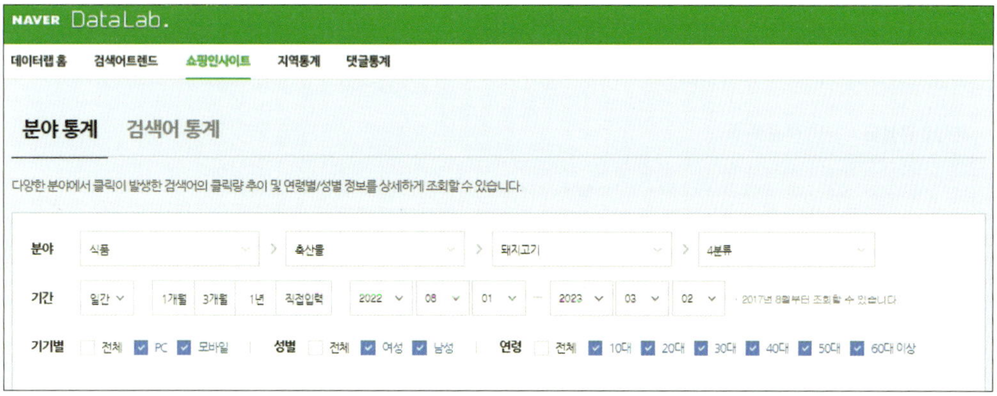

[그림9] 분야 통계(출처 : 네이버 데이터랩)

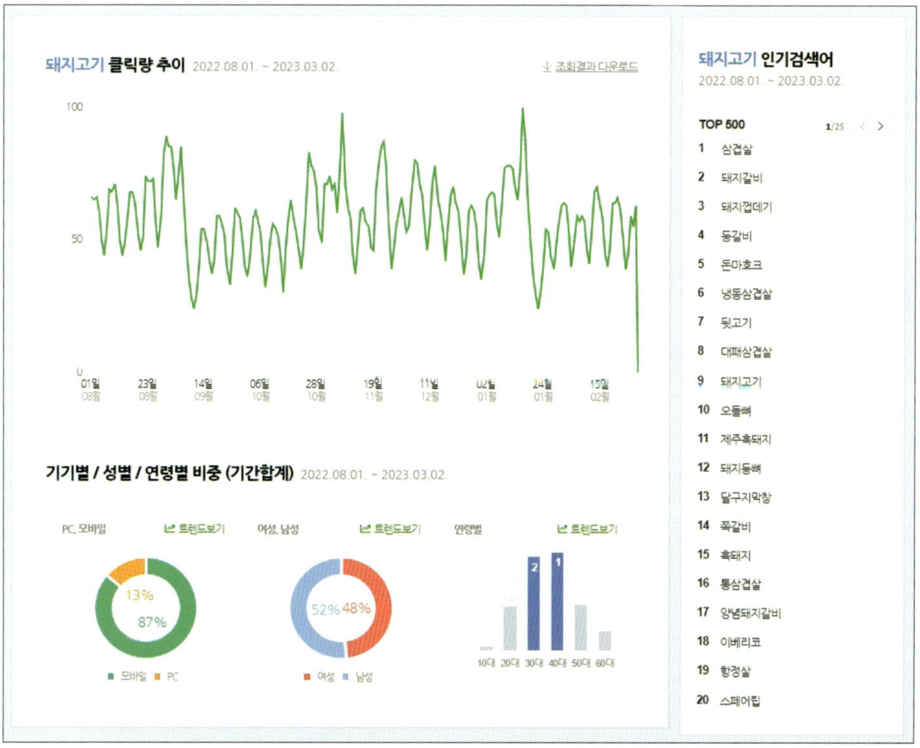

[그림10] 클릭량 추이(출처 : 네이버 데이터랩)

[그림11]처럼 지역 통계를 통해서 [그림12]와 같은 지역별 관심도와 [그림13]과 같은 카드 사용 통계도 볼 수 있다.

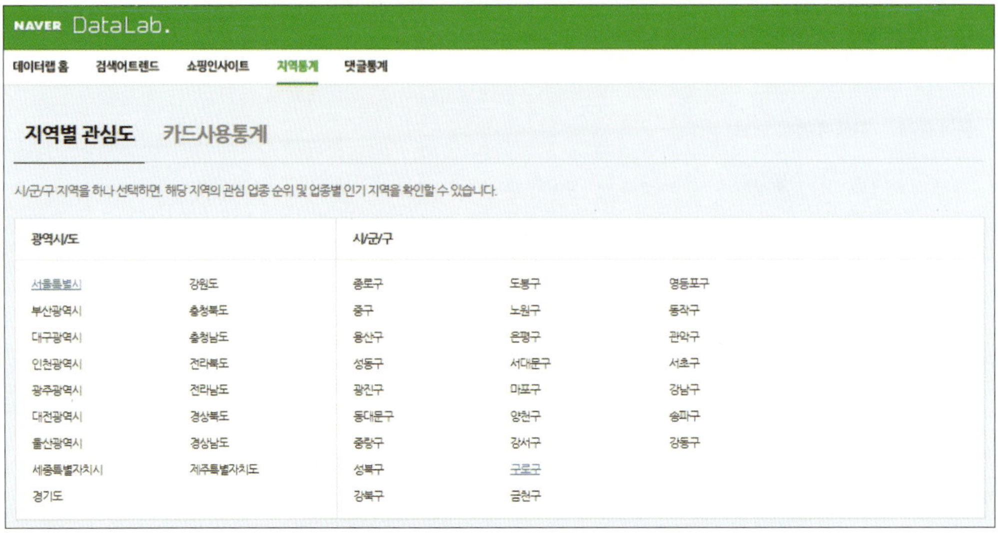

[그림11] 지역 통계(출처 : 네이버 데이터랩)

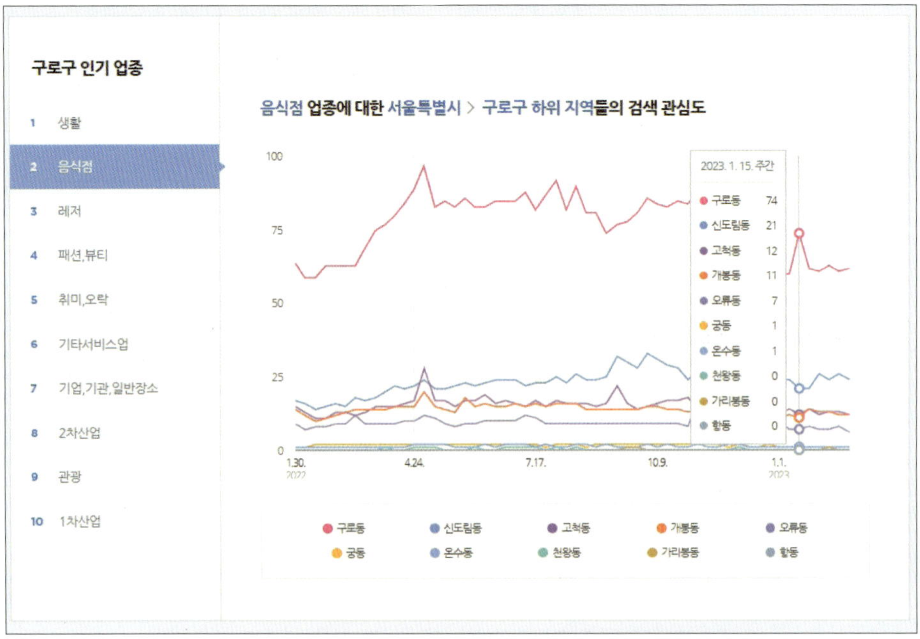

[그림12] 지역의 검색 관심도(출처 : 네이버 데이터랩)

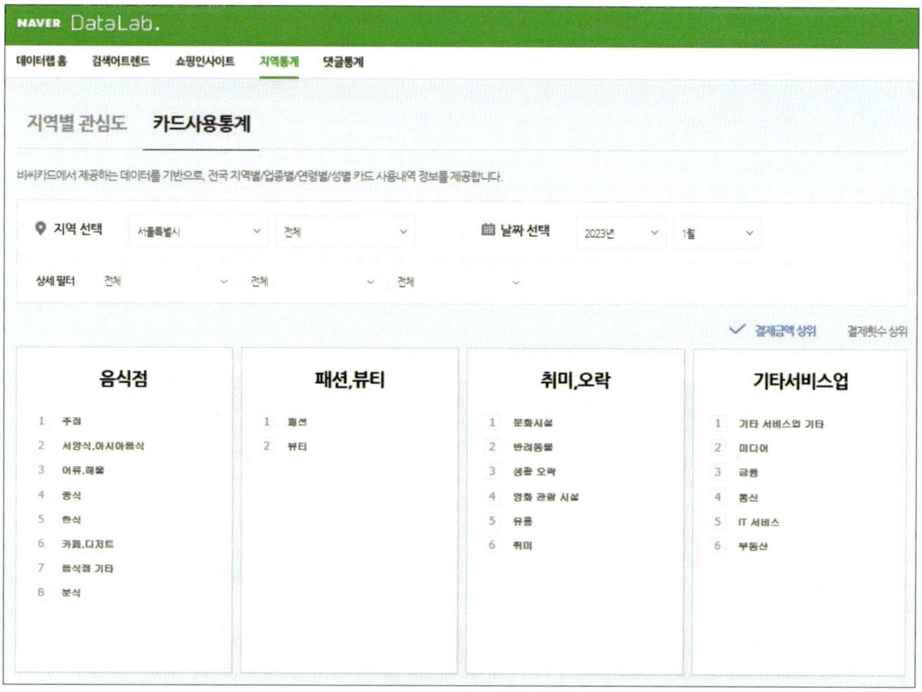

[그림13] 카드사용통계(출처 : 네이버 데이터랩)

2) 블랙키위

검색 엔진 마케팅을 위한 가장 전문적인 데이터 분석 툴로 '블랙키위'를 추천한다.

[그림14]와 같이 네이버 검색 창에서 '블랙키위'를 검색해 클릭한다

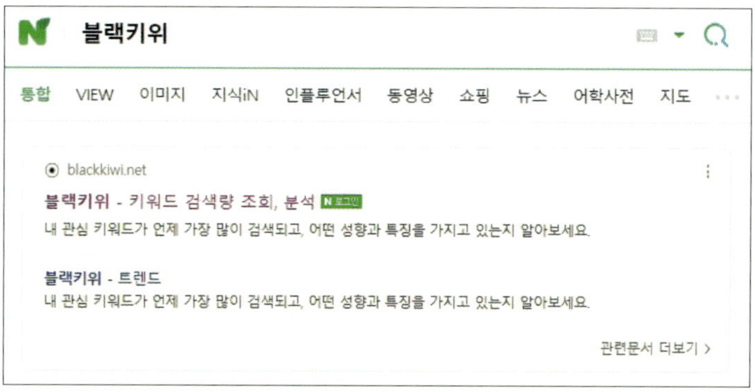

[그림14] 블랙키위 검색(출처 : 네이버)

[그림14]처럼 블랙키위를 검색하면 내 관심 키워드가 언제 가장 많이 검색되고, 어떤 성향과 특징을 갖고 있는지 알아볼 수 있다. 검색 엔진 마케팅을 위한 가장 기본적인 데이터 분석 툴로 블랙키위 콘텐츠를 한눈에 알 수 있다.

또한 검색 키워드의 일간, 월간 콘텐츠 검색량, 검색 트렌드, 검색비율, PC와 모바일 섹션 배치순서, 연령별, 성별 검색비율도 알아볼 수 있다.

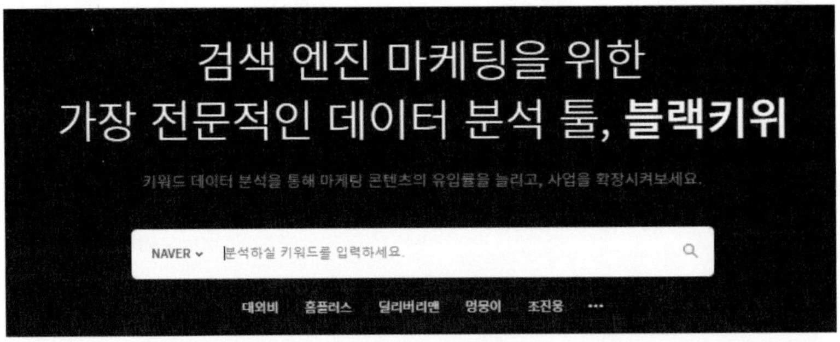

[그림15] 블랙키위 메인화면(출처 : 블랙키위)

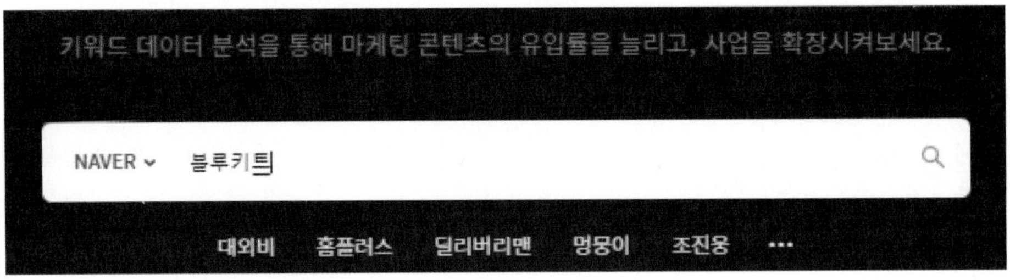

[그림16] 블루키트 검색(출처 : 블랙키위)

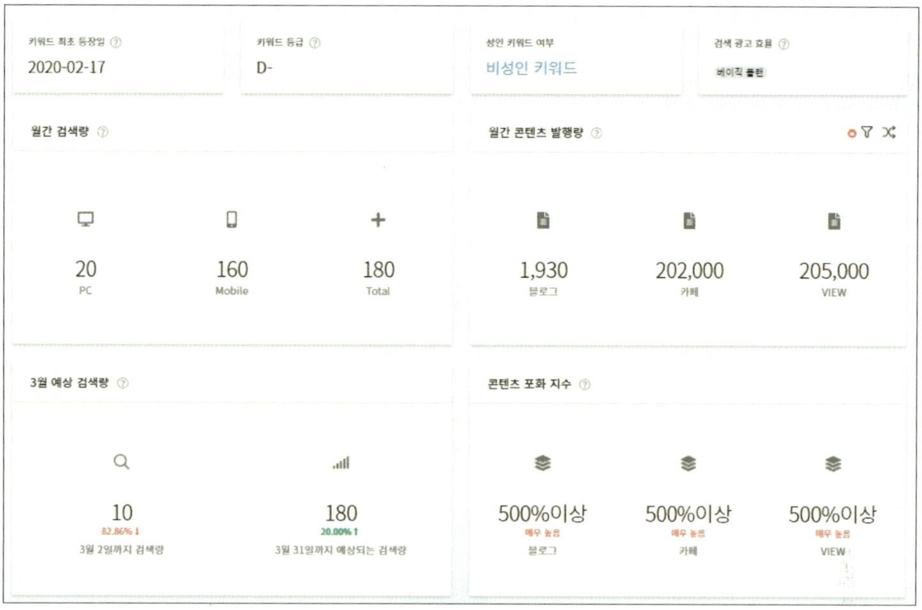

[그림17] 일간, 월간 콘텐츠 검색량(출처 : 블랙키위)

[그림18] 검색트렌드, 검색비율(출처 : 블랙키위)

[그림19] PC와 모바일 섹션 배치 순서(출처 : 블랙키위)

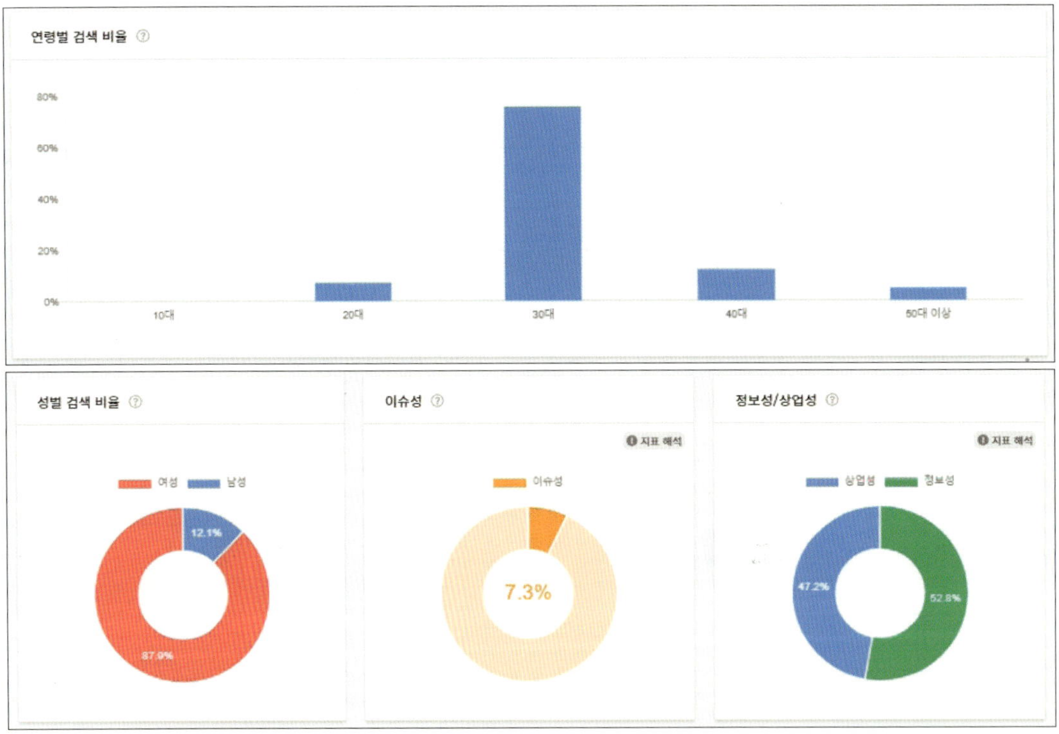

[그림20] 연령별, 성별 검색비율(출처 : 블랙키위)

3) 구글알리미

구글 알리미(Google Alerts)는 웹 검색 엔진 기업 구글이 제공하는 변화 감지 및 통보 서비스이다. 이 서비스는 웹 페이지, 신문 기사, 블로그, 학술 논문 등에서 사용자의 검색 용어와 일치하는 새 결과를 발견할 때 사용자에게 이메일을 보낸다.

네이버 검색 창에서 '구글알리미'를 검색해 클릭한다.

[그림21] 구글알리미 검색(출처 : 네이버)

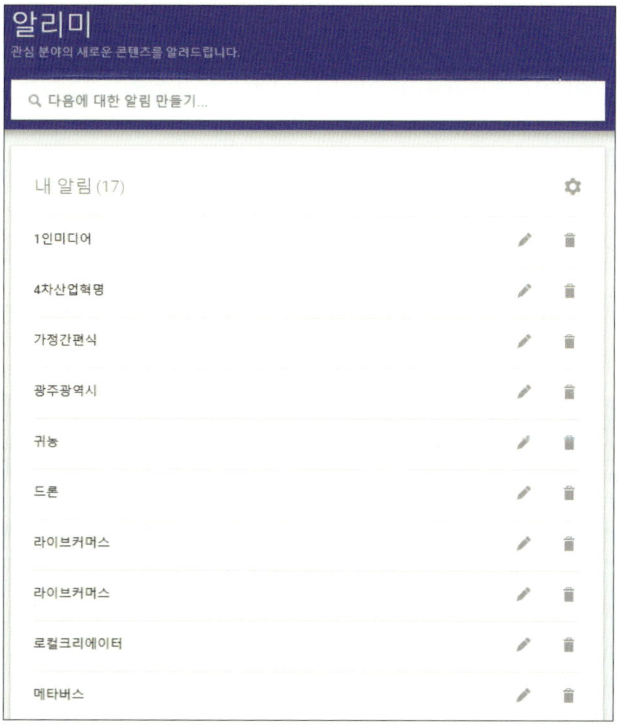

[그림22] 분야별 구글 알리미(출처 : 구글알리미)

[그림23] 라이브커머스, 알리미 미리 보기(출처 : 구글알리미)

[그림24]처럼 구글알리미는 수신 빈도, 출처, 언어, 지역, 개수를 원하는 메일 주소로 정보를 검색해서 정보를 보내준다.

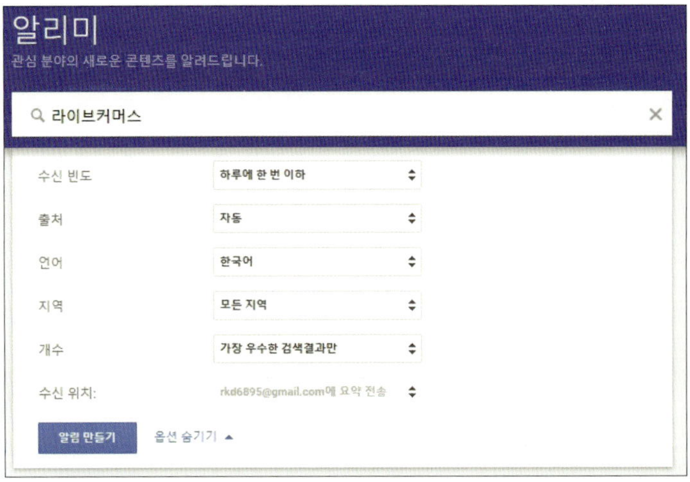

[그림24] 라이브커머스 검색(출처 : 구글알리미)

4) 코바코, 빅데이터 트렌드 분석, AI 카피라이팅 서비스

지난 2월 한국방송광고진흥공사(코바코)는 '아이작(aisac.kobaco.co.kr)'을 통해 빅데이터 기반 트렌드 분석과 AI 카피라이팅 기능을 새롭게 선보였다.

아이작은 AI·빅데이터 기술을 활용해 광고 창작을 돕는 웹 서비스로, 2021년 광고 '아카이브', 2022년 '스토리보드' 창작 지원 서비스에 이어 올해 트렌드 분석 및 'AI 카피라이팅' 서비스를 출시했다. 코바코는 참고 영상 탐색부터 시장 분석, 광고 카피작성, 스토리보드 제작까지 촬영 이전의 모든 단계를 AI와 빅데이터가 지원하는 통합 서비스가 완성됐다고 설명했다.

트렌드 분석은 검색, 쇼핑, 소셜미디어(SNS) 등의 빅데이터를 분석해 시장과 소비자에 대한 인사이트를 제공하는 서비스다. 포털의 검색 데이터와 블로그·유튜브·인스타그램의 연관 콘텐츠를 한눈에 파악할 수 있고, 상품별 쇼핑 데이터를 성·연령 별로 확인할 수 있다.

AI 카피라이팅은 광고하고자 하는 상품의 품목이나 명칭 등 정보를 넣으면 AI가 광고카피를 만들어 주는 서비스다.

'가구' 카테고리에 '패브릭 소파', '공간' 키워드를 입력하면 '패브릭 소파, 공간의 여유를 더하다'와 같은 자연스러운 카피들이 10개씩 자동 생성되는 식이다. AI 문장생성기술인 'GPT-3'를 활용해 엄격한 품질관리를 거친 25만여 개의 광고카피를 학습시켜 최적의 성능을 낼 수 있게 했다.

앞으로 AI와 빅데이터는 인간의 창의성을 더 풍부하게 하고, 효율적으로 도와주며 중소기업, 소상공인들의 마케팅 실무와 예비 광고인들의 교육 현장에서 널리 활용되기를 바란다.

네이버 검색 창에 '코바코 아이작'을 검색해 클릭한다.

[그림25] 코바코 아이작 검색(출처 : 네이버)

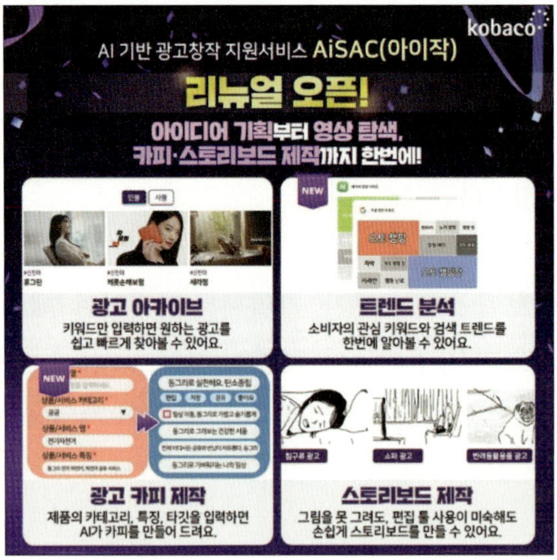

[그림26] 코바코 아이작 소개 화면(출처 : 코바코 아이작)

[그림27] 코바코 아이작(출처 : 코바코 아이작)

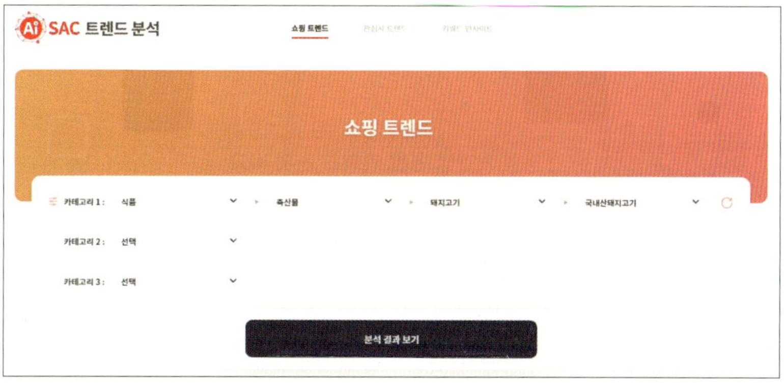

[그림28] 쇼핑트렌드(출처 : 코바코 아이작)

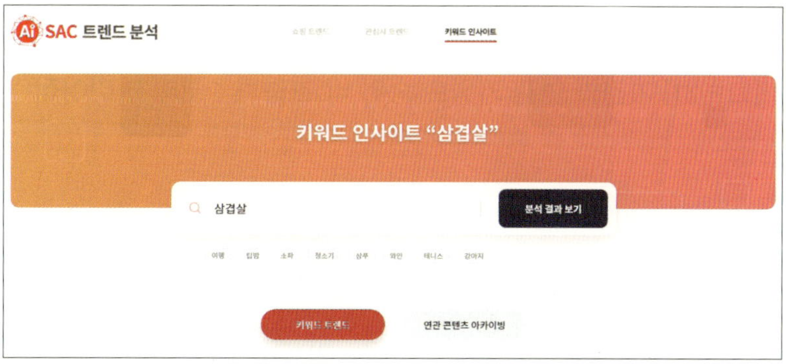

[그림29] 키워드 인사이트 삼겹살 분석(출처 : 코바코 아이작)

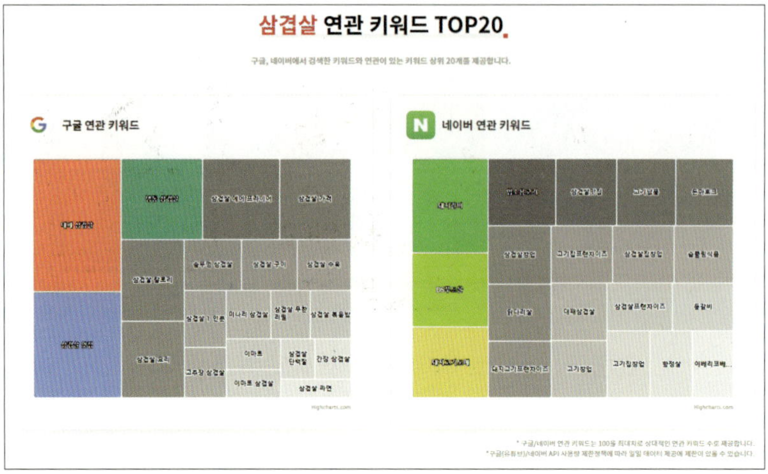

[그림30] 삼겹살 연관 키워드 TOP 20(출처 : 코바코 아이작)

[그림31] 기간별 연관 키워드 순위 비교(출처 : 코바코 아이작)

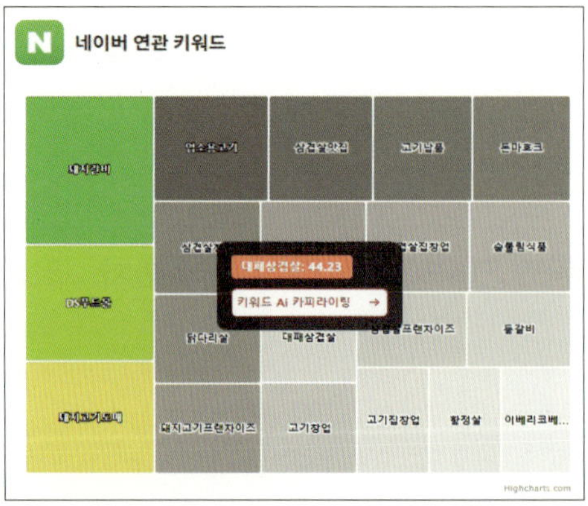

[그림32] 네이버 연관키워드(출처 : 코바코 아이작)

마케팅을 하기 위해서는 헤드카피가 정말 중요한 데 AI 카피라이팅을 통해 추천 카피를 볼 수있으며 손쉽게 헤드카피 문구를 뽑아낼 수도 있다.

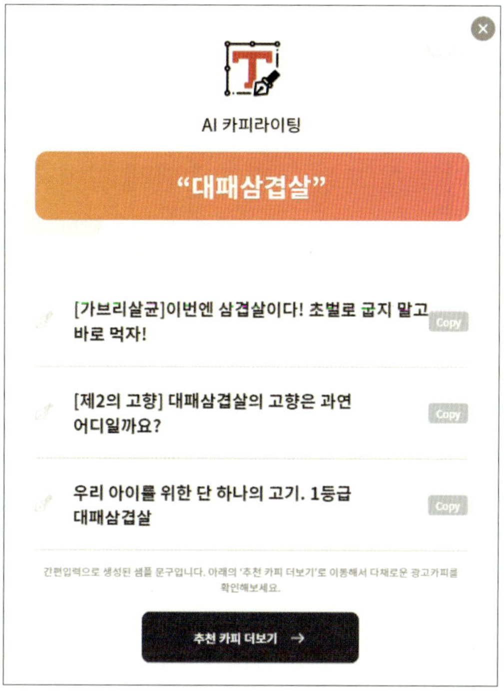

[그림33] 대패삼겹살 AI 카피라이팅(출처 : 코바코 아이작)

4. 퍼스널 브랜딩의 꽃 '네이버 인물 정보 등록' 서비스

한 분야에서 전문가로 보이는 진정한 마케팅의 초석은 바로 퍼스널 브랜딩의 꽃 '네이버 인물 정보 등록'이다. 지금까지 필자는 정치인부터 작가, 쇼핑호스트, 협회, 단체인, 언론인, 기자, 기업인 등 120명 이상 수 많은 사람들의 네이버 인물 정보 등록을 돕고, 인물 등록이 반려되면 끝까지 도와서 100% 등록을 완료했다.

검증이라는 건 바로 실체적 단서이다. 쉽게 말해서 대한민국에서 검색플랫폼의 절대적 존재인 네이버 플랫폼에 내 이름 석 자를 검색해서 최상위에 노출되면, 많은 사람에게 신뢰를 주고 소비자의 지갑도 쉽게 열 수 있다. 단, 네이버에서는 인물 정보 등록을 아무나 해주지 않고 객관적인 평가 즉 실체적 단서가 필요하며, 특히 인물 정보 등록 등재기준에 따라 체계적이고 전략적으로 진행해야 한다.

솔직히 잘못된 정보도 아주 많다. 등재 기준 조건에 맞아야 하며 네이버는 국내·외 주요 인물들의 프로필을 조회할 수 있도록 인물 정보 서비스를 제공하고 있다. 인물 정보 등록 서비스란 당사자의 신청 또는 특정인에 관해 일반적으로 공개된 정보를 기반으로 정보를 등록할 수 있는 서비스이다. 이어 통합검색 등 네이버의 다양한 서비스를 통해 이용자들이 조회 또는 열람할 수 있도록 하는 서비스를 말한다.

네이버 인물 정보 등록 서비스는 공정하고 정확한 정보를 제공하기 위해 (사)한국인터넷자율정책기구(KISO) 서비스 운영 소위에서 만든 인물 정보 등록 가이드 라인을 준수한다. 이를 바탕으로 네이버 인물 정보 등록 서비스 운영정책 및 등재기준을 마련해 서비스에 적용하고 있다.

아울러 개개인의 직업별 등재기준은 동 위원회의 자문을 받아 제정 또는 수정하고 있으며. 인물 정보의 등록, 수정, 삭제 등에 면밀한 검토가 필요한 경우 동 위원회에 심의를 요청해 처리한다.

등록, 수정, 삭제에 관한 기준 및 절차, 당사자 또는 그로부터 위임을 받은 대리인의 신청 절차, 인물 정보 등록 등 과정에서 불가피하게 수반되는 일정한 개인정보의 수집 및 이용 등에 관한 사항들은 아래 운영정책에서 확인할 수 있다.

증빙자료란 인물 정보가 등록될(된) 당사자 본인 또는 그의 대리인에 의해 혹은 당사자 본인 측의 인물 정보 등록, 수정 또는 삭제 신청 내용에 관해 그 사실의 존부 및 사실관계를 확인하거나 증명할 수 있는 근거 자료를 말한다.

사람들은 세무사, 변리사, 변호사를 찾아가서 세무·특허·법률 정보를 자문하고 처리를 위해 그에 따른 비용을 기꺼이 지불한다. 네이버 인물등록도 마찬가지이다. 그리고 등록은 누구나 증빙자료에 맞으면 가능하지만 그에 따른 정보의 업데이트는 무수한 정보처리 경험이 있어야 가능하다.

'네이버 인물등록은 누구나 할 수 있는가?'에 대한 질문에 답변은 '그렇다'이다. 하지만 모든 정보가 등록됐다고 퍼스널 브랜딩이 되지는 않는다. 지속적인 경력정보 수정 및 자신의 SNS채널에 콘텐츠를 채우며, 나아가서 진정한 자신의 몸값은 자신이 빛나게 하며 기본정보는 직업·소속·학력·경력·수상·작품·기타 정보를 준비해야 한다.

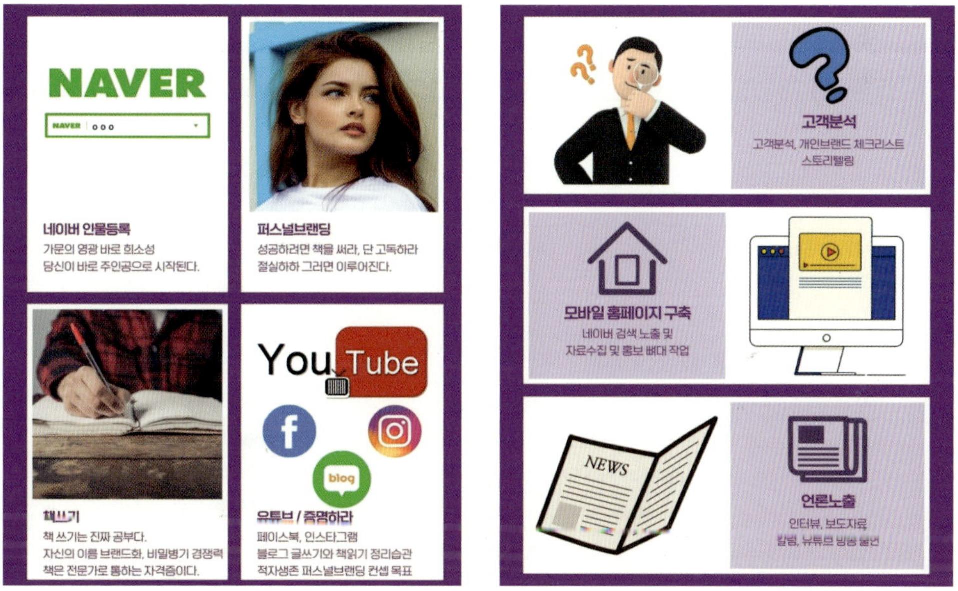

[그림34] 다양한 퍼스널브랜딩 채널(출처 : 호남백과사전 디자인팀)

[그림35] 개인별 다양한 등록 가능한 정보(출처 : 호남백과사전 디자인팀)

[그림36] 필자의 네이버 인물등록 정보(출처 : 네이버)

[그림37, 38]은 '쇼핑호스트'로 네이버 인물 정보에 등록한 증명자료이다. 라이브쇼핑 링크 및 언론에 보도된 최소 5회 이상의 자료가 있어야 등재가 가능하며, 서류 증명에 따라 반려될 수도 있다.

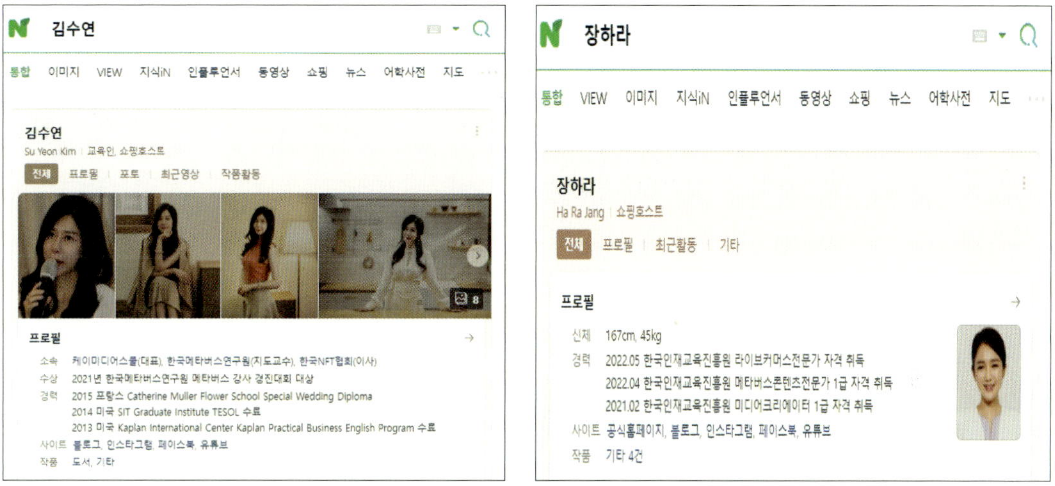

[그림37] 필자가 '쇼핑호스트'로 네이버 인물등록 한 사례 1(출처 : 네이버)

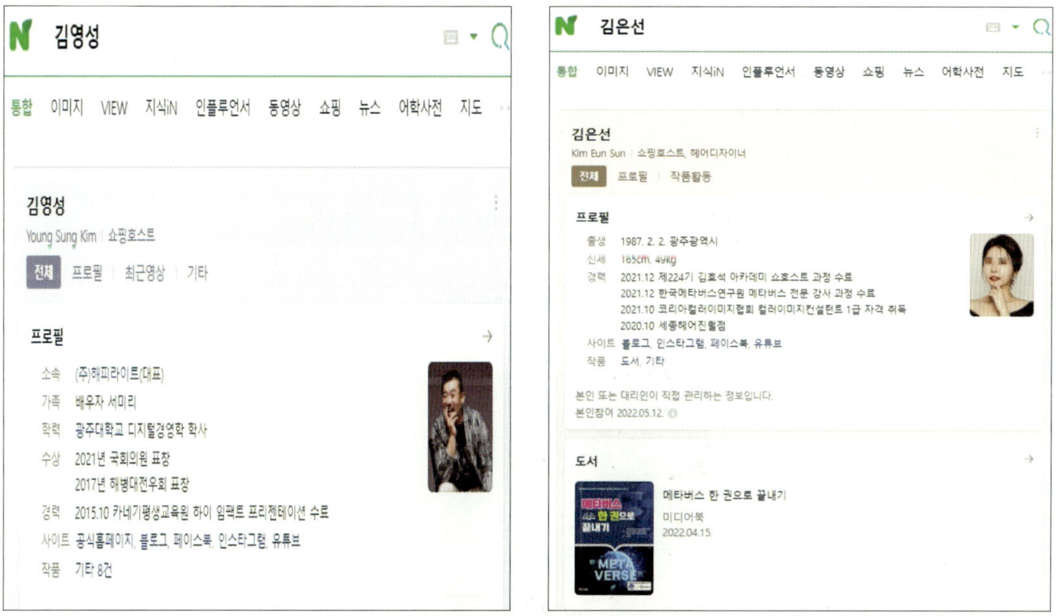

[그림38] 필자가 '쇼핑호스트'로 네이버 인물등록 한 사례 2(출처 : 네이버)

[그림39]는 나이는 숫자에 불과하다는 말이 생각나게 하는 올해 78세 동강대학교 미디어콘텐츠학과 2학년 늦깎이 만학도로, 나이에 평생소원을 풀며 여러 방송 출연에 성공한 한연자 씨이다.

우연히 유튜브크리에이터 교육과정에서 만나 지금까지도 쉬지 않고 공부하며, 무거운 카메라를 들고 촬영하다가 계단에서 굴러서 목숨까지 위험했지만, 지금도 그 열정은 식지 않고 열정적으로 살아가고 있는 한연자 씨. 대한민국 시니어 중에서 가장 활발하게 활동하는 사람 중 한 분이 아닐까 싶다.

한연자

통합 VIEW 이미지 지식iN 인플루언서 동영상 쇼핑 뉴스 어학사전 지도

한연자
사진작가

전체 프로필 | 최근활동

프로필

출생 음력 1947. 8. 22.
신체 163cm, 65kg
소속 시니어사진관(대표)
학력 송원대학교 사회복지과 전문학사
수상 2021년 광주광역시 서구청장 표창
경력 2020.04~2020.08 광주평생교육진흥원 시니어 미디어영상 활동가 심화과정 수료
사이트 공식홈페이지, 블로그, 페이스북, 유튜브

[그림39] 한연자 씨 네이버 인물등록 정보(출처 : 네이버)

'70대 유튜버' 한연자씨 "꾸준히 배워 디지털 미디어 전문가 되고 싶어요"

동강대 미디어콘텐츠과 입학
30년 차 아마추어 사진작가…어르신 영정사진 등 무료봉사
"건강 유지하는 한 하나라도 더 익히며 조금씩 발전해 갈 것"

2022년 03월 08일(화) 21:40

[그림40] 한연자 씨의 인터뷰 보도자료(출처 : 광주일보)

[그림41]부터 [그림51]까지는 인물 정보를 등록하는 순서대로 나열했다. 네이버 인물 정보 등록하는 방법과 순서는 네이버 블로그 및 유튜브 채널에서 '네이버 인물등록 방법'이라 검색한다면 얼마든지 찾아볼 수 있다.

먼저 [그림41]과 같이 네이버 검색 창에서 '인물등록'이라 검색하면 하단에 네이버 '인물정보 본인참여'라고 나온다. 이것을 선택한다.

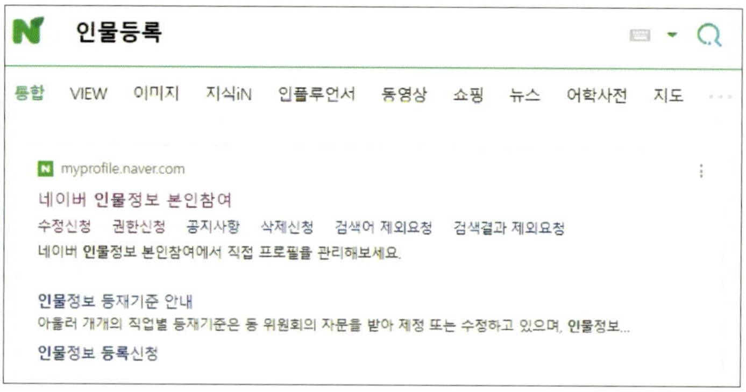

[그림41] 네이버 검색 창에서 인물 정보 검색하기(출처 : 네이버)

[그림42]는 인물정보 본인참여 사이트에 접속한 화면이다. 하단 '인물정보 등록신청'을 클릭한다.

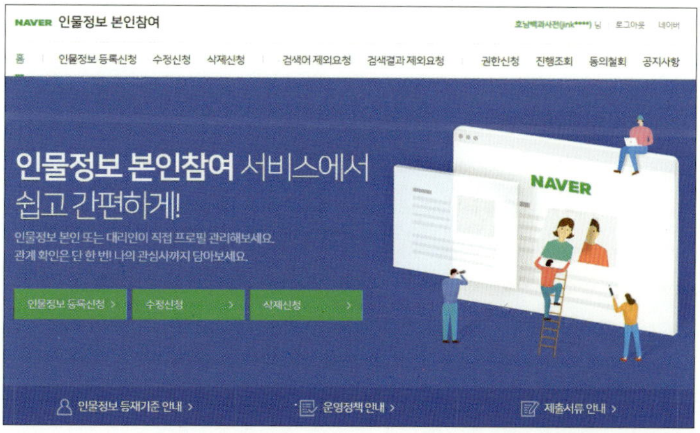

[그림42] 인물 정보 본인 참여 서비스에 접속하기(출처 : 네이버)

[그림43]과 같이 등록 신청자와 등록할 사람과의 관계를 선택하고 그에 따른 본인 인증 및 증빙자료를 제출한다.

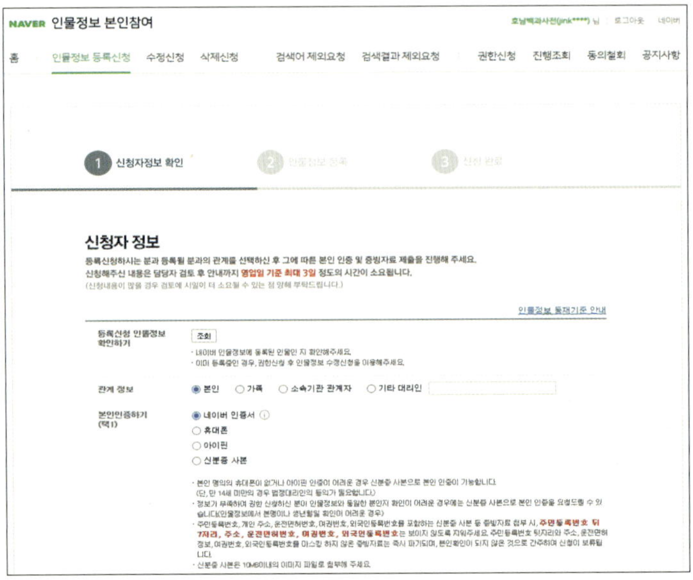

[그림43] 신청자 정보 등록하기(출처 : 네이버)

[그림44]는 인물 정보 등록신청 전 반드시 확인해야 할 등재기준이다.

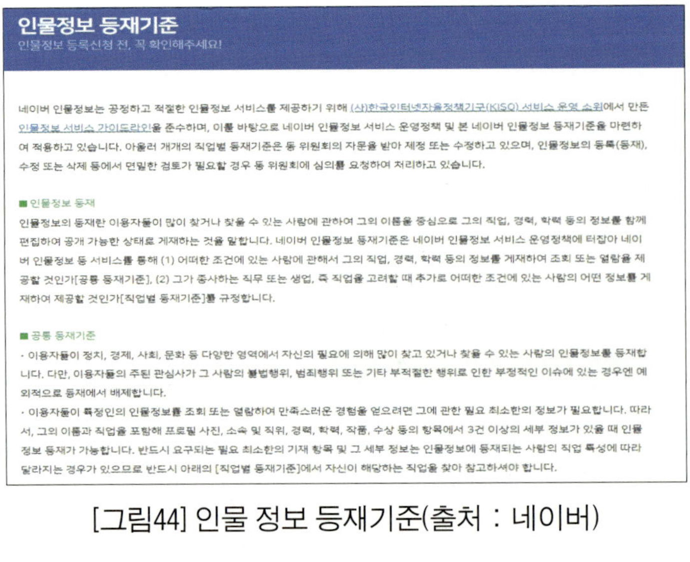

[그림44] 인물 정보 등재기준(출처 : 네이버)

[그림45]는 신청 처리 진행 상황을 확인 할 수 있는 화면으로 '검토중' 상태에 있는 신청 건은 취소 가능하다. 그 외 신청 처리 기간은 영업일 기준 최대 3일 정도의 시간이 소요된다.

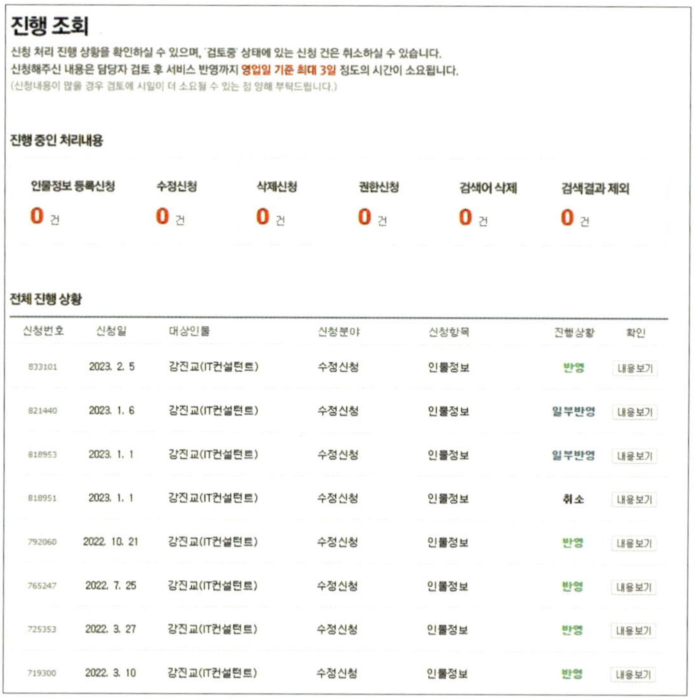

[그림45] 신청 건에 대한 진행 상황 조회(출처 : 네이버)

[그림46]은 등록한 정보 중에서 수정이 필요한 경우 인물 정보(대상 인물) 및 그 항목을 선택해 수정내용을 입력해준다. 처리 기간은 영업일 기준 최대 3일 정도 소요 된다.

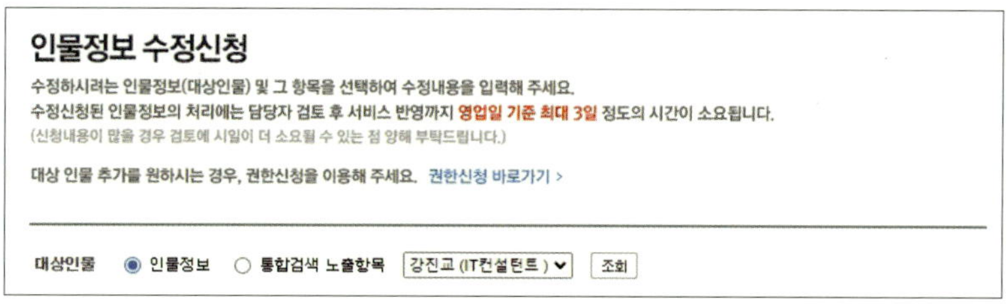

[그림46] 인물 정보 수정신청(출처 : 네이버)

[그림47]부터는 필자의 인물 정보를 샘플로 수정신청하는 과정을 보여주는 화면이다. 필자의 다양한 정보를 여기서 수정할 수 있다.

[그림47] 필자의 인물 정보 수정 신청하기(출처 : 네이버)

[그림48] 필자의 직업/소속정보 수정 신청하기(출처 : 네이버)

[그림49] 필자의 학력정보 수정 신청하기(출처 : 네이버)

[그림50] 필자의 경력정보 수정 신청하기(출처 : 네이버)

[그림51] 필자의 수상정보 수정 신청하기(출처 : 네이버)

Epilogue

퍼스널브랜딩 특히 개인 브랜드를 구축하는 것은 개인이 경쟁적인 고용 시장에서 자신을 차별화하고, 전문 지식에 대한 신뢰를 확립하며, 온라인에서 긍정적인 평판을 만드는 데 도움이 될 수 있다.

네이버는 가장 인기 있는 대한민국에서 절대적인 검색 엔진 중 하나이고 많은 한국인들에게 주요 정보원이기 때문에 한국에서 특히 중요하다.

네이버에 인물등록을 등록함으로써 개인들은 누군가가 그들의 이름을 검색할 때 그들에 대한 정확하고 최신 정보가 표시되도록 보장할 수 있다. 이것은 그들의 가시성, 신뢰성, 평판을 향상해 그들의 개인적이고 직업적인 삶에 더 많은 기회를 가져다줄 수 있다.

마지막으로 여러분 인생의 꽃은 바로 지금부터이다. 어느 상황이든 너무 늦어 포기할 때는 없다고 생각한다. 대한민국에는 유명, 무명의 쇼핑호스트가 너무도 많다. 이들은 각자 맡은 분야에서 크던, 작던 최선을 다해 맡은 제품 홍보와 기업의 브랜드 이미지 향상에 최선을 다하고 있다.

따라서 화면이 돌아가는 그 순간부터 쇼핑호스트는 유명 무명이 갈라지지 않는다. 모두 그 시간 최선을 다할 뿐이다. 필자는 많은 쇼핑호스트 중에서도 타깃을 중장년층으로 선택했으며 중장년층 실버세대의 시장성은 매우 밝다고 직감한다.

그래서 필자는 오늘도 열정 많고 패기 넘치는, 나이는 숫자에 불과한 제2의 한연자 씨를 찾고 있는지도 모르겠다.

Chapter
03

쇼핑호스트 이미지메이킹

박 윤 아

Chapter 03

Chapter **03**

쇼핑호스트 이미지메이킹

Prologue

'피할 수 없으면 즐겨라!'

내 인생의 모티브가 돼준 말이다. 어릴 적부터 '잘 되면 좋지만 안 되더라도 어쩔 수 없는 것'이라는 마음으로 어떤 일이든 부담 없이 도전해왔다. 그렇게 하다 보니 아무리 힘든 일도 자연스레 즐기면서 임하게 됐다.

언제부터인지 정확하지 않지만 기억에 남아있는 모든 때의 나는 사람들을 리드하고 대중 앞에 서는 것을 좋아했다. 사람들의 환호와 박수를 받으며 쌓아간 자신감 덕분인지, 막연하지만 나는 늘 성공할 것이라는 희망을 갖고 살아왔다. 그런데 학창 시절에는 좋은 머리를 믿고 공부를 게을리 했었고, 생각해 보면 무엇이 그리 급했는지 24살 꽃다운 나이에 한 남자와 평생을 하겠다 맹세하고는 결혼 후 다음 해에 첫 아이를 낳았다. 그리고 2년 뒤에 나는 두 아이의 엄마가 됐다.

그렇게 꿈과 멀어져 갈 무렵, 문득 내가 진짜 원했던 삶은 이게 아니라 각성하며 남들보다 늦은 나이인 29살에 대학 문을 밟았다. 주부가 무엇을 할 수 있을까, 무엇을 하면 좋을까를 생각하다가 '뷰티 아트'과를 선택했는데 손재주 하나 없는 내게는 감당하기 버거운 것이 사실이었다. 그래도 '이왕 학교에 들어왔으니 적당히 배워 숍 하나 차리고 경력이 쌓이면 뷰티를 가르치는 교수가 돼야지'라고 생각했다. 그러던 중 교내에서 진행한 취업캠프에서 '스피치'를 만나게 됐고 내 인생은 완전히 달라졌다.

잘 갖춰진 기본기를 활용할 수 있는 스킬이 부족하다는 코칭을 받게 되었고, 학원에서 남들보다 두 배, 세 배 열심히 수업을 들은 결과 단기간에 강사로 스카우트 되었는데 그것을 발판삼아 지금까지 스피치 강의를 하고 있다. 꿈을 놓치지 않았고, 오는 기회를 놓치지 않았더니 새로운 길이 열린 것이었다. 셋째를 출산하고 잠시 휴식기를 거쳤으나 다시 용기를 얻어 새로운 공부를 시작하며 여러 가지 일에 도전 중이다. 그동안의 경험들은 나에게 엄청난 힘이 되었으며 스피치는 지금의 나를 있게 해준 정말 고마운 영역이다.

새로운 것에 도전할 때 많은 사람들은 두려움을 느낀다. 당신은 내가 아니기에 두려움을 느끼지 말라는 것이 다소 어색할 수 있으나, 조금 더 여유를 갖고 즐기는 마음으로 첫발을 내디뎌 보면 분명 좋은 결과가 있을 거라 확신한다.

이 책은 라이브커머스를 시도해 보고 싶으나 막막함을 느끼는 이들에게 좋은 지침서가 되어줄 것이다. 그중 내가 풀어낸 스피치 관련 내용은 이미지메이킹과 보이스 트레이닝, 고객과의 소통 등 꼭 필요한 내용만 담았으므로 '삶에서 평생 말을 뗄 수 없는 우리 모두'에게 말에 대한 작은 실마리를 제공할 것이다.

내가 그동안 어떤 일이든 피하지 않고 즐긴 덕분에 더 나은 내일을 기대할 수 있게 됐다. 이 글을 읽는 모든 분들도 실수해도 좋으니 기회가 오는 것을 마다하지 말고, 주저하지 않으며 즐기면서 도전하기를 소망한다. Carpe diem!

1. 쇼핑호스트도 이미지메이킹 하라

1) 오프닝과 클로징으로 어필하기

라이브커머스 방송에서 오프닝은 고객과 첫 만남의 순간이다. 고객을 방송 속으로 끌어들여야 하는 쇼핑호스트의 활약 기대치가 형성되는 아주 중요한 순간이기도 하다. 고객이 초반부터 방송에 흥미를 느끼지 못한다면 과감하게 채널을 돌릴 것이다. 오프닝이 차지하는 분량은 미미하지만 이런 점에서 그 중요도는 90% 이상이라 해도 과언이 아닐 것이다. 반대로 오프닝 못지않게 클로징 역시 중요하다. 모든 쇼핑호스트의 스피치 순간에서 오프닝과 클로징은 높은 비율을 차지한다. 임팩트 있는 쇼핑호스트의 짧은 멘트에 고객들이 관심을 갖고 구매로까지 이어지기 때문이다.

쇼핑호스트가 오프닝에서 자신을 어필하는 인사말과 함께 가장 핵심 요소가 되는 것은 바로 '밝은 미소'라 할 수 있다. 초두효과[1] 에서도 알 수 있듯이 미소를 띠며 밝은 얼굴로 내용을 전달해야만 좋은 첫인상을 남길 수 있다. 쇼핑호스트의 미소에서 고객은 편안함과 친근함을 느낀다. 나 역시 방송을 시작할 때 어떻게 오프닝과 클로징 멘트를 구성할까 많은 고민을 한다. 단순한 환영의 말보다는 그 날 판매하게 될 방송 상품의 특징이나 장점을 연결하여 자연스럽게 내용을 구성하게 되면 방송의 물꼬가 트여 아주 매끄럽게 흘러간다.

또한 수시로 입장하는 고객들을 위한 반복적인 오프닝도 필수적이다. 해당 상품에 대한 깊은 애정을 가진 충성고객이 아니고서야 고객들은 수시로 채널을 돌릴 수 있기 때문이다. 반복적인 오프닝을 할 때 순서를 바꿔주면 지루하지 않기 때문에 훨씬 풍성한 멘트가 만들어진다. 계절을 이용한 멘트도 좋고 질문으로 시작하는 것도 좋은 방법이다. 단, 1분 이내로 짧고 임팩트 있게!

두 가지 예시를 들어보겠다.

1) 초두 효과란 먼저 제시된 정보가 추후 알게 된 정보 보다 더 강력한 영향을 미치는 현상을 말한다.

예시1)

안녕하세요! 여러분과 1시간 동안 함께 할 쇼핑호스트 OOO입니다. 이 세상에는 맛있는 음식들이 정말 넘쳐나지요? 저는 평소에 피자, 치킨, 파스타, 스테이크 등 양식 음식을 즐겨 찾는데요! 그런데 어쩔 수가 없나 봐요. 한국 사람인지라 먹고 나면 속이 느끼해져서 쌀밥에 김치가 그렇게 생각나더라고요. 쌀이라고 다 같은 쌀이 아닙니다.
여러분! 구수한 누룽지 향기나 나는 맛있는 쌀! 안 먹어본 사람은 있어도 한 번만 먹어본 사람은 없다는 그 유명한 OOO 쌀을 준비했습니다. 기대하셔도 좋습니다!

세상에! 벌써 마칠 시간이 됐네요. 저는 OOO 쌀의 향과 맛에 취해서 시간 가는 줄을 몰랐는데 여러분들 어떠셨어요? 즐거우셨나요? 채널 돌리지 않고 끝까지 의리 지켜주신 여러분 정말 감사드립니다. 저는 다음에 더 좋은 상품으로 다시 인사드릴게요. 감사합니다. 사랑합니다.

예시2)

안녕하세요! 여러분들의 워너비 스타 쇼핑호스트 OOO입니다. 오늘 제가 준비한 상품은 여름철 잇템!! 보기만 해도 시원한 아이스박스예요. 얼마나 시원한지 한번 열어볼까요? 와, 진짜 시원해 보이죠? 여기다 음료수랑 간식 넣어서 소풍 가면 딱 좋을 것 같아요. 우리 다 같이 놀러 가요.

자 이제 슬슬 마무리할 시간이네요. 다음엔 더 좋은 상품으로 찾아뵐 테니 멀리 가지 마시고 기다려주세요. 감사합니다.

2) 방송 의상 및 소품도 센스 있게

방송을 진행할 때 'TPO(Time, Place, Occasion)'은 매우 중요한 요소다. 말 그대로 시간과 장소, 상황에 맞는 옷차림과 연출이 중요하다. 방송 콘셉트와 상품의 종류에 맞게 의상과 소품을 선택하는 것도 하나의 방법이다. 식품에 관련된 상품이라면 가볍게 앞치마를 두르는 것도 좋다. 남성의 경우 가벼운 면바지에 셔츠 차림이 무난하다. 간혹 노출이 심한 옷이나 패턴이 복잡한 옷, 지나친 컬러감을 가진 옷, 더 나아가 화려한 액세서리와 네일아트로 시선이 뺏기는 경우가 있다.

명심하자! 방송의 주인공은 쇼핑호스트가 아니라 판매 상품이라는 것을!

요즘 고객들은 얼굴과 몸매가 예쁜 쇼핑호스트 보다 볼수록 매력 있는 개성 있는 쇼핑호스트를 선호한다. 그 매력은 쇼핑호스트의 음성과 말투 그리고 깔끔한 옷차림과 센스 있는 소품, 적당한 텐션의 매끄럽고 친근한 진행에 있음을 기억하자. 다음은 몇 가지 센스 넘치는 팁 몇 가지를 알아보고자 한다.

(1) 의상의 차별화

- 상품에 맞는 의상 선택 (전통식품 - 한복)
- 배경 색깔을 고려해서 옷 선택 (배경과 비슷한 옷은 NO)
- 화려한 패턴이나 색을 가진 옷보다는 단순한 색의 옷을 선택
- 듀엣 진행의 경우 사전 협의를 통해 옷 콘셉트나 색깔 맞추기

[그림1] 다양한 의상 연출(출처 : 네이버 쇼핑 라이브)

(2) 헤어와 메이크업의 차별화

- 판매 상품과 어울리게 표현
- 메이크업의 경우 피부결 정돈 및 여성스러움과 청순함 표현
- 상황에 따라 어울리는 가발이나 포인트 메이크업으로 강조

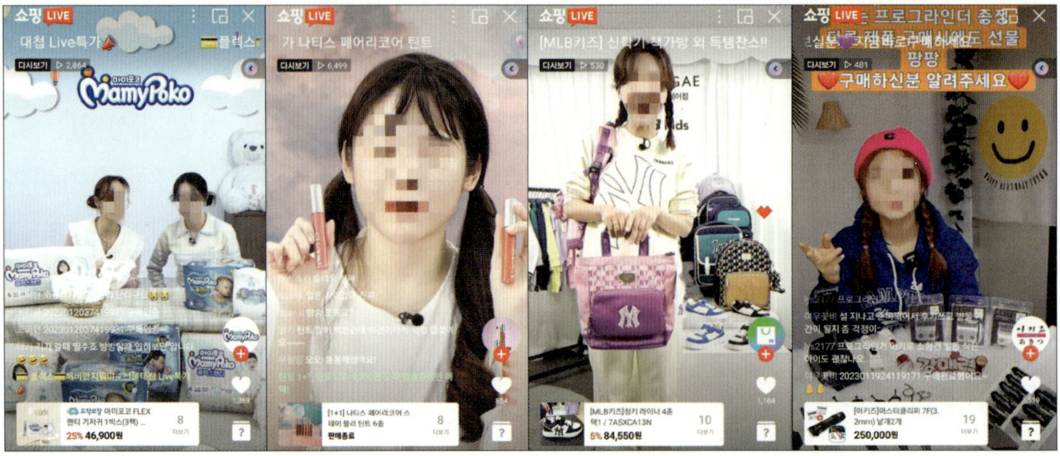

[그림2] 헤어 연출(출처 : 네이버 쇼핑 라이브)

(3) 소품의 차별화

- 상품의 특성을 파악해서 소품 준비 (왕관, 모자, 왕 리본, 안경, 다양한 앞치마 등)
- 판매할 상품으로 머리띠 만들기 (예 : 고구마 - 고구마 머리띠)
- 톡톡 튀는 이름표 준비 (반짝이, 별, 하트, 다양한 닉네임 등)

[그림3] 소품 활용(출처 : 네이버&그립 쇼핑 라이브)

2. 신뢰감 UP, 전달력 UP 목소리 만들기

1) 좋은 목소리를 만드는 세 가지 비밀

혹시 스스로 자신의 이미지에 대해서 생각해 본 적이 있는가? 보통 이미지 하면 시각적인 것을 떠올리기 쉽다. 앞서 언급했듯이 우리는 초두효과를 얘기하며 첫인상의 중요성을 강조한다. 첫인상이 3~7초라는 짧은 시간 안에 결정되며, 한번 형성되면 쉽게 바뀌지 않는다는 것을 감안하면 쉽게 무시할 수 없는 것임은 확실하다.

'시각적 이미지'는 첫 만남에서 어떤 표정을 짓고 어떤 옷을 입고 있으며, 헤어스타일이나 자세에 따라 달라질 수가 있다. 반면 '청각적 이미지(이하 목소리)'는 시시각각 쉽게 바뀌지 않는다. 살아온 세월과 함께 오랜 습관에 의해 형성된 것이 바로 목소리이기 때문이다.

하버드 대학의 연구결과에 따르면 청중의 80% 이상은 말하는 사람의 목소리만 듣고도 신체적, 성격적 특징을 규정 짓는다고 한다. 또한 성별이나 나이, 출신 지역, 감정, 건강 상태, 지적 수준 등 수많은 정보가 담겨 있다고 한다. 목소리가 이미지를 좌우한다고 해도 과언이 아니다.

그래서 우리는 목소리에 주목할 필요가 있는 것이다. 미국의 사회 심리학자 앨버트 메리비언에 따르면 커뮤니케이션에서 목소리의 비중은 38%에 달한다고 한다. 표정이 20%, 태도가 35%, 내용은 불과 7% 밖에 되지 않았다. 실제로 우리는 말의 내용에 먼저 관심을 갖기보다는 즉각적으로 목소리에 반응하고 나서야 비로소 내용을 듣기 시작한다. 같은 내용을 말하더라도 말의 재료가 되는 목소리가 좋으면 전달이 더 잘 되고, 그 내용 또한 한층 빛나며 감동을 줄 수도 있다.

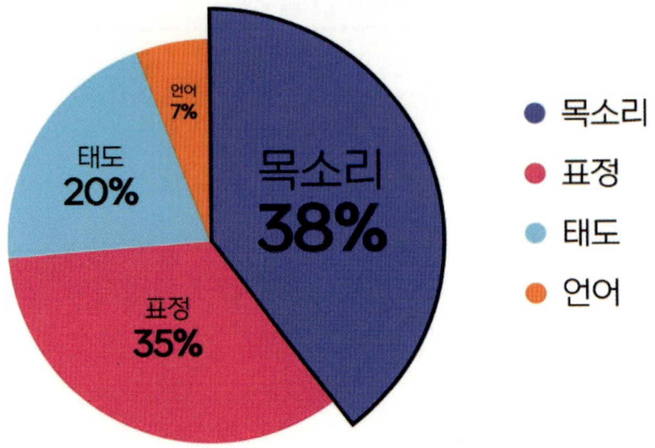

[그림4] 이미지를 결정하는 목소리의 비중(출처 : 파도 클래스)

그렇다면 과연 어떤 목소리가 좋은 목소리일까? 중저음의 목소리는 안정감을 주고, 올바른 억양은 지적인 느낌을 주며, 공명이 잘 돼 울림이 풍부한 소리는 신뢰감을 준다. 그럼 지금부터 좋은 목소리의 3대 요소에 대해서 알아보자.

(1) 풍부한 발성

일단 음성이 크고 힘이 있어야 자신감 있게 들린다.

(2) 정확한 발음

발음이 좋아야 정확한 전달력과 세련되고 지적인 느낌을 줄 수 있다.

(3) 안정된 긴 호흡

안정된 호흡을 통해 긴장감을 완화시키고 말의 속도를 조절할 수 있다.

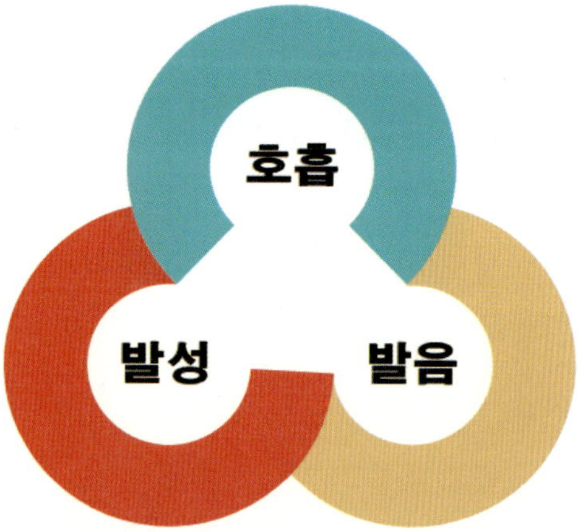

[그림5] 목소리의 3 요소(출처 : 호남백과사전 디자인팀)

2) 좋은 목소리 step 1. 복식호흡

좋은 목소리의 첫 번째 비밀은 '복식 호흡'에 있다. 건강하고 생기 있는 목소리는 복식 호흡을 통해서만 나올 수 있다. 복식 호흡이란 가슴 위로 쉬는 얕은 호흡이 아니라 공기를 배로 보내며 깊게 쉬는 심호흡이다. 우리가 평상시에 하고 있는 흉식 호흡의 반대라고 생각하면 이해가 빠를 것이다. 흉식 호흡에서는 숨을 들이마실 때 배가 들어가고 숨을 내뱉을 때 배가 풍선처럼 나오는데, 복식 호흡은 반대로 숨을 들이마실 때 배가 부풀어 오르고 내뱉을 때 홀쭉해진다. 보통 운동을 할 때나 잠을 잘 때 나도 모르게 복식 호흡을 하게 되는데 믿기지 않는다면 잠들기 전에 배에 손을 얹고 꼭 확인해 보길 바란다.

복식 호흡을 해야 하는 이유는 여러 가지가 있다.

첫째, 풍부한 공기를 몸속 깊숙한 곳까지 공급해 주기 때문에 건강에 좋다.

둘째, 배에서 소리가 나기 때문에 성대에 무리가 가지 않는다. 대게 사람들은 목에서 소리를 내기 때문에 말을 조금만 무리를 하면, 목이 아프고 쉬게 되는 경우가 많다. 하지만 필자는 복식 호흡이 생활화되어 있어서인지 아침부터 저녁까지 종일 강의를 해도 목에는 무리가 가지 않는다. 복식 호흡, 이 녀석 참 신기할 따름이다.

마지막으로 무엇보다 복식 호흡을 해야 하는 가장 중요한 이유는 긴장감을 완화 시키고 집중력을 발휘하게 해준다는 점이다. 중요한 발표나 남 앞에 서야 할 때 심장이 쿵쾅거리고 맥박이 빨리 뛰는 경험은 누구나 해 봤을 것이다. 나 역시 마찬가지다. 스피치 강의를 15년 가까이 해왔음에도 불구하고 가끔 떨림이나 긴장을 느낄 때가 있다. 그럴 때 천천히 복식 호흡을 10번 정도 하고 나면 떨림이 현저히 줄어드는 것을 느낄 수 있다. 그 자리에서 호흡을 진행하기 민망하거나 어렵다면 잠깐 밖으로 자리를 옮기거나 화장실 공간을 이용하는 것을 추천한다.

그럼 복식 호흡을 어떻게 하면 되는지 그 방법에 대해 이야기를 해보겠다. 시중에 많은 방법들이 나와 있지만 가장 간단하면서 쉬운 방법으로 설명을 할 테니 꼭 마스터해서 반복적으로 연습해 보길 바란다.

배에 손을 얹고 배까지 숨을 깊게 5초간 들이마신(배가 볼록 나오도록) 다음 다시 5초간 내쉰다.(배가 홀쭉해지도록) 배에 숨이 들어가는 것과 나가는 것을 천천히 느껴본다.

숨을 한꺼번에 들이마시고 뱉지 않도록 주의한다. 조금씩 나눠서 뱉어보자.

배까지 숨을 다 채운 다음 낮은 톤으로 "아 ~~" 하고 숨이 다 나갈 때까지 소리를 내보자.

다시 한 번 숨을 들이마시고 조금 전보다 더 낮게 "아 ~~" 하고 소리를 내보자. 이때 숨이 어디에 담기고 소리를 낼 때 근육의 어느 부분이 움직이는지 관찰해 보자.

배까지 숨을 깊게 들이마신 다음, 소리를 내보자. "아 ~~/ 음 ~~/ 와 ~~/ 오 ~~/ 우 ~~"

그래도 잘 안되면 누워서 해보는 것도 좋은 방법이다. 누워서 배 위에 책을 갖다 놓고 숨을 깊게 들이마시고 뱉어보자. 그러면 숨을 들이마실 때 책이 올라가고, 내쉴 때 책이 내려가는 것을 눈으로 확인할 수 있을 것이다.

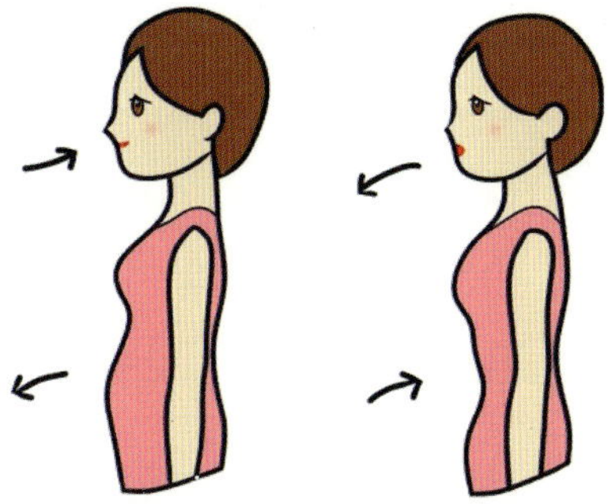

[그림6] 복식호흡(출처 : ko.ac-illust 사이트)

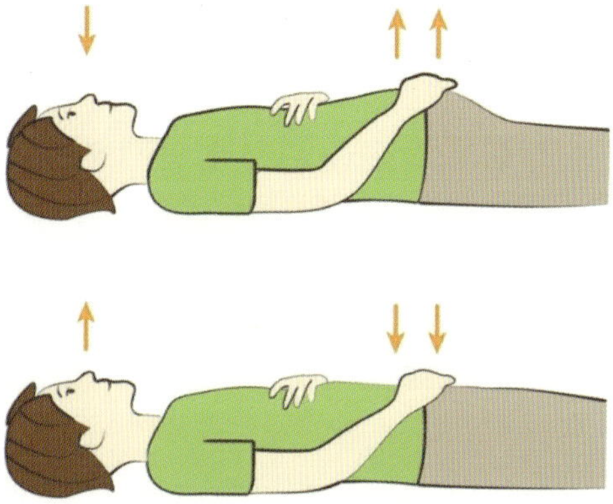

[그림7] 누워서 하는 복식호흡(출처 : 현이 요가)

복식 호흡이 생활화가 안 돼서 처음엔 어색하고 잘 안되겠지만, 인내심을 갖고 꾸준히 반복해서 연습하다 보면 어렵게 느껴졌던 이 호흡법이 조금씩 편해질 것이다. 여러 가지 방법으로 시도했는데도 불구하고 잘 안된다면 입 모양을 최대한 크게 벌리고 배에 힘을 줘보자. 이 두 가지만 실천해도 음성에 힘이 들어가는 게 절로 느껴질 것이다.

3) 좋은 목소리 step 2. 발성

우리 음악에 7도 음(도, 레, 미, 파, 솔, 라, 시)이 있듯이 우리말에도 10음부터 100음까지가 있다. 10음은 속삭이는 단계에 해당이 되고, 100음은 반대로 내가 낼 수 있는 가장 큰 음이다. 그렇다면 대중 앞에 나와서 최소한 내야 하는 음은 몇 음일까? 그렇다. 바로 40음이다. 우리가 자연스럽게 40음을 내기 위해서 40음까지만 연습하게 된다면 대중 앞에 나왔을 때 과연 그 소리를 낼 수 있을까? 아니다. 긴장이 돼서 10~20음 정도밖에 내지 못 할 것이다. 그래서 우리는 100음까지 연습을 해야 한다. 실생활에 100음을 쓸 일은 거의 없지만 언제 어디서든 매끄럽게 40음을 내기 위함이다. 그리고 사람마다 100음의 기준은 다 다르다. 100음의 기준이 없기에 평소 저음인 경우 더 높게 내려고 노력해 보자. 처음엔 거북한 음성이 나오다가 횟수가 더해질수록 매끄러운 100음이 완성될 것이다.

발성 연습을 하기 전에 체크해야 할 사항이 있다. 바른 자세에서 바른 음성이 나오기 때문에 자세를 바르게 해야 한다. 다리는 11자로 적당한 간격으로 반듯하게 서서 배에 힘을 주고 허리와 어깨를 곧게 편다. 그리고 가볍게 주먹을 쥔 채 차렷 자세를 하거나 큰 항아리를 받치고 있다는 느낌으로 손을 펴서 둥글게 받쳐 준다. 손에 힘이 들어가면 음성에도 자연스럽게 힘이 들어가고, 또 평소에 제스처를 잘 쓰기 위한 방법이기도 하다. 손의 위치는 단전 정도가 가장 좋다. 이렇게 자세가 갖춰지면 가장 기본이 되는 아~ 발성을 최대한 긴 호흡으로 훈련한다.

(40음) 아 ~~~~~~~~~
(70음) 아 ~~~~~~~~~
(100음) 아 ~~~~~~~~~

알람에서 스톱워치 기능을 이용해 한 호흡으로 몇 초까지 소리를 낼 수 있는지 체크해 볼 필요가 있다. 40음을 기준으로 10초 이상이면 보통의 호흡을, 15초 이상이면 상당히 긴 호흡을 갖고 있는 사람이다. 5초도 안 돼서 호흡이 멈춘다면 반드시 연습을 해서 호흡을 늘려가야 할 것이다.

어느 정도 호흡이 길어졌다면 이번에는 단계별 발성연습을 해보자.

단계 발성을 통해 음의 높낮이를 정확히 컨트롤할 수 있는 능력이 생기므로 반복해서 계속 연습해야 한다. 그렇게 되면 발성 내용을 숙지하게 될 것이고, 숙지가 되면 달리는 차 안에서도 연습이 가능해진다. 발성연습은 소리 훈련이기 때문에 연습할 장소가 마땅치가 않다는 게 단점이다. 스피치 학원이나 단독 주택 외에는 연습할 공간이 협소한 게 사실이다. 그런 면에서 자동차 안은 아주 훌륭한 연습 공간인 셈이다. 나도 발성 내용을 암기해서 고속도로를 타야 할 경우 큰소리로 발성연습을 한다. 성량도 풍부해짐과 동시에 졸음을 물리칠 수도 있으니 일석이조！

예문을 참고해서 연습해 보자.

(1) 3단계 발성

(40음) 나를 위해서는 / 땀을 흘리고,
(70음) 남을 위해서는 / 눈물을 흘리고,
(100음) 나라를 위해서는 / 피를 흘려라.

(2) 4단계 발성

(25음) 희망이 있는 자에게는 / 신념이 있고,
(50음) 신념이 있는 자에게는 / 목표가 있고,
(75음) 목표가 있는 자에게는 / 계획이 있고,
(100음) 계획이 있는 자에게는 / 실천이 있다.

(3) 5단계 발성

(20음) 언어가 바뀌면 / 생각이 바뀌고,
(40음) 생각이 바뀌면 / 행동이 바뀌고,
(60음) 행동이 바뀌면 / 습관이 바뀌고,
(80음) 습관이 바뀌면 / 성격이 바뀌고,
(100음) 성격이 바뀌면 / 운명이 바뀐다.

중간에 / 표시는 한 박자를 쉬어주라는 호흡 표시이므로 정확하게 한 박자 정도 호흡을 하고 다음으로 넘어가야 한다. 간혹 띄어쓰기마다 호흡을 하는 경우가 있는데 쉬는 부분에서만 정확히 쉬어주고 쉬지 않는 부분은 포물선을 그리듯이 자연스럽게 한 호흡으로 가야 한다. 발성 연습의 예문은 내가 만들기 나름이다. 예를 들어 간단한 속담을 갖고도 충분한 연습이 가능하다. 발성 연습을 위해서라도 간단한 속담을 많이 외워 두자.

(4) 속담 발성

(40음) 세 살 버릇 / 여든까지 간다.
(70음) 고래 싸움에 / 새우 등 터진다.
(100음) 가는 말이 고와야 / 오는 말이 곱다.

한 가지 속담을 갖고 단계 발성을 해도 좋고, 예문처럼 여러 가지 속담을 갖고 연습해도 좋다. 복잡한 문장일수록 발성연습이 어려울 수 있으니 입을 크게 벌리고 정확하게 발음하도록 노력해 보자.

4) 좋은 목소리 step 3. 발음

발음이 정확하면 전달력이 높아질 수밖에 없다. 특히 고객들에게 상품에 대해서 설명해야 하는 쇼핑호스트의 정확한 발음은 필수적으로 갖춰야 할 부분이다. 아무리 논리적으로 설명을 잘한다고 해도 고객이 알아들을 수 없다면 소통에 부재가 생긴다. 앞에서 언급한 바와 같이 음성의 크기나 호흡도 중요하지만 발음은 신뢰도와 밀접한 관계가 있기 때문에 더 신경을 써야 한다.

발음이 좋지 않은 이유를 크게 두 가지로 얘기하자면 첫째는 입 모양을 크게 벌리지 않고 대충 말하기 때문이다. 직업병이어서 그런지 사람들과 얘기를 하거나 발표를 할 때 입모양을 살펴보는 습관이 생겼다. 전달력이 약한 사람들의 공통점은 입 모양의 움직임이 거의 없다는 사실이다. 입 모양만 크게 해도 발음이 좋아질 텐데 하는 안타까운 마음마저 든다. 처음이 어렵지 의식하면서 일부러 크게 벌리려고 노력하다 보면, 어느 순간 시원하게 입을 벌려서 말을 하고 있는 자신을 발견하게 될 것이다. 우리가 하품을 하게 되면 나도 모르게 입이 찢어질 정도로 커지게 된다. 입안의 아치(목젖이 달린 부분)가 보일 정도로 최대한 크게 입 모양을 확장해 보자.

단순히 입만 크게 벌리고 말해도 소리가 시원하게 입 밖으로 뻗어 나오는 걸 느낄 수 있을 것이다. 발음이 좋지 않은 두 번째 이유는 조음기관(발음을 만드는 기관 : 혀, 입술, 턱, 얼굴 근육)이 게으르기 때문이다. 조음기관을 부지런히 움직여서 정확한 혀의 위치와 입술 모양만 만들어줘도 발음은 저절로 좋아질 것이다. 결국 발음은 입을 크게 확장해서 조음기관을 부지런히 움직여주면 개선될 수 있다는 점을 참고하자.

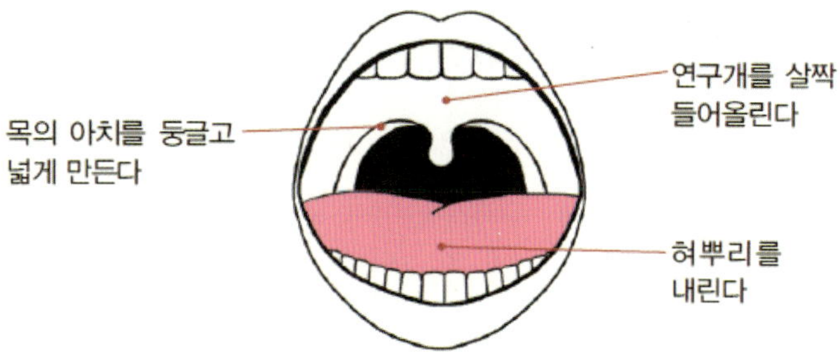

[그림8] 목의 아치 확장하기(출처 : 네이버 블로그 '21세기 북스')

19개의 자음을 발음할 때 소리 나는 지점과 소리 내는 방법이 다르다. 아래 그림을 참고해 정확한 자음의 혀의 위치를 파악하고 각자의 자음이 들어간 단어로 연습해 보자.

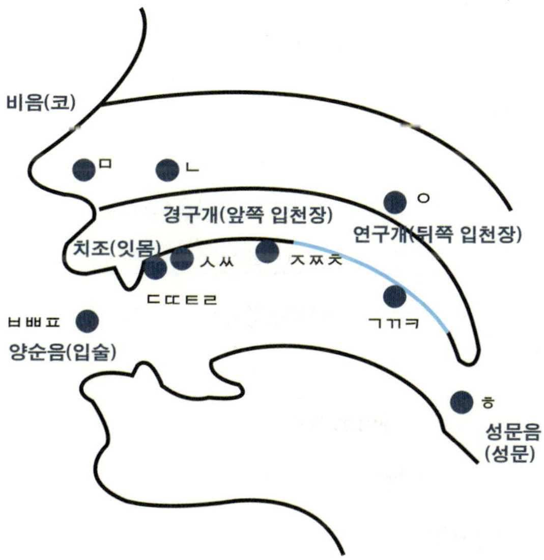

[그림9] 조음기관 단면도(출처 : https://uadal.modoo.at/?link=dz4e3bit)

이번에는 모음 발음법에 대해서 알아보자. 모음은 입술 모양에 의해 좌우된다. 발음에 절대적인 영향을 미치는 모음은 21개이다. 특히 두 가지 모음이 합쳐 만들어진 이중모음은 입 모양이 바뀌므로 거울을 보면서 연습해 보자. 입모양을 크게 해서 정확하게 소리 내는 것만으로도 발음은 한결 정확해진다.

구분		모음									
		ㅏ	ㅑ	ㅓ	ㅕ	ㅗ	ㅛ	ㅜ	ㅠ	ㅡ	ㅣ
자음	ㄱ	가	갸	거	겨	고	교	구	규	그	기
	ㄴ	나	냐	너	녀	노	뇨	누	뉴	느	니
	ㄷ	다	댜	더	뎌	도	됴	두	듀	드	디
	ㄹ	라	랴	러	려	로	료	루	류	르	리
	ㅁ	마	먀	머	며	모	묘	무	뮤	므	미
	ㅂ	바	뱌	버	벼	보	뵤	부	뷰	브	비
	ㅅ	사	샤	서	셔	소	쇼	수	슈	스	시
	ㅇ	아	야	어	여	오	요	우	유	으	이
	ㅈ	자	쟈	저	져	조	죠	주	쥬	즈	지
자음	ㅊ	차	챠	처	쳐	초	쵸	추	츄	츠	치
	ㅋ	카	캬	커	켜	코	쿄	쿠	큐	크	키
	ㅌ	타	탸	터	텨	토	툐	투	튜	트	티
	ㅍ	파	퍄	퍼	펴	포	표	푸	퓨	프	피
	ㅎ	하	햐	허	혀	호	효	후	휴	흐	히

[표1] 발음 연습 표(출처 : 호남백과사전 디자인팀)

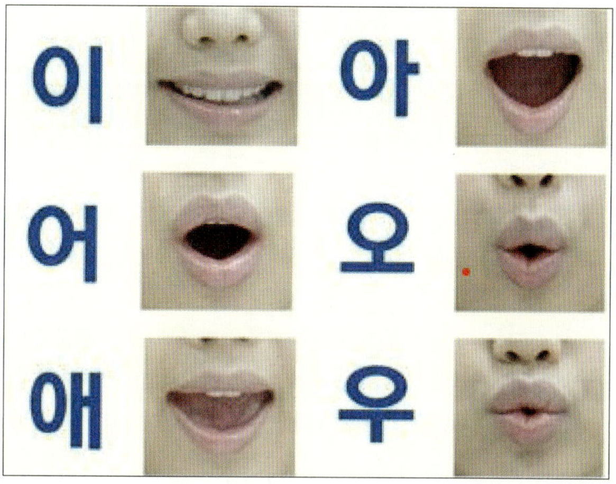

[그림10] 모음 입 모양(출처 : https://m.blog.naver.com/wjdals_3012/20133724663)

이번에는 어려운 발음으로 된 문장들을 통해 발음 연습을 해보자. 막히는 부분을 잘 체크해 가면서 반복 연습을 하다 보면 많은 도움이 될 것이다. 빠른 속도보다는 정확하게 발음하는 게 더 중요하다는 걸 명심하자.

〈 어려운 발음 연습 〉

- 동평화 3층 상설 할인 매장.
- 칠월 칠 일은 평창 친구 친정 칠순 잔칫날.
- 시골 찹쌀 햇 찹쌀 도시 찹쌀 촌 찹쌀.
- 고려고 교복은 고급 교복이고 고려고 교복은 고급 원단을 사용했다.
- 저기 저 뜀틀이 내가 뛸 뜀틀인가 내가 안 뛸 뜀틀인가.
- 간장 공장 공장장은 강 공장장이고 된장 공장 공장장은 장 공장장이다.
- 넉 섬은 넉 지에 널따랗게 널으니 넓던 널방석이 널뛰기도 모자라게 됐다.
- 내가 그린 구름 그림은 새털구름 그린 그림이고, 네가 그린 구름 그림은 깃털 구름 그린 구름이다.
- 뇌성이냐 노성이냐 소리 높여 외치던 뇌물 먹은 농촌진흥청 농예인이 뇌성 뇌일혈로 논길에 즉사했다.
- 차프포프킨과 치스챠코프는 라흐마니노프의 피아노 콘체르토의 선율이 흐르는 영화 파워트 웨이트를 보며 포테이토 칩, 파파야 등을 포식했다.

5) 더 좋은 목소리를 내기 위한 핵심 노하우: 낭독

스피치의 꽃은 '낭독'이다. 수업 시간을 제외하고 큰 소리로 글을 읽은 적이 있는지 떠올려 보자. 나는 상황만 따라준다면 소리 내어 글을 읽는 편이다. 가끔은 녹음 기능을 이용해 스스로의 스피치 실력을 냉정하게 피드백 하기도 한다. 스피치 훈련을 하는데 낭독만큼 좋은 게 없다. 낭독이 얼마나 좋은지 몇 가지만 나열해 보겠다.

첫째, 계속 강조하고 있는 목소리의 3대 요소인 '발성, 호흡, 발음'을 한꺼번에 연습할 수 있는 유일한 방법이다. 더 나아가 의미마다 끊어 읽는 포즈 기법과 강약까지도 함께 익힐 수 있다. 어느 정도 발성이 훈련됐다면 낭독을 통해서 꾸준히 스피치 연습을 해보는 게 좋다.

둘째, 좋은 문장이나 어휘를 소리 내어 읽음으로써 어휘 선택과 풍부한 표현이 가능해진다. 아무리 좋은 표현도 머릿속으로만 생각하고 있으면 아무런 소용이 없다. 자꾸 소리 내어 표현해야 만 뇌에 전달 돼 내 것으로 만들 수 있는 법이다.

셋째, 표준어를 구사하는 데 도움을 준다. 낭독할 때에는 평조로 표현되기 때문에 특유의 억양이 들어가지 않는다. 필자의 경우에도 평소 대화를 할 때 억양이 세서인지 사투리를 쓰는 것처럼 느껴진다. 대화하면서 흥분하게 되면 더 심한 억양이 나와서 듣기 거북할 정도다. 하지만 공식적인 사회를 본다거나 대중 화법으로 발표할 경우 사투리가 전혀 느껴지지 않는다. 낭독할 때도 마찬가지이다. 신경 써서 제대로 낭독하는 걸 녹음해서 들어보면 특유의 억양이 전혀 들어가 있지 않다.

한 번은 이런 적이 있었다. 서울 측에서 주최하는 세미나에 사회자로 초청된 적이 있는데 행사가 다 끝나고 식당으로 이동하는 중에 관계자분이 나를 보며 "사투리를 전혀 안 쓰시네요?" 하는 것이다. 이런저런 얘기를 하며 친해진 후 다시 하는 말이 "억양이 상당히 강하네요. 아까랑은 전혀 다른데요?" 이럴 수가. 결국 들켜 버리고 말았다.

이처럼 나는 사석에서는 편하게 있는 그대로 얘기하는 편이지만 공식적인 자리에서는 전문적인 느낌을 줘야 하기 때문에 낭독 연습을 꾸준히 하고 있다. 나보다 실력이 좋은 전문가는 차고 넘친다. 그럼에도 불구하고 어느 정도의 기본은 갖추고 있다 보니 좋은 기회가 찾아와줬다. 3년 전쯤, 발대식 행사에서 내 목소리가 좋다며 언론사에 계시는 어떤 분이 내레이션 의뢰를 한 적이 있었다. 크게 부담이 없다고 느껴서 그쪽 분야는 처음이었지만 흔쾌히 하겠다고 했고 지금까지 하고 있다.

주로 관광지 위주의 내레이션을 하다 보니 평소 나와 친분이 있는 분들이 우연한 기회에 내 목소리를 듣고 연락이 온다. 그중 한 공공기관 교육 담당자분은 신입 직원교육 영상 내레이션을 의뢰했다. 생소한 분야여서 조금 망설이긴 했지만 역시 흔쾌히 하겠다고 했다. 연습 없이 급하게 녹음 작업을 해서인지 썩 마음에 들지 않았지만 담당자는 "덕분에 직원들이 잘 활용하고 있다"며 고마워했다.

이와 같이 모든 길은 연결이 되기 마련이다. 기회가 왔는데도 내가 준비가 돼 있지 않았다면 그 기회를 잡을 수가 없었을 것이다. 그래서 평소에 틈틈이 낭독 연습을 통해 기본기를 탄탄하게 갖춰놓아야 한다.

몇 가지 예문을 통해서 낭독 연습을 해보자. 반드시 의미상으로 끊어 읽어야 하며 내용에 따른 감정도 적당히 실어야 한다. 어느 정도 훈련이 됐다면 꼭 녹음해서 다시 들어보자.

평소 내가 좋아하는 시와 글로 준비해 보았다. 나는 이 예문을 암기해서 중요한 자리에서 한 번씩 낭송하곤 한다. 공감 가는 내용이어서 그런지 모두 고개를 끄덕이면서 경청해 주는데 그 모습을 보면서 뿌듯함을 느끼곤 한다.

낭독 예문1)

지란지교를 꿈꾸며

지란지교를 꿈꾸며 - 하나

저녁을 먹고 나면 허물없이 찾아가 차 한 잔을 마시고 싶다고 말할 수 있는 친구가 있었으면 좋겠다. 입은 옷을 갈아입지 않고, 김치 냄새가 좀 나더라도 흉보지 않을 친구가 우리 집 가까이에 있었으면 좋겠다. 비 오는 오후나 눈 내리는 밤에 고무신을 끌고 가도 좋을 친구, 밤늦도록 공허한 마음도 마음 놓고 보일 수 있고, 악의 없이 남의 얘기를 주고받고 나서도 말이 날까 걱정되지 않는 친구가….

지란지교를 꿈꾸며 - 둘

사람이 자기 아내나 남편, 제 형제나 제 자식하고만 사랑을 나눈다면 어찌 행복해질 수 있으랴. 영원히 없을수록 영원을 꿈꾸도록 서로 돕는 진실한 친구가 필요하리라. 그가 여성이어도 좋고 남성이어도 좋다. 나보다 나이가 많아도 좋고 동갑이거나 적어도 좋다. 다만 그의 인품이 맑은 강물처럼 조용하고 은근하며 깊고 신선하며 예술과 인생을 소중히 여길 만큼 성숙한 사람이면 된다.

지란지교를 꿈꾸며 - 셋

그는 반드시 잘생길 필요가 없고, 순수하나 멋을 알고 중후한 몸가짐을 할 수 있으면 된다. 때로 약간의 변덕과 신경질을 부려도 그것이 애교로 통할 수 있을 정도면 괜찮고, 나의 변덕과 괜한 흥분에도 적절히 맞장구를 쳐주고 나서, 얼마의 시간이 흘러 내가 평온해지거든 부드럽고 세련된 표현으로 충고를 아끼지 않았으면 좋겠다.

지란지교를 꿈꾸며 - 넷

나는 많은 사람을 사랑하고 싶진 않다. 많은 사람과 사귀기도 원치 않는다. 나의 일생에 한두 사람과 끊어지지 않는 아름답고 향기로운 인연으로 죽기까지 지속되길 바란다.

낭독 예문 2)

당신과 나의 한 해가 행복했으면 좋겠습니다

신이 강을 이룰 때 이쪽과 저쪽을 가르지 아니하였고
신이 사람을 만들 때 높고 낮음을 정하지 아니하였거늘

우리는 어찌하여 강의 이쪽과 저쪽을 갈라서 있고 없고를 따지며
사람의 높고 낮음을 정하여 위치와 거리를 두는지요

스스로 그늘을 만들지 않는 한 어디에도 햇살은 다녀가고
스스로 가치를 낮추지 않는 한 우리는 누구나 만물의 영장입니다

강 저쪽에서 바라봐도 찬란한 노을은 언제나 아름답고
출렁이는 은빛 물결에 오늘도 더없이 행복한 마음

살다가, 살다가 어느 날 천국의 문이 열리는 날
우리는 주머니 없는 하얀 옷을 입고 누구나 빈손으로 그곳으로 가지요

알지 못하는 것도 아니고 깨닫지 못하는 것도 아니건만
늘 망각의 동물이 되어 욕심만 쌓이고 쌓여갑니다

가졌다 하여 여섯 끼를 먹을 수 있으며
높다고 하여 한 평 넘게 누울 수 있을까요

비록 가진 것 없어도 비록 높은 곳 아니어도
오늘도 맑고 고요한 하루, 또 하루에

당신과 나의 한 해가 늘 행복했으면 좋겠습니다

낭독 예문 3)

인생에도 색깔이 있습니다.

여러분!
인생에도 색깔이 있습니다.
온종일 내리던 비가 멎은 다음에 찬란하고 영롱하게 피어오르는 무지개처럼 말입니다.

우리들이 이 세상을 살아가면서 나 혼자만의 색깔이 아닌 일곱 색깔의 무지개처럼 사노라면 기쁨과 슬픔, 절망과 환희, 그러한 것들을 겪게 마련입니다.

삶이 힘들고 어렵고 두렵다 해서 피해 갈 수는 없습니다.
힘든 절망의 순간을 잘 이겨내고 나면 우리의 존재와 가치는 더욱 성숙해지고
절망의 순간을 잘 대처하고 나면 삶의 지혜와 보람이 한 움큼 쌓이게 됩니다.

여러분
기쁨도, 슬픔도, 그리고 절망과 환희도 모두 나의 몫이라면
꼬옥 끌어안고 묵묵히 걸어야 할 길입니다.

3. 고객과 소통하는 비결

1) 항상 고객의 입장에서

'역지사지'라는 한자성어를 다들 알고 있을 것이다. 다른 사람의 처지에서 생각하라는 뜻으로 평소에 내가 굉장히 좋아하는 사자성어로써 그 뜻대로 살기 위해 많은 노력을 하고 있다. 라이브 방송을 할 때 쇼핑호스트의 입장이 아닌 고객의 입장에서 생각해 본다면 어떻게 진행을 해야 하는지 쉽게 답을 찾을 수 있다.

내가 고객의 입장이라면 어떤 질문을 할 것인가, 어떤 댓글을 달 것인가, 어떤 상품을 살 것인가, 어떤 쇼핑호스트에게 친근함을 느낄 것인가, 끝까지 채널을 고정할 것인지 돌릴 것인지 말이다.

우리도 평소에 누군가의 고객이 돼 고객의 삶을 누리고 있다. 식당, 미용실, 사우나, 서점, 아이들 학원, 옷 가게, 마트 등 그곳에서 우리도 고객인 것이다. 합당한 돈을 지불하며 그에 맞는 대우를 원하고 있다. 방송을 보고 있는 고객도 마찬가지다. 방송을 보면서 결제를 하는 순간 단순한 시청자에서 고객이 되는 것인데 이때 쇼핑호스트가 고객의 입장에서 설명해 주고 소통해 준다면 만족감이 높아질 것이다.

누구나 시간이 지날수록 매력 있게 느껴지는 사람에게 끌린다. '저 사람 알수록 진국이네?', '와~ 완전 내 사람으로 만들고 싶다'라는 생각이 든다. 매력 있는 사람들에게는 공통점이 하나 있는데 바로 진솔함과 진정성이다. 진정성 있는 사람들은 평소 구체성 있는 표현을 잘 쓰는데 그것은 바로 오감(시각, 청각, 후각, 미각, 촉각)으로 표현하는 방법이다.

눈에 보이는 것처럼.
소리가 들리는 것처럼.
맛과 향이 느껴지는 것처럼.
손길이 닿는 것처럼.

이렇게 오감을 활용해서 모든 걸 말하고 표현하다 보면 고객의 입장에서는 더 확실하게 들리고 보이고 느껴진다. 머릿속에 쇼핑호스트가 말하는 모든 것들이 동영상처럼 자연스럽게 재생될 것이다.

똑같은 말도 오감으로 표현하면 더 실감 나고 칭찬 역시 오감으로 표현하면 깊이가 다르다. 또한 오감을 살려 다양하게 비유하며 표현하다 보면 언어적인 표현력이 늘고, 말할 때 감정 표현도 더 섬세해지는 걸 느낄 것이다.

2) 적극적인 댓글 소통

최근 온라인상에서는 상품판매 방송이나 제품 후기 등 다양한 콘텐츠들 사이에서 댓글 소통이 활발하게 이뤄지고 있다. 특히 라이브 방송에서의 댓글 소통은 고객과의 즉각적인 커뮤니케이션 창구로써 중요한 역할을 하고 있다. TV 홈쇼핑은 일 방향으로 방송하기 때문에 고객과의 소통은 불가능하지만 라이브커머스는 쌍방향 소통이 가능하다는 게 큰 장점이다.

고객은 방송을 보다가 궁금한 게 있으면 즉시 댓글을 통해서 물어볼 수 있고, 쇼핑호스트 역시 고객의 닉네임을 불러주면서 생생하게 대답을 해준다. 이처럼 라이브커머스 판매자는 고객과 실시간으로 소통하면서 그들의 궁금증을 실시간으로 해소해 줄 뿐 아니라, 고객이 무엇을 원하는지 빠르게 파악할 수가 있다. 또한 실시간 채팅을 통한 고객의 의견을 바탕으로 상품, 배송, CS 등을 개선하는 데 큰 도움이 된다.

라이브 방송의 가장 큰 장점은 실시간 소통인데 사실 이 소통이 쉽지만은 않다. 모자라지도 않고 과하지도 않은 적절한 소통을 해야 하기 때문이다. 사실 방송을 하다 보면 제품에 대해 설명하는데 정신이 팔려서 중간 중간에 들어오는 고객들을 못 챙길 수 있다. 고객은 열심히 채팅창에 댓글을 달고 질문을 했는데 쇼핑호스트가 반응을 안 해주면 서운함을 느껴서 채널을 돌리게 된다. 반대로 들어오는 고객마다 인사하고 소통만 하다 보면 정작 상품 설명과 가격 등 궁금해 하는 고객에게 신뢰감을 주지 못하게 된다.

이럴 때 도움이 되는 방법은 간단하게라도 상품 설명을 먼저 한 후 고객과 소통하는 것이다. 혹시라도 갑자기 고객들이 한꺼번에 들어온다면 일대일 소통보다는 전체적으로 설명과 소통을 하면 된다. 궁금한 사항은 채팅창에 남겨달라고 요청하고, 채팅창을 통해 '담당자가 답변할 예정이니 너무 서운해 하지 말아 달라'고 양해를 구하는 것도 하나의 방법이다.

또한 편안한 소통을 통해 나의 '찐 팬(진짜 팬)'을 확보하는 것도 중요하다. 내가 어떤 상품을 판매하더라도 나를 응원해주는 소위 찐 팬들은, 나와 소통하기를 좋아해서 들어오기 때문에 구매를 하지 않더라도 방송할 때 큰 힘이 된다. 나에게도 그런 팬들이 있는데 본인들이 나를 대신해서 다른 고객들과 소통해 줄 정도이다. 경험 없이 처음 라이브 방송을 했을 때 친근하게 소통한 덕분에 아주 많이 가까워졌다. 따로 연락을 하는 사이는 아니지만 내가 방송을 할 때마다 들어와서 소통해 주고 필요시 상품 구매도 해준다. 정말 고마운 분들이다. 기회가 된다면 꼭 한 번 만나서 차라도 한 잔 대접하고 싶은 마음이다.

과유불급! 적당하게 소통하자.

기분 좋은 소통은 고객의 마음을 사게 되고, 고객의 마음을 얻어야 '파워셀러'가 될 수 있다는 사실을 기억하자!

[그림11] 고객과의 소통(출처 : 네이버 쇼핑 라이브)

3) 친근하고 편안한 말투로

같은 내용이라도 어떻게 말하느냐에 따라 상대에게 좋은 인상을 심어 줄 수도, 불쾌감을 심어 줄 수도 있다. 그래서 우리는 기왕이면 좋은 인상을 심어 줄 수 있는 '호감형 말투'를 사용해야 한다. 말을 잘한다는 것은 생각보다 어렵다. '상대방의 판단'에 의해 내 말투가 호감인지 비호감인지 가려지기 때문이다. 따라서 대상에 따라 다른 톤을 구사할 필요가 있다.

직설적인 표현은 사람이나 상황에 따라 다소 공격적으로 들릴 수 있지만 완곡한 표현, 부드러운 표현은 듣는 사람을 편안하게 해주고 공격성이 안 느껴진다. 말투 하나로 센스 있는 사람, 왠지 끌리는 사람, 누구나 함께 일하고 싶은 사람으로 비칠 수가 있다. 쇼핑호스트 역시 친근하고 편안한 말투로 고객과 소통해야 고객 입장에서 볼 때 마음이 놓이고 왠지 더 가까워진 느낌이 들것이다.

고객과 편안하게 소통해야 하는 쇼핑호스트의 경우에는 끝 음을 너무 짧게 끊지 말고 살짝 장음 기법을 활용해서 자연스럽게 대화하듯이 늘려주는 게 좋다. 마치 편한 상대와 전화 통화를 하는 것처럼 말이다.

반대로 신뢰감을 줘야 하는 상황에서는 큰 목소리와 적당한 속도로 해야 자신감 있게 보이면서 신뢰가 간다. 특히 제품 설명을 할 때는 신뢰감을 줘야 하기 때문에 전문적인 느낌으로 당당하고 자신감 있는 말투로 해보자. 사실 한순간에 훈련이 되지 않기 때문에 머릿속으로 항상 생각하고 끊임없이 훈련해야 내 것으로 만들 수 있다.

가끔 주위에 보면 부정적인 말을 자주 하는 사람이 있는데 굉장히 비호감이다. 그 부정은 옆에 있는 사람까지도 전염이 되기에 더 주의를 기울여야 한다. 부정적인 단어를 긍정으로 바꾸면 듣는 사람의 기분이 좋아지기 때문에 마법을 부리는 거나 마찬가지인 셈이다. 긍정적인 말투를 통해서 기분 좋은 마법을 부려보자.

긍정적인 말투의 예시를 세 가지만 들어보겠다.

예시1) 그럴 수가 있어? vs 그럴 수도 있지

상대방에 대한 이해와 공감을 기반으로 말하는 방식이다. 이렇게 해석하면 모든 게 다 이해가 된다. 단, 나를 방어하는 용도로 사용하면 독이 될 수도 있다는 사실을 명심하자.

"어떻게 그럴 수가 있어?" 가 아닌

"그럴 수도 있지. 괜찮아. 앞으로 더 노력해 보자."

예시2) 때문에 vs 덕분에

파나소닉의 회장 마쓰시타 고노스케는 하나님이 자신에게 세 가지 은혜를 주셨다고 늘 생각했다. 첫 번째는 가난이다. 몹시 가난했던 덕분에 어릴 적부터 구두닦이와 신문팔이 같은 고생을 통해 세상을 살아가는 경험을 쌓았다는 것이다. 두 번째는 허약한 체질이다. 태어났을 때부터 허약한 체질 덕분에 항상 운동에 힘써 와서 건강을 유지할 수 있었다는 것이다. 세 번째는 무식이다. 초등학교도 못 다닌 덕분에 모든 사람을 나의 스승으로 여기고 물어가며 배울 수 있었다는 것이다.

나는 '때문에'를 '덕분에'로 바꾸는 화법이 정말 마음에 들어서 강의할 때 자주 언급하곤 한다. 이 화법에 대한 에피소드가 있다. 올해 고등학생이 되는 둘째 딸에게 달걀 한 판을 냉장고에 넣으라고 했다. 딸은 냉장고 문 한편에 달걀을 산처럼 쌓아놓았다. 나는 그 사실을 모른 채 냉장고 문을 열었고, 그 순간 달걀이 우수수 떨어지면서 바닥은 엉망이 됐다. 바닥을 닦고 나니 순간 화가 치밀어서
"야! 김연희! 넌 생각이 있니 없니? 너 때문에 바닥이 난리가 났잖아."
말을 내뱉자마자 나는 '아차!' 싶었다. 사람들에게 화법 강의를 하러 다니는 내가 정작 사랑하는 딸에게는 감정만을 앞세워 말했으니 말이다. 나는 평소 딸아이와 유머 섞인 농담도 잘하는 사이이다. 그래서 능청스럽게 '강사의 얼굴'을 하고 다시 이야기했다.

"연희야! 엄마가 화내서 놀랐지? 미안해. 엄마가 순간 이성을 잃었어."
"우리 연희 덕분에 엄마가 바닥 청소를 다 하게 됐네? 네 덕분에 바닥이 깨끗해졌어."
"우리 연희 고마워~."
그러자 우리 딸이 말한다. "엄마 왜 그래! 그냥 하던 대로 해."
'덕분에' 화법은 마음을 평온하게 해준다.
'아 ~ 마법 같은 이 화법을 자주 활용해야지.'

예시3) 너는 vs 나는

나를 주어로 하는 화법이다. 상대방에 대한 비난과 책임 대신, 내 감정과 내 의견을 전달하는 방식이다.
"너는 이게 문제야. 왜 그래?"가 아닌 "나는 네가 이렇게 한다면 더 멋질 것 같아."

4. 구매를 부르는 화술 전략

1) 핵심만 간단하게

상품을 판매할 때 지나치게 자세한 설명은 피하는 것이 좋다. 좋은 정보를 이것저것 나열하다 보면 고객은 구매를 결정하는 게 오히려 힘들어질 수 있다. 정보가 많을수록 오히려 더 고민하는 시간이 길어진다. 만약에 최신 가전을 산다고 가정을 해보자. 사용설명서에 나열돼 있는 모든 기능을 사용할 사람이 몇이나 되겠는가? 필자도 마찬가지다. 간단한 소형 가전을 살 때 간단한 한두 가지의 사용방법만 익힐 뿐 다른 기능들은 관심이 없다.

많은 기능들에 대해서 다 설명해 줘도 사용자 입장에서는 가장 간단하고 핵심적인 한두 가지 기능에만 집중하게 된다. 방송에서 상품 설명을 할 때도 마찬가지다. 가장 중요한 한두 가지만 골라 최대한 간단하게 얘기하자. 그렇다고 중요한 소구 점을 생략하라는 의미는 아니다. 거르고 걸러서 가장 보석 같은 메시지만 정확하게 전달하는 게 좋다.

방송을 하다 보면 좋은 기능들과 활용 팁을 이것저것 알려주고 싶을 때가 많다. 하지만 정해진 시간 안에 그 많은 걸 다 알려준다는 건 한계가 있다. 그래서 그중 가장 핵심이 되는 한두 가지 기능이나 장점을 찾아 훈련할 필요가 있다. 복잡함이 아니라 단순할수록 오히려 고객의 머리에 정확하게 인식된다는 사실을 기억하자.

유시민 작가는 "말이나 글을 어렵게 쓰는 사람은 남을 설득할 생각이 없는 사람이다. 진정으로 소통하고 싶다면 쉬운 글로 표현해야 한다. 사기 치려는 사람이 글을 어렵게 쓴다. 뭔지 모르지만 뭔가 있어 보이기 때문이다"라고 말을 한 적이 있다.

정말 백 번 공감 가는 말이다.

2) 최대한 쉽게 풀어서

멘트는 쉬울수록 잘 전달된다. 굳이 어려운 전문용어나 외래어를 사용할 이유가 없다. 학창 시절을 떠올려 보자. 어려운 용어로 설명하는 선생님의 수업은 귀에 들어오지 않았다. 오히려 지루하고 졸리기만 할 뿐이었다. 필자 주변에도 전문용어를 과다하게 사용하는 사람이 있다. 무슨 말을 하려는지 이해하기 어려울뿐더러 만남마저 불편해진다. 어린아이부터 어르신들까지 누가 듣더라도 이해되기 쉽게 말해야 한다. 평범하고 일상적인 말이 가장 편안하게 다가오기에!

가끔 섭외가 돼서 제품 큐시트를 받아보면 어려운 용어들이 많이 섞여 있는 걸 발견하곤 한다. 상품을 설명해야 하는 내가 봐도 복잡하고 이해가 안 가는데 하물며 방송을 시청하는 고객들은 어쩌겠는가? 그런 경우 담당자에게 양해를 구하고 내 스타일로 쉽게 풀어서 큐시트를 수정한다. 그래야 방송을 진행하는 나도 편하고, 시청하는 고객들도 훨씬 친근하고 편안하게 들릴 것이다.

3) 중요한 포인트는 반복해서

방송을 하다 보면 정말 중요한 것들이 있다. 고객들은 한꺼번에 여러 가지 정보를 접하기 때문에 정작 중요한 정보를 쉽게 잊어버린다. 그래서 반복이 중요하고 잊어버릴 만하면 자꾸 반복해서 언급하는 전략이 필요하다. 듣고 싶은 것만 듣는 경우도 있기 때문에 정말 중요하다고 생각하는 정보는 꼭 반복해서 얘기하자.

또한 고객들은 끝까지 의리를 지키며 채널을 고정하고 있지 않기에 반복 화법이 더 필요하다. 그렇다고 계속해서 그 부분만 언급하고 있으면 곤란하다. 큐시트대로 진행하되 중요한 요점은 자연스럽게 반복을 해야 귀에 쏙쏙 들린다.

5. 매끄러운 진행

1) 게스트는 호스트 하기 나름

라이브 방송은 다음과 같이 보통 1명~3명이 진행한다.

- 쇼핑호스트 단독 진행
- 쇼핑호스트 + 게스트
- 2명의 쇼핑호스트
- 2명의 쇼핑호스트 + 게스트

혼자 진행하는 경우 필자 위주로 모든 것을 진행하다 보니 편한 게 사실이지만 버거울 때가 있다. 혼자 산에 오르는 것보다 누군가와 도란도란 이야기를 나누면서 올라가면 훨씬 수월한 것처럼 라이브 방송도 마찬가지다. 혼자서 모든 걸 다하기보다는 파트를 나눠서 같이 하면 훨씬 힘이 덜 들고 시간도 빠르게 흘러간다.

필자의 경우 위의 4가지 경우를 다 진행해 본 결과 게스트 1명과 진행했던 경우가 가장 수월하고 좋았다. 물론 다른 쇼핑호스트와 듀엣으로 진행했을 때도 좋았지만 간혹 필자와 코드가 안 맞는 호스트의 경우 오히려 불편함을 느꼈던 게 사실이다. 3명이 방송을 하는 경우에는 방송 화면의 한계가 있다 보니 추천하고 싶지 않다.

보통 함께 호흡을 맞추는 게스트는 업체 판매자나 생산자가 대부분이다. 어느 정도 방송 경험이 있다면 상관이 없지만 경험이 없는 분들이 더 많기 때문에 긴장하고 어려워한다. 이때 호스트가 편안하고 매끄럽게 진행을 하면서 리드해 줘야 한다. 호스트가 어떻게 이끌어 주느냐에 따라 게스트의 참여도가 달라진다.

전체적인 순서에 의한 진행은 호스트가 하되 회사소개, 상품개발과정, 상품에 관련된 전문적인 답변은 게스트가 준비한다. 상품에 얽힌 여러 가지 에피소드도 간단하게 들려주면 지루하지 않으면서 신뢰감을 줄 수 있다. 자칫 놓치는 부분은 호스트가 자연스럽게 질문을 통해서 대답을 유도해야 한다. 호스트는 원활한 진행을 위해 게스트에게 너무 의존하지 말고 사전에 상품에 관한 여러 가지 사항들을 충분히 숙지해 놓는 게 좋다.

함께 방송했던 여러 게스트들 중에 생각나는 몇 분이 있다. 긴장돼서 도저히 못하겠다더니 막상 방송에 들어가자마자 정말 능청스럽게 열심히 방송한 게스트, 잠깐 설명만 하고 빨리 들어간다고 했다가 마무리까지 함께 한 게스트, 중간중간에 노래까지 부른 게스트, 게스트로 나왔다가 필자와 호흡이 잘 맞아서 다른 방송까지 같이하게 된 게스트 등 지금 생각하니 웃음이 절로 난다.

경험이 없고 긴장한 게스트를 편안하게 해주는 것도 역시 호스트의 역할이다. 사전에 만날 수 없다면 방송 전에 미리 가서 자연스러운 대화를 나누며 게스트의 성향을 파악하는 게 좋다. 게스트가 소극적 성향이면 잦은 질문보다는 짧은 답변이지만 참여할 수 있도록 해야 한다. 반대로 밝고 입담이 좋은 경우라면 게스트의 매력이 빛을 발할 수 있도록 호스트가 그 무대를 만들어 줘야 한다. 결국 게스트와 호스트가 호흡을 잘 맞춰서 원활한 방송을 하기 위해서는 철저한 사전 준비와 연습만이 답이라는 걸 명심하자.

[그림12] 게스트와 진행(출처 : 네이버&그립 쇼핑라이브)

2) 열정·긍정 모드로 즐기기

'열정, 긍정' 정말 듣기만 해도 에너지가 솟고 기분이 좋아지는 단어다. 나도 저렇게 살고 싶어서 나의 모든 닉네임이 '열정 긍정'이다. '피할 수 없으면 즐겨라'라는 말이 있듯이 어떤 상황에서도 나는 좋은 쪽으로 해석하고 열정적으로 임한다. 그렇게 하다 보니 자연스럽게 필자의 이미지도 올라가고 정작 자신이 행복해짐을 느낀다.

라이브 방송도 마찬가지다. 쇼핑호스트로서 책임감도 느껴지고 안 팔리면 어떻게 하나 걱정도 되겠지만 내가 즐겁게 최선을 다해서 방송을 하다 보면 결과는 좋을 수밖에 없다. 어차피 걱정한다고 해서 해결될 문제는 없으니 주어진 그 시간을 일단 즐기자. 긍정적으로 열정적으로!

3) 정답은 NO, 해답은 YES

이 책은 라이브커머스를 잘하기 위한 지침서이다. 요즘은 라이브커머스 교육도 여기저기서 많이 하고 있고 전문 아카데미도 생겨났다. 전문적으로 관련 교육을 받았다고 해도 실전에 투입돼서 매끄럽게 진행하기란 결코 쉬운 일이 아닐 것이다. 이 책을 포함한 여러 관련 서적을 통해서 끊임없이 공부하고 준비해야 만이 내게 오는 기회를 잡을 수가 있다. 실전 방송을 통해 나만의 노하우와 콘셉트를 구축하면 그때 비로소 준비된 셀러가 될 수 있을 것이다.

이 세상 어떤 것도 정답은 없다. 내가 어떻게 하느냐에 따라 그 결과가 달라질 뿐이다. 이 라이브 방송도 마찬가지다. 방송을 하면서 부족한 부분은 보완하고, 다른 쇼핑호스트들의 방송도 참고하면 큰 도움이 될 것이다.

사실 방송에서 가장 중요한 건 '상품 설명'이다. 상품 설명을 잘해야 사고 싶은 욕구가 생기고 판매로 이어지기 때문이다. 신뢰감을 줘야 고객의 마음이 움직이는 법! 그 신뢰감은 쇼핑호스트의 깔끔한 이미지도 있지만, 서두에서 언급한 바와 같이 힘 있는 음성과 정확한 발음에서 나온다.

필자는 10년 넘게 스피치 강의를 해왔기에 어느 정도 음성적인 부분이 갖춰져 있는 게 사실이다. 그래서인지 어떤 기회가 와도 남들보다 쉽게 기회를 잡을 수 있었고 결과도 나름 좋아서 관련 분야 쪽으로 많은 연결이 됐다. 이 모든 게 스피치를 전공한 덕인 듯싶다.

처음 라이브 방송을 했던 게 생각난다. 경험이 없었던 탓에 내가 잘할 수 있을까 하는 조바심도 나고 어찌나 떨리던지! 따로 교육을 받지도 않았고, 바쁜 스케줄 때문에 연습할 시간도 없었기에 더 긴장됐다. 평소 필자의 스타일이 즉흥적이고 낯선 상황에 잘 적응하는 편이라 그나마 다행이었다. 친분이 있는 담당 PD가 필자와 딱 어울리는 상품이라며, 경험이 없는 게 마음에 걸리긴 하지만 평소 스타일을 봐서 능숙하게 잘할 것 같다면서 과감히 필자를 섭외했다.

지금은 웃으며 말할 수 있지만, 그 당시에는 판매자분께 전문가로 보여야 했기에 입장이 난처했었다. 필자의 무지함을 들킬까 봐서 얼마나 조마조마했던지. 다행히 방송은 잘 마무리가 됐고 판매자분께서 다음 방송도 함께하자고 제안해 주셨다. 어찌 됐건 첫 라이브 방송은 성공한 셈이었다. 보고 싶지 않았지만 부족한 필자의 방송을 보며 스스로 피드백의 시간을 가졌다.

[그림13] 필자의 강의 및 행사 진행

용감하게 그리고 뻔뻔하게 라이브 첫 방송을 시작할 수 있었던 이유가 바로 평소 발성으로 다져진 음성 덕분이었다. 행사 진행도, 생소한 강의도, 내레이션도, 라디오 리포터도 모두 마찬가지였다. 그래서 이 글을 읽고 있는 독자들에게도 감히 권하고 싶다. 평소 음성 훈련을 꾸준히 하라고 말이다. 사실 다른 스킬 부분들은 이해하면서 몇 번 해보면 쉽게 따라갈 수가 있다. 하지만 힘 있는 음성은 하루아침에 만들어지지 않는다. 멋진 음성을 만들 수 있는 비결은 꾸준한 연습뿐이다. 기본 시나리오는 있겠지만 결국은 내가 주인공이 돼서 적극적으로 끌고 가야 한다. 정답은 없기에 내 스타일로 매끄럽게 멋지게 만들어 가야 한다. 그래야 자연스럽고 당당해 보이고 또 신뢰감이 갈 테니까!

라이브 방송을 하다 보면 어쩔 수 없는 여러 가지 돌발 상황이 발생할 수밖에 없다. 방송 사고로 이어질 수 있는 아찔한 상황이지만 또 라이브 방송의 묘미가 솔직함 아니겠는가! 가장 좋은 돌발 상황 대처 방법은 돌발 상황이 생기기 전에 미리 준비하고 체크하는 것이지만, 방송 중 어쩔 수 없이 생긴 돌발 상황에 대해서는 '솔직함'이 가장 좋은 방법이라 생각한다. 한 번은 방송을 시작한 지 10분이 지났는데 갑자기 보이스 톡이 울리는 것이었다. 분명 방송 전에 무음으로 돌려놓고 점검을 했는데 보이스 톡이라니! 그냥 모른 척 지나쳤는데 또 울리는 것이다. 알고 보니 막내아들이 말도 안 되는 걸로 계속 전화를 해서 내가 짜증을 내며 차단을 했는데 연결이 안 되다 보니 보이스 톡을 한 것이었다. 순간 당황했지만 나는 활짝 웃으면서 고객에게 솔직하게 이야기하며 양해를 구했다. 아들을 차단할 수밖에 없었던 스토리와 함께 말이다.

그 외에도 가격 구성을 이야기하면서 가격이 적혀있는 피켓을 거꾸로 들었던 일, 음식 시연을 하려고 기름을 둘렀는데 아무리 기다려도 기름이 달궈지지 않아서 봤더니 코드가 빠져 있었던 일, 방송 도중 소리가 안 들리거나 화면이 꺼졌던 일 등등! 그런 돌발 상황 속에서 솔직하게 인정하며 고객들과 소통했더니 오히려 그 인간적인 모습에 고객들과 한층 더 가까워졌다. 지금 생각해 보면 모두 소중한 경험들이다. 그 경험들이 있었기에 지금은 많은 여유가 생겼다.

라이브 방송에서 쇼핑호스트는 항상 신나고 즐거워야 한다. 그래야 고객들이 채널을 돌리지 않고 끝까지 함께 할 수 있을 테니 말이다. 쇼핑호스트도 사람이기에 어찌 매 순간 기쁘기만 하겠는가? 스트레스를 받는 순간도 있고, 피곤할 때도 있을 것이다. 하지만 그럴 때일수록 더 환한 미소로 방송을 한다면 서로가 즐거울 것이다. '웃는 얼굴에 침 못 뱉는다'는 말이 있듯이 활짝 웃으며 진정성 있게 방송에 임한다면 고객은 분명 내 편이 돼줄 것이다. 진심은 어디서든 통하는 법이니까!

나이팅게일은 "가장 아름다운 최고의 화장술은 웃음이다"라고 말했다. 좋은 표정에서 복이 들어오는데 우리 동양에서도 관상학적으로 보면 이마는 '복 문'이라고 해서 복이 들어오는 문이기 때문에 이마를 보여주는 것이 좋다고 한다. 코는 이 복이 들어와서 내려오는 '복 길'이라고 하여 반듯할수록 좋다. 마지막으로 가장 중요한 것이 바로 입 모양이다. 입은 '복 그릇'이라고 해서 입꼬리가 올라가야 복을 담을 수 있다고 한다. 입꼬리가 축 처진다면 복이 다 세어 나가므로 관상학적으로도 항상 입꼬리를 올리는 훈련이 가장 중요하다.

[그림14] 좋은 표정

미국의 한 연구소에서 연구를 했는데 타인의 얼굴을 볼 때나 기쁨과 슬픔을 읽을 때, 눈보다는 입의 형태가 더 중요하다는 결과가 나왔다. 가령 우리가 아는 신비한 매력 '모나리자의 미소'의 경우 입꼬리가 내려간다면 어떨까? 아마도 더 이상 매력적으로 보이지 않을 것이다. 그래서 호감 가는 표정을 만들기 위해서는 눈보다는 입의 형태가 더 중요하다. 입꼬리는 훈련을 통해서 충분히 올라갈 수 있으니 혹시라도 입꼬리가 쳐져 있다면 꼭 연습을 해서 입꼬리를 올리길 바란다. '와이키키'나 '개구리 뒷다리'를 소리 내 보면서 예쁜 입꼬리를 만들어 보자. 랄프 왈도 앤더슨은 "성공이라는 것은 자주 그리고 많이 웃는 것이다"라고 말했다. 어떤 조사에 따르면 3세 아이들은 하루 평균 300번을 웃는데, 성인이 되면 하루에 15번밖에 웃지 않는다고 한다. 여러분들은 하루에 어느 정도 웃는지 문득 궁금해진다. 자주, 많이 웃어서 상대에게 호감 가는 사람으로 비치기를, 또 각자의 기준에서 나름대로의 성공한 삶을 살아가기를 바라본다.

자, 그럼 거울을 보며 연습해 보자!

[그림15] 입꼬리 연습

Epilogue

스피치 관련 책을 쓰고 싶다는 생각을 해왔었고 좋은 기회로 이렇게 집필에 참여하게 됐는데, 소중한 기회를 얻게 된 것에 감사하다. 시중에 스피치와 라이브커머스 관련 책들이 많이 나와 있지만, 이 책에는 내가 직접 경험하며 현장에서 터득한 진짜 노하우와 정보를 담았다. 거기에 내용에 수록한 연습 문장이나 예시문을 꾸준히 연습한다면 분명 좋은 결과가 있을 것이다. 스피치는 결국 '꾸준한 연습'이 답이니까!

지금까지 그래왔듯이 앞으로도 나는 내가 하는 모든 일을 즐기면서 할 계획이다. 열심히 하다 보면 보상은 자연스럽게 따르기 마련이라는 신념을 굽히지 않으면서 말이다. 지금 하고 있는 일에 새롭게 주어진 일들을 병행하면서 더 다양한 경험을 쌓고, 어느 정도 자금이 마련되면 내가 좋아하는 영역의 일을 사업으로 확장해 보고자 한다. 필자는 '사업이란 것이 거창할 필요는 없지 않은가! 평소에 내가 꿈꿔오던 것들을 현실에 풀어내는 일'이라고 생각한다. 그래서 나의 관심사에 있는 모든 것들을 하나로 묶은 멀티숍을 구상 중이다. 내가 잘 할 수 있고, 좋아하는 일을 할 수 있다는 건 분명 축복이다.

한 치 앞도 내다볼 수 없는 우리 인생, 내가 좋아하는 나만의 공간에서 좋은 사람들과 소통하고 부대끼면서 일하고 싶다. 25살에 낳았던 큰딸은 내년에 벌써 성인이 된다. 딸과 합을 맞출 수 있는 미래가 기대되기도 한다. 내가 갖고 있는 유일한 무기인 목소리를 활용한 일도 여러 가지 구상하고 있다. 아직은 계획에 불과하지만 생각만으로도 행복감이 밀려온다.

이 글을 읽고 있는 당신 역시 행복했으면 한다. 그리고 말을 통해서 더 큰 행복을 맛볼 수 있다면 좋겠다. 목소리든 스피치든 기본만 갖춰놓으면 얼마든지 훈련이 가능하다. 꾸준한 연습을 통해 스피치 능력을 향상시킨다면 앞으로 살아가는 데 있어서 엄청난 변화를 가져올 것이다.

말의 중요성은 아무리 강조해도 지나치지 않는다. 그러니 지금부터라도 당장 시작하라! 입을 크게 벌리고 소리 내어서!

Chapter 04

6차 산업 시대와 라이브커머스 플랫폼 방법

정주리

Chapter 04

Chapter **04**

6차 산업 시대와 라이브커머스 플랫폼 방법

Prologue

'고창 청보리밭 축제'를 알고 있나요?' 아마도 한 번쯤 축제를 가보았거나, 들어 본 적이 있을 것이다. 고창 지역에서 매년 열리는 이 축제는 연간 방문객이 30만~50만 명이며, 축제 기간 매출액만 합산해도 약 8억 원이라고 한다. 또한 고용 창출 인원이 150명, 지역 경제 파급 효과는 200억 원 이상이라고 하니 가히 전라도 대표 축제로 선정될 만하다. 나는 이곳에 네 번 정도 지인들과 가본 적이 있다. 이곳은 단순히 청보리밭 축제로 유명한 곳이 아니라 시기에 맞춰 해바라기 경관, 메밀 꽃잔치로 선순환되어 발길이 끊이질 않는다.

이곳을 가장 먼저 언급한 대는 이유가 있다. '고창 청보리밭 축제'는 내가 강조하고자 하는 '농촌 융복합 산업(6차 산업)'의 대표적인 예라고 할 수 있다. 고창은 청보리밭의 아름다움을 농업 경관으로 포커스를 맞추고 축제화해 단순한 1차 산업인 농업을 3차 관광산업으로 연계지었다. 그리고 지역 주민들의 농가 소득을 향상시켰으며, 지역 경제 활성화에 큰 도움을 줬다. 바로 '6차 산업'의 목표인 것이다.

내가 사는 농촌은 불과 30년 전만 하더라도 북적대는 아이들 소리와 인정 넘치는 소란함이 참새가 전깃줄에 앉아 있는 만큼이나 가득했었다. 그러나 이제는 그 많던 참새도,

빽빽했던 가옥들도 보기 드문 풍경이 됐다. 최근에는 그마저 남아있던 빈집들까지 철거돼 동네가 황량하기 그지없다.

농촌은 이대로도 괜찮은 걸까? 농촌이라고 해서 소외받는 것이 아니라 그들만의 전통과 멋을 살려 경제적 걱정 없이 흥겹게 사는 곳으로 만들고 싶다. 도시와 농촌의 소득 격차가 해소되고 생활 서비스가 활성화되어 사람들이 붐비는 곳. 나는 그것을 '6차 산업'에서 찾고 싶다.

나는 생산자의 삶에서 6차 산업의 성공으로 나아가기 위한 과정에 있다. 애벌레가 나비가 되기까지의 과정을 여러사람들과 공유하고 나누고 싶다. 나의 작은 이야기를 통해 농어민이 농촌 융복합 산업지원사업이나 6차 인증 제도 등에 관심을 갖길 희망한다. 또한 이러한 과정에서 필요할 수 있는 '라이브커머스'에 도전해 볼 수 있도록 방법론을 소개하고자 한다.

라이브커머스를 통해 나는 누구에게나 열려있는 기회의 가능성을 보았다. 라이브 방송은 채널의 종류가 많기 때문에 내게 맞는 채널을 선택하고 방송할 수 있다. 아마 이 글을 읽고 있는 분들은 나와 같은 생산자이거나, 사업체를 운영 중이거나, 계획 중인 분이 많을 것 같다. 자신의 브랜드를 홍보하기 위한 방법은 여러가지가 있지만 시대의 흐름에 맞춰 라이브 방송을 반드시 해봤으면 한다. 직접 방송해 보는 것을 가장 추천한다.

하지만 방송이 꺼려지는 사람들이나 업체를 통한 라이브 방송 비용이 부담스러운 사람들의 경우도 방법이 있다. 크리에이터(쇼호스트)를 직접 고용할 수 있는 시스템을 이용하면 된다. 비용절감과 홍보효과에도 좋다. 업체에 맡기더라도 내가 운영하는 채널과 지식이 있다면 홍보를 극대화할 수 있는 좋은 의견을 분명히 요구할 수 있다.

나의 이야기를 읽어보면서 하나씩 순서를 밟아나갔으면 좋겠다. 책을 모두 읽고 난 후에는 자신이 가입한 채널이 꼭 생겨있길 바란다. 우리 함께 채널 입점의 문턱을 넘어가자.

1. 라이브커머스 시대에 발맞춰 나가자!

1) 6차 산업 시대의 농수산업 생산자의 방향

(1) 지금은 6차 산업 시대

우리 농어촌 농어민들은 오랜 세월 동안 경험과 지혜를 쌓아오면서 작물을 생산하는데 집중했다. 묵묵히 농업의 대를 이어온 분들이 있기에 소비자는 건강한 먹거리를 제공 받고 있다. 이들은 우리의 어머니, 아버지이자 할머니, 할아버지시다. 식탁에서 맛보는 신선한 농산물은 자연의 신비로움이며 인간의 정성과 사랑, 땀방울이 담겨있다. 그렇다면 소중한 우리의 먹거리를 책임져주는 생산자들의 삶은 어떨까? 세상에 좋은 영향력을 미치면서도 생산자들은 마땅히 잘 살 권리를 누리지 못하는 것 같다.

각종 뉴스는 심심찮게 농민들의 시름을 보도한다. “농산물값 폭락”, “농산물 산지 폐기”, “농민들의 피눈물”. 생산자는 자신이 직접 지은 수확물임에도 불구하고 주체로서 가격 결정 권한을 갖지 못하는 경우가 많다. 아직도 많은 농어민은 경제적으로 고심이 많다. 그들이 정당한 노동의 대가를 얻지 못하는 것을 생각하면 마음이 안타깝고 탄식이 깊다.

하지만 절망할 필요는 없다. 우리 사회에 누군가는 이런 아픈 구조를 계속해서 바라봐주고 개선하기 위해 노력하고 있다. 이것에 대한 희망이 바로 ‘6차 산업’이다.

[그림1] 1차 × 2차 × 3차 = 6차 산업(출처 : www.6차산업.com)

'6차 산업'이란 1차 산업인 농업을 2차 가공산업 및 3차 서비스산업과 융합해 농촌에 새로운 가치와 일자리를 창출하는 산업이다. 농업의 종합산업화(1차 × 2차 × 3차 = 6차)를 지향한다. 6차 산업의 국내 공식 명칭은 '농촌 융·복합산업'이다.(출처 : 두산백과 '6차 산업' 정의)

'6차 산업'이라는 말이 조금 생소하고 정의가 어렵게 느껴질 수도 있다. 그러나 출발점과 예시를 살펴보면 쉬운 이해가 될 것이다. 6차 산업은 1차 생산자인 농업 및 농가들이 농업 소득을 충분히 얻지 못하는 현실을 개선하기 위한 것에서 출발한다. 지금처럼 농촌 지역이 피폐해지고 고령화되는 것을 막기 위해 농업 이외의 산업(2차 제조가공과 3차 체험, 관광)에서 다양한 소득을 얻게 해 조금 더 풍족한 농업을 이어갈 수 있도록 한다.

이러한 시도는 현재 진행 중이며 전국적으로 성공 사례가 늘어나고 있다.

예를 들어, 소규모 '밤호박' 농사를 짓고 있는 농가가 재배 면적이 충분하지 않아 충분한 소득을 얻기 어려운 경우, 재배한 밤호박을 밤호박 빵이나 밤호박 식혜 등으로 가공·판매해 새로운 소득을 얻을 수 있다. 또한 밤호박 비닐하우스 농장을 체험 농장으로 만들어 도시민들이 농장체험이나 숙박 등의 서비스를 이용하도록 해 소득을 추가로 창출하고 있다. [그림2]와 [그림3]은 전북 익산에 위치한 농가의 또 다른 6차 산업의 예이다.

[그림2] 약용작물 '감초'로 연 매출액 10억 원을 기록한 농업회사 법인 '케어 팜'은 수입에 의존하던 감초를 국내산으로 대체하기 위해 용기 재배 기술을 도입했다. 또한 다양한 감초 상품을 개발하고 카페와 체험장을 운영해 6차 산업의 성공 가도로 이끌고 있다.

(출처 : https://blog.naver.com/cyberrang)

[그림3] 감초체험 프로그램 운영 모습(출처 : https://blog.naver.com/cyberrang)

농장에서 직접 재배한 감초로 다양한 음료와 과자, 빵, 비누 등을 만들 수 있다. 이러한 체험, 관광, 실습 교육을 통해 농업 외 소득이 지속적으로 늘어나고 있다.(출처 : https://blog.naver.com/cyberrang)

이처럼 6차 산업은 농가가 자신의 농업은 물론 주변 여건과 기술 등을 최대한 활용해 새로운 부가가치를 창출 해 지역경제를 활성화하는데 기여하고 있다.

농어촌의 미래가 우리 사회의 희망이라는 말을 들어본 적이 있을 것이다. 농촌은 우리의 삶과 건강, 미래 사회에 직결돼 있다. 따라서 정부 기관과 지자체는 농어민과 상부상조하고 있으며 많은 정보를 제공하고 있다. 농어민들이 바쁜 일상 속이지만 시간적 여유가 생길 때 지자체 소통 앱이나 지역 홈페이지에 접속해 정보를 살피면 좋겠다. 그게 쉽지 않다면 읍사무소나 면사무소에 걸린 현수막 내용이나 팸플릿 등을 관심 있게 살피는 것도 도움이 될 수 있다. 나에게 맞는 좋은 정보나 아이디어, 혜택들이 분명 있을 것이다.

우리는 지금의 농어촌 경제가 더욱 활성화되길 바란다. 따라서 현재 생산·유통 방식에서 조금 벗어나 새로운 가능성을 열어두길 원한다. 가장 중요한 것은 지금까지 전해 내려온 우리 농업의 전통적 지혜와 가치, 철학일 것이다. 이것을 토대로 농어민 한 분한 분이 건설적인 미래를 꿈꾸었으면 좋겠다.

6차 산업의 성공 모델은 작은 아이디어의 실천이 모여 큰 자산이 됐다. 열린 마음으로 듣고, 배우고, 도전해 본다면 좋겠다. 이것이 우리 농어민의 터전을 풍요롭게 할 것이다. 농어촌의 피폐화와 인구감소가 더이상 진행되지 않길 바라는 마음이다. 6차 산업은 나와 우리 그리고 미래 세대의 빛이다!

[그림4] 전남 도립대는 농어촌이 잘 살 수 있는 사회를 만들기 위한 일환으로
6차 산업 관련 학과인 '웰니스 6차 산업 학과'를 신설했다.
(출처 : 전남 도립대학교 도립인 블로그 https://blog.naver.com/doripuni/222864996031)

(2) 전남 해남 생산자에서 쇼핑 호스트가 되기까지

나는 전남 해남군에서 60여 년간 흙을 만지며 작물을 재배한 부모님 밑에서 자랐다. 어린 시절부터 어깨너머로 바라본 농민의 삶은 고달프지만 아름답고 고귀했다. 작은 아기 종자가 꽃이 되고, 열매가 되고, 다시 씨앗을 남기고, 흙으로 돌아가기까지의 여정. 그것을 지켜보며 갓난아기 목을 다루듯 세심하게 돌보는 농민의 손길. 그들은 자연이 주는 아기를 품고 소중히 키운다. 비바람이 몰아치면 가슴을 쓸어내리고, 가뭄이 오면 함께 메말라하며 온 마음으로 가꾼다. 이러한 정성 안에서 자라는 작물을 보면서 나는 감사를 느꼈고, 가슴속 치유를 경험하기도 했다.

[그림5] 초록 물결 일렁이던 벼가 가을이 돼 누렇게 익었다.
우리 집 추수하던 날, 간척지 논 풍경이 따뜻하고 아름답다.

농업은 내가 어른이 되는 과정에서 애착이 깊어졌고 이제 집에서 수확하는 작물은 직접 도맡아 온라인에 판매한다. 불과 3년 전만 해도 집에서 생산하는 모든 곡물과 채소는 계약재배와 산지 유통센터, 도소매업자에게 판매했다. 계약재배는 마음은 편했지만 시세 변동이 생기면 아쉬움이 남았다. 산지 유통센터나 도소매업자에게 유통하는 방식은 일손이 많이 갔다. 거래를 할때 부모님은 어쩐지 '갑'보다는 '을'의 입장이 돼있는 것 같아 속상했던 적이 많았다. 마트에 붙은 가격표를 보면 헐값에 판매된 우리 집 농작물이 생각나 마음이 헛헛했다.

그즈음 나는 코로나로 인해 육아용품을 온라인으로 주로 구매했다. 그때 문득 이러한 생각이 들었다. '왜 나는 소비자 입장에서만 온라인 쇼핑을 하고 있는 거지?', '나도 생산자야. 내가 육아용품을 구입하듯 농산물 수요자들에게 작물을 팔 수 있는 거잖아!'. 번뜩이는 아이디어가 아니었다. 단지 알고는 있어도 한 번도 시도해 볼 생각이 없었던 것이었다. 나는 그날 도전을 결심했다. 마트에 붙은 가격표처럼 내가 원하는 판매 금액을 자유롭게 설정하기로!

나는 곧이어 온라인으로 농산물을 파는 방법에 대해 정보를 검색했다. 한편으로는 '뒤늦게 이 시장에 뛰어든 것은 아닌가? 이미 레드 오션일 텐데? 누구한테 물어보지?'와 같은 걱정이 앞섰다. 그러나 불안도 잠시였다. 이곳저곳 검색해 보니 정보는 여기저기서 '날 좀 봐주세요'를 외치고 있었다.

또한 쇼핑몰 상세페이지는 농민이 직접 판매하는 곳이 생각보다는 적었다. 많은 곳이 벤더(물류 판매업자)의 힘으로 산지직송을 어필하고 있는 느낌이 들었다. 나는 조금씩 틈새를 공략해야겠다는 생각을 했다. 방법은 유튜브, 네이버 블로그, 클래스 101, 탈잉, 네이버 비즈니스스쿨 등을 찾아보면 체계적으로 알려주는 곳이 많았다.

당시 나는 네이버 스마트 스토어에서 농산물을 팔기로 마음먹었기 때문에 네이버에서 무료로 제공하는 '네이버 비즈니스스쿨' 교육을 듣기로 결정했다. 우리나라 대표 검색 사이트이자 접근성이 좋은 네이버는 사업자 등록증과 통신판매업증만 있으면 쉽게 판매자 등록이 가능했으며, 수수료가 3~5% 대로 타 쇼핑몰에 비해 수수료가 가장 낮다.

[그림6] 네이버 비즈니스스쿨(출처 : https://bizschool.naver.com/)

[그림7] 미래의 영농 후계자(?) 사랑하는 아들 사진이다. 아기 때부터 농작물에 친숙하다.

[그림8] '고구마'를 시작으로 해남의 제철 수확물을 시기에 맞춰 온라인 판매 중이다.
건 고추는 별도의 광고 없이 '쿠팡 추천' 상품이 됐다. 인기가 좋아 올해는 조기 품절이다.

[그림9] 매년 11월이 되면 서리태 수확 철이 돌아온다. 올해는 작년보다 작황이 좋아 최상품 서리태를 택배로 발송할 수 있어서 뿌듯하다.

이렇게 나는 스마트 스토어를 시작으로 쿠팡, 11번가, 위메프 등 기타 오픈마켓에도 입점을 해 상품을 판매하고 있다. 내가 온라인 쇼핑에 집중하면서 더욱 실감하게 된것은 쇼핑 트렌드의 급변하는 속도다. 넓게 보면 몇 년 전만 해도 TV 홈쇼핑이 대세였다. 그랬던 것이 PC 온라인 쇼핑으로 바뀌었고, 이제는 모바일 쇼핑 시대가 됐다. 또한 얼마 전까지만 해도 모바일 쇼핑은 대부분 상세페이지만 보고 물건을 구매했던 방식이었다.

그러나 요즘은 실시간으로 소비자와 소통하며 상품을 구매하는 '라이브커머스' 방식이 엄청난 유행이다. 라이브커머스는 쇼핑뿐만 아니라 마케팅과 판매까지 동시에 할 수 있는 플랫폼이다. 장소에 구애받지 않고 고객과 소통을 하며 합리적인 가격에 구매를 할 수 있다. 이러한 점이 판매자와 소비자 모두에게 강점으로 작용했다.

부경대학교의 이승엽 교수는 "라이브커머스는 TV 홈쇼핑이 담당하지 못하는 지역 소상공인과 개인사업자의 판로 확대를 도와주는 차별화된 도구로써 지역 골목상권을 지원하며 사회적으로 기여하고 있다"라고 강조했다. 또한 "연구에 따르면 TV 홈쇼핑에 납품하는 판매기업은 평균 82%가 대기업과 중소기업이었으나, 라이브커머스는 85~99.5%가 소기업과 개인사업자였다"라고 말했다.(출처 : 매일경제뉴스)

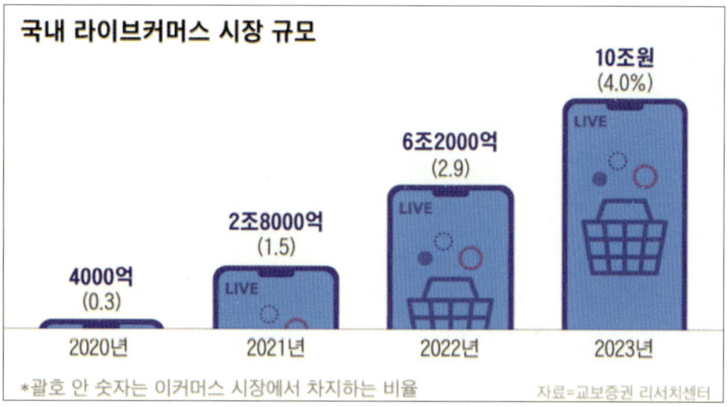

[그림10] 라이브커머스 시장 규모 전망(출처 : 교보증권 리서치 센터)

나는 계속해서 라이브커머스 시장이 확대될 것이라고 예측했다. 그래서 상품을 소개하고 판매하는 '쇼핑 호스트'가 되기로 했다. 그리고 내가 가진 상품을 시작으로 하나씩 방송을 했다.

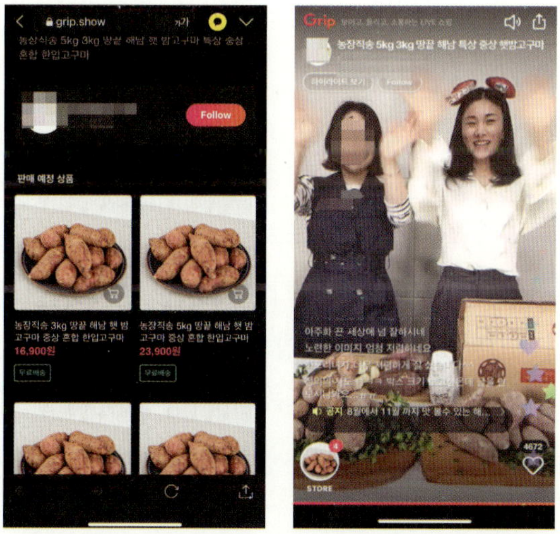

[그림11] 온라인 판매의 시작은 고구마였다. 해남 고구마의 맛과 품질에 대한 자부심이 컸기 때문이다. '그립' 라이브 방송은 고구마에 대한 애정이 많은 만큼 할 말도 많았다.

라이브커머스 채널은 그립(Grip), 네이버, 카카오, 쿠팡, 11번가, 배민 쇼핑 라이브 등 다양하다. 기존의 상품 구매방식은 사전에 판매자가 원하는 정보와 모습만 보여줬지만 양방향의 라이브커머스는 소비자의 질문이나 요구에 판매자가 즉각적으로 반응할 수 있기 때문에 신뢰를 쌓을 수 있다. 또한 현장의 생생함이 전달되기 때문에 재미가 있고 각종 이벤트와 할인혜택이 주어짐에 따라 구매전환율이 높아서 좋다.

라이브커머스는 나(쇼핑 호스트)와 판매할 상품과 스마트폰만 있으면 시작할 수 있다. 필자가 생산자(판매자)의 입장이면서도 TV에서만 보던 쇼핑 호스트가 될 수 있다는 것은 신기하면서 즐거운 일이었다. 라이브커머스는 우리 집, 논이나 밭 등 어디에서도 방송이 가능하다. 물리적 제약이 없어 편하다. 무엇보다 생산자가 자신의 상품을 직접 소비자에게 소개할 수 있다는 것은 엄청난 가치이다. 차근차근 순서만 밟으면 가능하다.

2) 농어민이여 라이브 방송에 도전하자!

라이브 커머스는 농어민도 쉽게 할 수 있다. 소비자에게 신뢰감을 줄 수 있어 쇼호스트를 따로 고용하는 것보다 훨씬 이점이 많다. 라이브 방송이 처음이라면 가장 먼저 '그립' 채널로 시작해 보라고 권하고 싶다. 그립은 진입 장벽이 낮다. '네이버 쇼핑 라이브'는 새싹 등급 이상이어야 방송이 가능하지만 그립은 초보 사업자가 사업자등록증만 있으면 앱 설치 후 입점 신청을 할 수 있다.

또한 원하는 시간대에 여러 번 방송을 할 수 있다. 매출이나 방송에 대한 부담감을 내려놓고 꾸준히 방송을 하다 보면 자신도 모르게 실력이 좋아짐을 느낄 수 있을 것이다. 실제로 방송하는 채널에 들어가면 초보자가 많다. 상품에 대한 애착과 자신감으로 열심히 임하고 있는 것이다. 여러 쇼호스트 방송을 많이 보고, 나의 장점(논·밭 배경, 신선함이 그대로 전해지는 수확물, 지역 사투리나 의상 과감히 보여주는 촬영 등)을 살리고 단점을 보완해 개성 있는 채널을 만들면 좋겠다.

[그림12] '그립'의 다양한 라이브 채널과 라이브 예고 목록
(출처 : https://www.grip.show/)

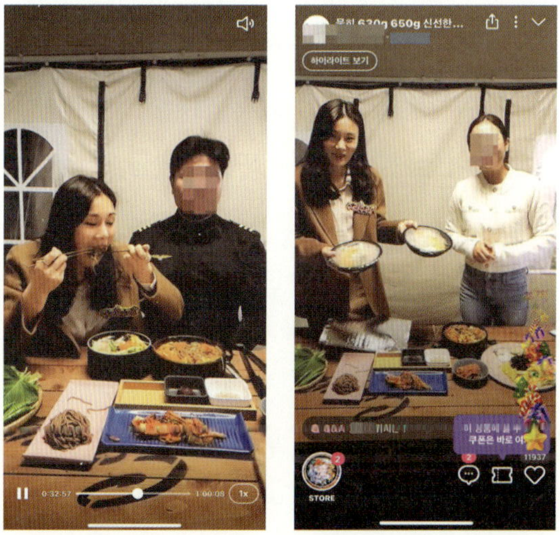

[그림13] 라이브 방송은 시간과 공간에 대한 제약이 자유롭다.
야외에서 저녁 6시 이후 '그립' 라이브 방송을 진행했다.

다음으로 추천하는 라이브 방송 채널은 '네이버 쇼핑 라이브'이다. 이 채널은 자신의 브랜드 채널에서 주도적으로 방송이 가능하며, 유입 시청자 수가 타 플랫폼에 비해 많다. 자신의 상품에 대한 마케팅 효과가 강력하며, 수수료가 타 라이브 방송 채널에 비해 낮다. 네이버는 새싹 등급 이상이 되면 라이브 방송을 진행할 수 있다. 새싹 등급 조건은 3개월 간의 판매건수가 월 100건 이상이어야 하며, 판매금액은 200만 원 이상을 달성하면 된다.

이제 라이브 방송 채널을 결정했다면 스튜디오가 아니어도 촬영을 할 수 있다. 기본적으로 상품과 스마트폰만 있어도 가능하지만 삼각대와 조명, 핀 마이크와 테이블, 깔끔한 뒷배경을 만들어 방송 퀄리티를 높일 수 있다. 삼각대와 조명은 인터넷 검색창에 '촬영 조명, 촬영 삼각대'를 검색해서 저렴하게 5만 원 이하로도 구매할 수 있는 것들이 많다. 조명 하나로 내 상품이 훨씬 가치있게 보일 것이다.

또한 테이블은 상품을 진열하고 시연하기 위해 필요하다. 핀 마이크는 전달력 있는 또렷한 소리를 내기 위해 갖추고 있으면 좋다. 물론 없어도 진행이 가능하다. 그러나 말소리가 작은 경우에는 구입하는 것을 추천한다. 아무리 상품이 좋아도 말을 알아듣기 어렵다면 소비자 입장에서는 채널을 오래 보기 힘들다. 음식 방송의 경우 보글보글 끓는 소리나, 아삭아삭 씹는 소리를 생생하게 담아 구매를 자극하기에 효과적이다.

이렇게 기본 환경을 갖췄다면 고객과 즐겁게 소통한다는 마음가심으로 카메라를 응시하고 말하면 된다. 말을 할 때는 생글생글 웃는 얼굴로 반갑게 고객을 맞이하자. 전문 방송인처럼 말을 잘하지 않아도 된다. 나는 첫 방송을 할 때 말을 잘해야 한다는 부담감을 최대한 내려놓으려고 노력했다. 유창한 말솜씨 보다는 내가 가진 상품의 '매력 포인트'를 어떻게 보여줄까에 집중해 시연하니(예 : 시각적으로 음식을 자르고 보여주며 말하기) 조금 더 자연스럽게 말을 할 수 있었다. '백문불여일견'이라는 말이 있듯이 고객의 입장에서는 여러 번 듣는 것보다 한번 제대로 시연하는 것을 보는 것이 훨씬 효과적일 수 있다.

[그림14] 네이버 쇼핑 라이브에서 음식을 시연하고 있다. 맛을 표현하는 순우리말이나 단어를 많이 알고 있을수록 좋다.(출처 : 네이버 쇼핑라이브)

또한 전반적인 틀을 놓치지 않으면서 상황에 맞게 말을 해야 한다. 나는 과거에 2인 라이브 방송 진행을 앞두고 큐시트(방송 흐름이 적힌 종이)를 뚫어져라 쳐다보고 있었다. 그런 나를 경험 많고 노련했던 쇼호스트님이 보시더니 웃으며 조언을 해주셨다. "큐시트에 지나치게 집착하지 마세요. 한 시간 즐겁게 고객이랑 이야기한다고 생각하고 즐기세요." 나는 이 말이 아직도 귓가에 쟁쟁하다. 한결 편안한 마음으로 방송에 임할 수 있었다.

방송을 하다 보면 변수가 생기기 마련이다. 준비가 미흡한 탓에 돌발 상황이 생기기도 하고, 고객의 질문이 아무 때나 훅 들어오기도 한다. 한 번은 음식을 구워 먹는 장면에서 전기코드를 꼽지 않아 음식 시연이 제대로 이어지지 않은 적이 있었다. 방송 사고였다. 나는 실수를 고백하며 화기애애하게 상황을 설명하고 대화를 이어 갔다. 쇼호스트가 당황해 침묵을 유지하면 안 된다. 고객 이탈이 생길 수 있다. 자연스럽게 대화의 흐름을 타야 한다.

또한 방송 중 채팅창에 올라오는 질문과 요구에 빠르게 답변해야 한다. 라이브 방송은 상품에 대해 고객과 주고받는 소통의 시간이 돼야 한다는 것을 잊지 말아야 한다. 채팅창을 읽을 때는 닉네임을 먼저 언급하고, 감정이입을 해 읽어주는 것이 좋다. 고객의 댓글에 쇼호스트가 적극적으로 읽어주고 공감해 주면 채널의 신뢰도가 올라갈 것이다. 상품 혜택과 구성, 옵션을 계속해서 강조하는 것도 좋지만, 중간중간 올라오는 고객과의 실시간 소통 역시 빼놓을 수 없이 중요하다.

어떤 말을 할 것인가 대해서는 상품을 바라보는 나에 태도다. 생산자의 입장에서 상품을 생각하고, 애정을 가지면 이해가 깊어질 것이다. 진정성이 담긴 쇼호스트에게는 상품을 어필할 수 있는 이야깃거리가 넘쳐난다고 생각한다. 나도 처음에는 아무것도 모르는 백지상태여서 겁이 많았다. 그러나 경험해 보고 나니 누구나 해볼 수 있는 방송이었다. 라이브 방송은 마음 먹기에 달려있다.

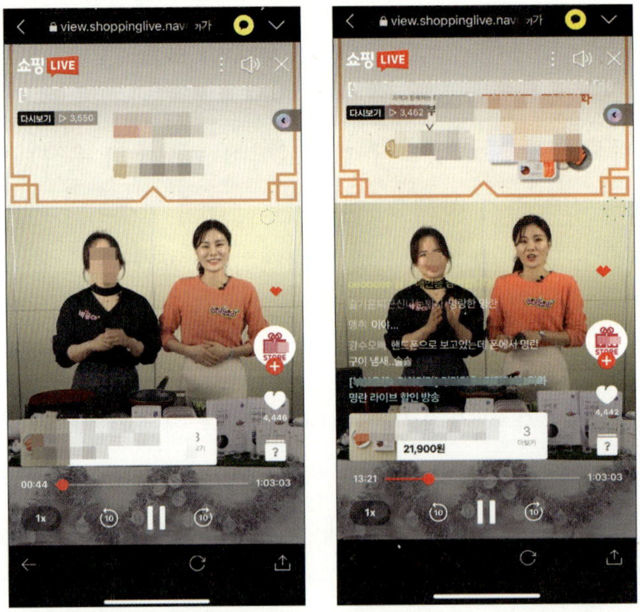

[그림15] 네이버 쇼핑 라이브는 유입 시청자 수가 타 플랫폼에 비해 많다.
(출처 : 네이버 쇼핑라이브)

2. 라이브커머스 플랫폼 '네이버 쇼핑 라이브'

1) 네이버 쇼핑 라이브

'네이버 쇼핑 라이브'는 휴대폰으로 쉽고 편리하게 라이브 방송을 촬영하며 실시간으로 고객과 상품에 대해 소통 및 판매가 가능한 방송 기능이다. 라이브 방송 진행조건은 새싹등급 이상의 판매자이다. 네이버 스마트 스토어는 최근 3개월의 판매활동 실적집계를 통해 6가지 등급으로 운영하며, 쇼핑 라이브를 진행할 수 있는 등급 조건에 충족되는 경우 별도의 신청 없이 라이브 송출권한이 부여된다. 또한 기존에 라이브를 진행한 이력이 있다면 현재 등급과 상관없이 라이브를 진행할 수 있다.

스마트스토어 등급 기준

등급표기	필수조건	
등급명	판매건수	판매금액
플래티넘	100,000건 이상	100억원 이상
프리미엄	2,000건 이상	6억원 이상
빅파워	500건 이상	4천만 이상
파워	300건 이상	800만원 이상
새싹	100건 이상	200만원 이상
씨앗	100건 미만	200만원 미만

[그림16] 스마트 스토어 등급 기준(출처 : 네이버 비즈니스스쿨)

2) 쇼핑 라이브를 위한 사전 준비

(1) '네이버 쇼핑 라이브' 앱 다운로드

라이브는 '네이버 쇼핑 라이브 스튜디오 앱', '네이버 스마트 스토어 센터 앱', '프리즘 앱'을 통해 진행된다. 반드시 모바일 기기를 통해서만 라이브 송출이 가능하다. 앱 다운로드가 필수이다. PC, 카메라, 캠코더는 송출이 불가하다. '네이버 쇼핑 라이브 스튜디오 앱'과 '네이버 스마트 스토어 센터앱'은 서로 연동이 가능하다. 하지만 '네이버 스마트 스토어 센터 앱'은 라이브 진행만 가능하고, '네이버 쇼핑 라이브 스튜디오 앱'에서 라이브 목록 확인, 채팅 관리자 등록을 할 수 있다. 따라서 '네이버 쇼핑 라이브 스튜디오 앱'으로 입점해 방송하는 것을 추천한다.(*최근 '네이버 쇼핑 라이브' 앱에서 '네이버 쇼핑 라이브 스튜디오' 앱으로 명칭을 변경했다.)

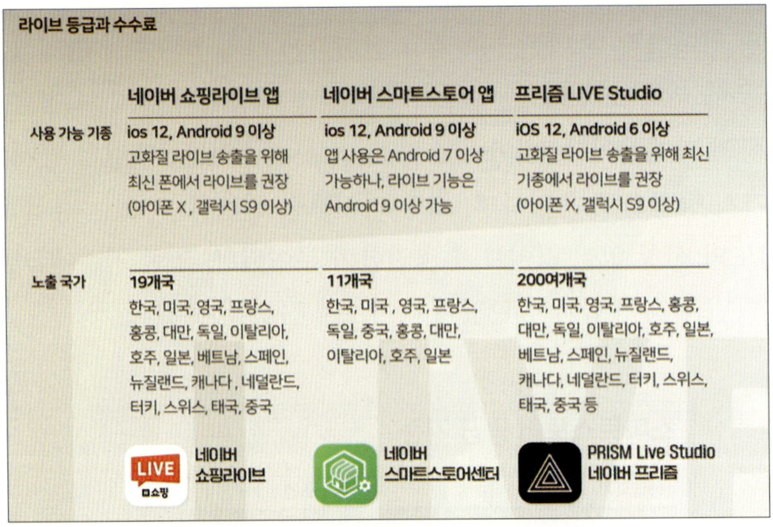

[그림17] 네이버 쇼핑 라이브 앱과 사용가능 기종 휴대폰(출처 : 네이버 비즈니스스쿨)

(2) 라이브 수수료 및 정산

자신이 진행한 라이브 방송 또는 다시 보기 등 '라이브 방송'에 첨부된 상품이 판매될 경우 '결제 수수료+라이브 매출 연동 수수료'가 부과된다. 최소 4%에서 최대 6.85% 정도의 수수료가 발생한다.

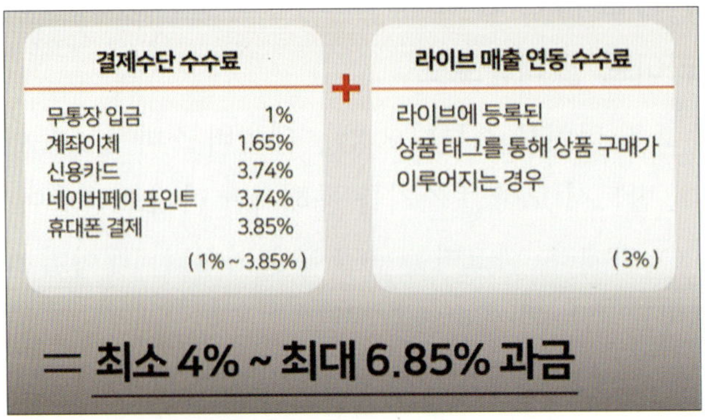

[그림18] 네이버 쇼핑 라이브 수수료(출처 : 네이버 비즈니스스쿨)

단, 쇼핑 라이브 중 쇼핑 라이브 캘린더에 등록된 라이브와 잼 라이브 전문인력 및 기술장비 등이 적용되는 라이브의 경우 매출 연동 수수료 5%가 부과된다. 자세한 수수료 기준 확인방법은 스마트 스토어 고객센터 도움말이나, 네이버 쇼핑 윈도 공식 블로그에 '라이브 수수료'라고 검색하면 알 수 있다.

[그림19] 네이버 쇼핑 윈도 공식 블로그(출처 : https://blog.naver.com/n_shopwindow)

네이버에서는 기타 플랫폼에 비해 정산이 빠르다. '집화 처리 +1영업일'에 빠르게 100% 정산을 받을 수 있다. 단, 빠른 정산기준이 있다. 국내 사업자로서, 스마트 스토어 월 거래건 수가 3개월 연속 20건 이상이어야 한다. 반품률은 20% 미만이이야 하고, 자전거래 등에 따른 판매 페널티 점수가 일정 수준이어야 한다.

[그림20] 네이버 쇼핑 라이브 정산(출처 : https://blog.naver.com/n_shopwindow)

(3) 진행 횟수 및 시간

라이브 방송은 매일 한 번씩 진행하거나 하루에 여러 번을 진행하거나 횟수에 제한이 없다. 라이브는 등급에 따라 진행횟수에 대한 규정이 따로 정해져 있지 않다. 다만, 동일 상품으로 라이브를 반복 진행하는 경우에는 노출이 제한될 수 있다.

라이브 진행시간은 최소 10분 이상으로 진행해야 하며, 최대 진행시간은 120분 이내로 해야 한다. 최소 시간에 미달인 경우엔 다시 보기가 미 노출되며, 최대 시간에 도달하면 라이브가 자동 종료된다.

또한 라이브 판매상품은 전 연령대가 구매가능한 상품군 기준으로 진행이 가능하다. 19세 인증이 필요한 전통주 및 미성년자 구매불가 상품으로 등록된 상품의 경우에는 라이브 진행이 불가하다. 전통주의 경우 기획전 라이브 또는 제휴 라이브를 통한 라이브 진행 및 판매는 가능하다. 라이브 진행방식은 진행시간 기준 이내에서 자유롭게 진행할 수 있고, 장소 또한 제한이 없다.

(4) 촬영 및 송출

① 촬영 배경

촬영공간은 라이브 주제와 상품에 맞게 다양한 공간에서 진행이 가능하다. 타인이 노출되는 경우 '초상권' 문제로 인해 라이브가 미 노출될 수 있다. 타 브랜드 상표가 노출되는 경우 '상표권' 문제가 발생할 수 있으니 야외촬영 시엔 주의해야 한다.

② 출연자 기준

섭외된 출연자는 라이브를 진행할 수 있으며, 출연자 없이 음성출연 방식으로 라이브를 진행하는 것도 가능하다. 초등학생 이하 어린이는 성인과 동반출연해야 하며, 성인 출연자가 음성 출연만 하는 경우 라이브가 미 노출될 수 있다.

③ 송출 기기

쇼핑 라이브는 모바일 기기에서 '네이버 쇼핑 라이브 스튜디오 앱', '네이버 스마트 스토어 센터 앱', '프리즘 앱'을 통해 실시간으로 라이브 송출이 진행된다. 시청자는 앱이 아닌 쇼핑 라이브 페이지 접속을 통해 라이브를 시청한다.

④ 효과 삽입/편집 기준

쇼핑 라이브 앱 기능 중 저장된 '이미지' 또는 '동영상'을 라이브 송출화면에 노출할 수 있다. 애니메이션 스티커를 송출화면에 삽입할 수 있는 이펙트 기능을 활용하면 된다. 또한 패널을 활용한 자막사용이 가능하다.

(6) 라이브 진행 시 유의 사항

라이브 방송을 진행할 때 다음과 같은 사례에 해당하는 경우에는 방송이 예고없이 중단될 수 있다.

① 화면 변화나 진행이 없는 경우

라이브 방송 초반에 시청자 접속이 없거나 반응이 뜸해도 당황하거나 멈추면 안 된다. 자연스럽게 소통하고 있는 것처럼 인사말을 해야 한다. 화면 변화가 없거나 소리가 들리지 않는 경우 방송이 중단될 수 있다.

② 미리 촬영해 둔 영상을 송출하는 경우

기존에 찍었던 라이브 방송영상을 모니터에 띄어놓고 그대로 송출하는 경우 방송이 중단될 수 있다. 다른 방송을 송출하는 것도 마찬가지다.

③ 홍보·광고 영상을 반복해 송출하는 경우

자신의 브랜드 홍보·광고 일지라도 계속해서 영상만을 반복할 경우 방송이 중단된다.

④ 테스트 방송을 송출하는 경우

테스트 방송은 '리허설 기능'을 이용해야 한다.

⑤ 출연자 멘트 없이 제품이용 영상만 보여주는 경우

아무 말 없이 상품을 언박싱 하거나 제품을 이용하는 모습만 보일 경우도 노출이 중단된다.

⑥ 라이브와 무관한 행동을 하는 경우

예를 들어 매장에서 방송진행 시 매장에 방문한 고객을 응대하거나, 택배상품을 포장하거나, 모니터로 업무를 보면서 질문에 답변만 하는 경우 진행 중인 라이브는 중단된다.

⑦ 대표 이미지 노출중단 기준

라이브 대표 이미지에 브랜드 로고, 텍스트가 등록된 이미지, 초상권, 캐릭터 저작권을 위반하는 이미지가 있으면 노출이 중단된다.

⑧ 배경음악 노출중단 기준

저작권이 확보되지 않은 음원이 플레이 돼 송출되는 경우에 라이브가 제한된다. 예를 들어 주변 상점에서 음원이 흘러나오는 경우, 가수의 음원으로 설정된 벨 소리가 재생되는 경우, 어떤 형태로든 실수로 짧게라도 음원이 재생되는 경우이다. 음원이 꼭 필요한 경우에는 미리 저작권이 없는 음원인지 확인이 필요하며, 저작권을 보유한 음원을 라이브 송출할 경우에 하단 공지사항에 '음원출처' 표기가 필수로 진행돼야 한다.

⑨ 부적합한 콘텐츠

부적합한 콘텐츠를 방송하는 경우 라이브 이용이 중단되며 경우에 따라 법적인 처벌이 진행될 수 있다. 예를 들어 음란물, 폭력, 혐오 등 청소년에게 부적합한 라이브가 진행되는 경우, 거짓·과장 표시 광고가 포함된 라이브의 경우, 타 판매자의 상품을 비방하는 경우, 도박, 마약 또는 범죄에 직접적인 위험이 확인되는 경우이다.

3) 원활한 진행을 위한 모바일 기기 설정

라이브 방송 중 갑자기 방송이 꺼질 수 있는 경우를 반드시 대비해야 한다. 중단된 라이브는 재접속 재시작이 불가하다.

(1) 잔여용량 체크하기

송출기기에 최소 잔여용량이 '500MB 이상' 될 수 있도록 해야 한다.

*Android 설정 방법
설정>디바이스 케어>저장공간

*IOS 설정 방법
설정>일반>저장공간

(2) 네트워크 연결 체크하기

가장 안정적인 방식인 '유선' 연결 방식을 권장한다.(유선 연결 시 Wifi/LTE는 차단하기) Wifi/LTE/5G 연결 시 사전 테스트는 필수다.

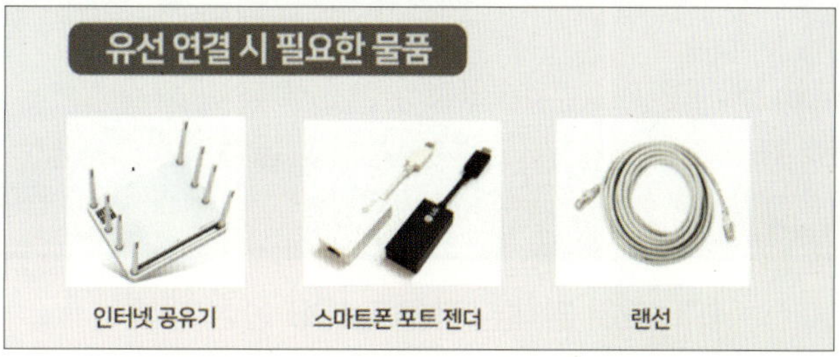

[그림21] 유선 연결 시 필요한 물품 (출처: 네이버 비즈니스 스쿨)

(3) 방해금지모드 설정하기

라이브 진행 중 전화가 오면 방송이 즉시 중단된다. 중단된 라이브는 이어서 방송할 수 없으므로 '방해금지모드'를 설정해야한다.

[그림22] 방해금지모드 Android 설정 방법

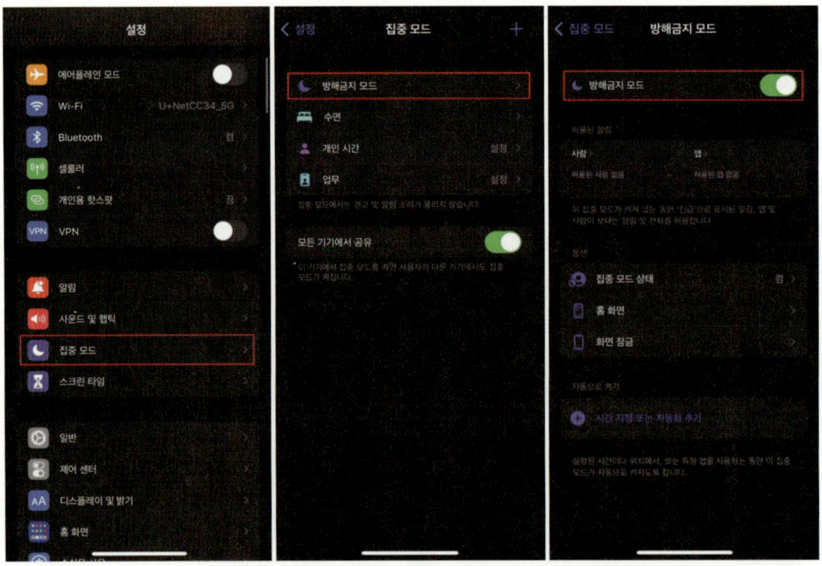

[그림23] 방해금지모드 IOS 설정 방법

(4) 재난문자 차단하기

방해금지모드를 설정해도 재난문자는 오기 때문에 반드시 '재난문자 차단'을 설정해야 한다.

(5) 무음모드 설정하기

라이브 송출 기기 외에도 라이브 진행 공간에 있는 모든 핸드폰은 '무음모드' 설정을 해야 한다.

4) 촬영전 기타 준비사항

(1) 촬영에 필요한 보조장비 준비하기

스마트폰 거치대, 짐벌을 사용하면 화면 흔들림 및 팔 저림을 방지할 수 있다. 촬영구도를 고려해 기능별 거치대를 올바르게 구입하면 된다.

(2) 밝기 조절이 필요한 경우 필터기능 사용하기

쇼핑 라이브 앱에서 적용할 수 있는 다양한 필터기능을 활용하면 조명 판을 준비하지 않아도 라이브 밝기를 조절할 수 있다.

(3) 빠른 댓글 답변을 위해 PC 준비하기

원활한 소통을 위한 보조장비로 채팅 답변을 위한 다른 모바일, PC를 준비하면 시청자와 소통을 원활하게 진행할 수 있다. PC의 메모장, PPT 기능을 활용해 공지사항을 전하는 방법이 있으며, 앱 기능 중 마이크 on/off 기능을 활용할 수도 있다.

원활한 진행을 위해 지인이나 직원을 섭외해 역할분담을 하면 좋다. 예를 들어 라이브 직접 출연자와 댓글 답변 채팅 담당자, 라이브 촬영 및 컨트롤 담당자로 역할을 분담해 진행하는 것이다.

5) 네이버 라이브 방송의 시작

(1) 앱 접속하기

라이브 방송을 위해 앱에서 스토어를 선택해야 한다.

① '스마트 스토어' 앱으로 접속할 경우

스마트 스토어 앱 로그인 > 라이브 시작하기 > 스토어 선택

'스마트 스토어' 앱 다운로드가 완료됐다면 로그인을 진행한다. 스마트 스토어 로그인 방식과 동일하게 네이버 아이디 로그인 또는 판매자 아이디로 로그인을 진행한다. 다음 화면에 뜨는 '라이브 방송 시작하기' 버튼을 누르면 운영 중인 스토어가 모두 나온다. 라이브 방송을 원하는 스토어를 선택하고 유의사항을 확인 후 방송을 진행하면 된다.

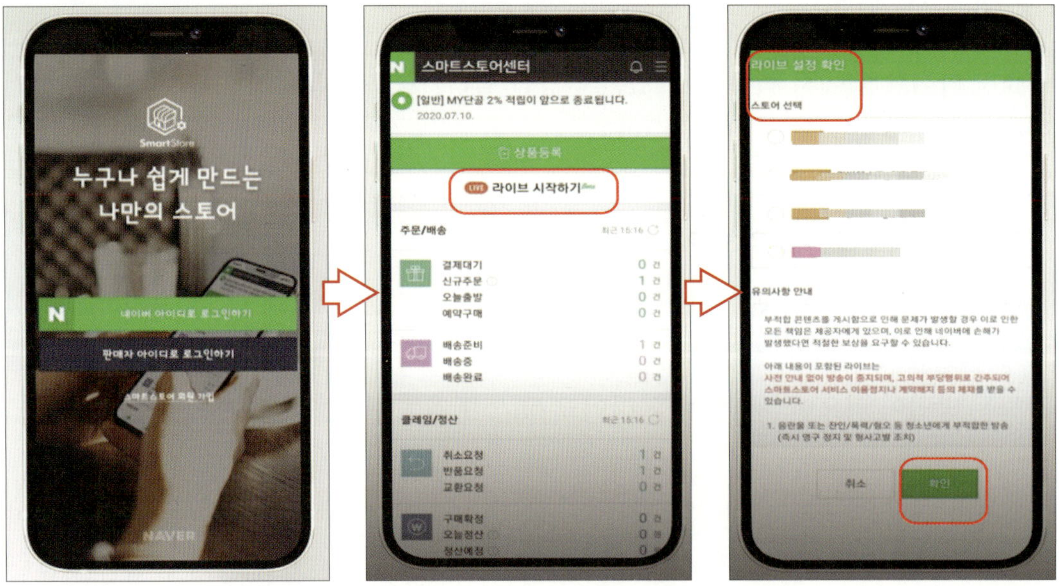

[그림24] 네이버 스마트 스토어 앱에서 스토어 선택하기(출처 : 네이버 비즈니스스쿨)

② ‘쇼핑 라이브 스튜디오’ 앱으로 접속할 경우

쇼핑 라이브 스튜디오 앱>권한이 없는 경우>다른 ID로 로그인>네이버 로그인 및 스마트 스토어 로그인>스토어 선택

[그림25] 네이버 쇼핑 라이브 스튜디오 앱에서 라이브 시작하기
(출처 : 네이버 비즈니스스쿨)

‘쇼핑 라이브 스튜디오 앱’의 경우 ‘N쇼핑 라이브 권한이 없습니다’라고 뜰경우에는 다음에 있는 ‘다른 ID로 로그인’을 클릭한다. 그다음 창에는 ‘네이버 로그인’과 ‘스마트 스토어 센터 로그인’이 뜬다. ‘네이버 로그인’은 인플루언서들이 접속하는 곳이며, ‘스마트 스토어 센터 로그인’은 스마트 스토어 상품을 연동해서 판매할 때 접속하는 곳이다.

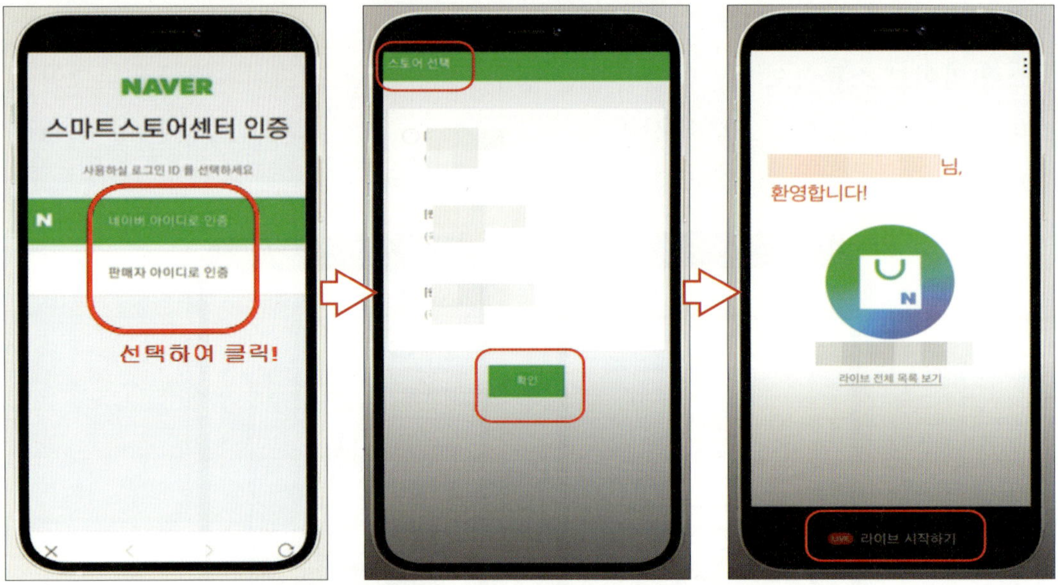

[그림26] 네이버 쇼핑 라이브 스튜디오 앱에서 라이브 시작하기
(출처 : 네이버 비즈니스스쿨)

자신에게 맞는 방식을 선택해 로그인하면 스토어 로그인 방식과 동일한 인증화면이 뜬다. 스마트 스토어 센터에서 네이버 아이디로 인증 또는 판매자 아이디로 인증을 선택해 클릭한다. 로그인 이후 원하는 라이브 방송 스토어를 선택해 '라이브 시작하기' 버튼을 누르면 방송을 시작할 수 있다.

③ 앱 홈 화면 이용 방법

- 사용가이드(물음표 모양) : 쇼핑 라이브 공식 블로그로 이동되며 라이브 관련 정보를 확인할 수 있다.

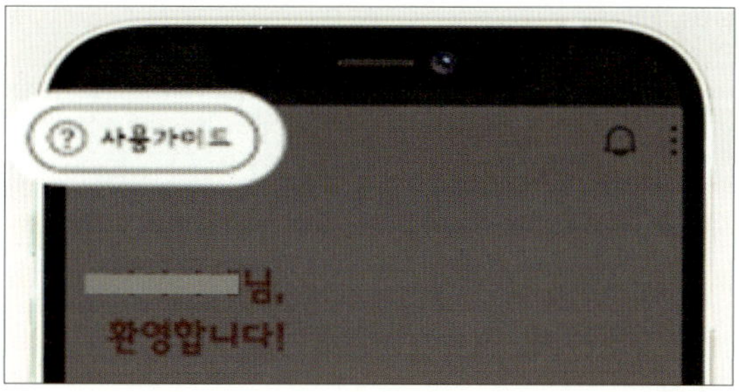

[그림27] 사용가이드(출처 : 네이버 비즈니스스쿨)

• 종 모양 아이콘 : 라이브 관련 소식, 교육 소식을 확인할 수 있다.

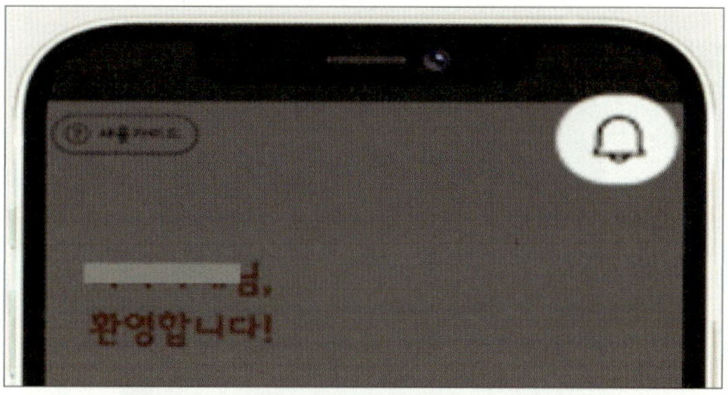

[그림28] 종모양 알림(출처 : 네이버 비즈니스스쿨)

• 더 보기 메뉴 : 라이브 주요 활용방법, 라이브 공지알림 수신선택과 채팅관리자 등록, 서비스정책을 확인할 수 있다.

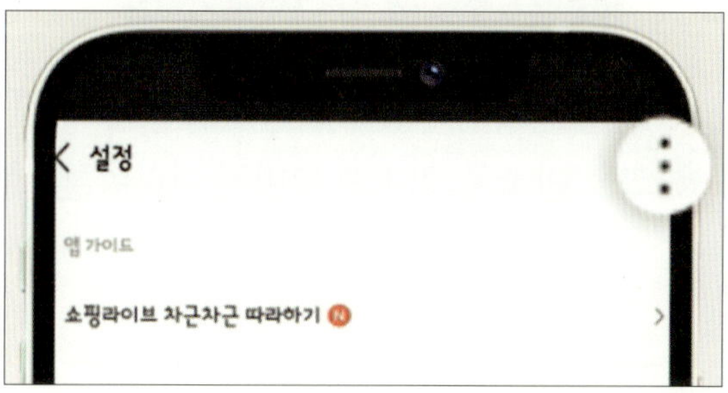

[그림29] 더 보기(출처 : 네이버 비즈니스스쿨)

(2) 라이브 예약 설정하기

라이브를 시작하기에 전에 많은 사람에게 내가 판매하는 상품을 보게 하는 것은 중요하다. 쇼핑 라이브 앱 내 '라이브 홍보 기능'을 사용하면 라이브 앱 예약이 가능하고 사전홍보가 가능하다.

① 앱을 통한 예약 설정

'라이브 시작하기'를 클릭한 후 하단 선택영역에서 상태를 [예약]으로 변경, 라이브 필수정보인 타이틀, 대표 이미지, 상품등록을 진행한다. 예약 상태에서는 대표 이미지 아래 '시간 설정'을 할 수 있다. 라이브 진행 날짜 및 시간을 체크하면 화면 하단에 라이브 예약목록이 생긴다. 예약목록에 보이는 URL을 복사해 홍보하면 된다.

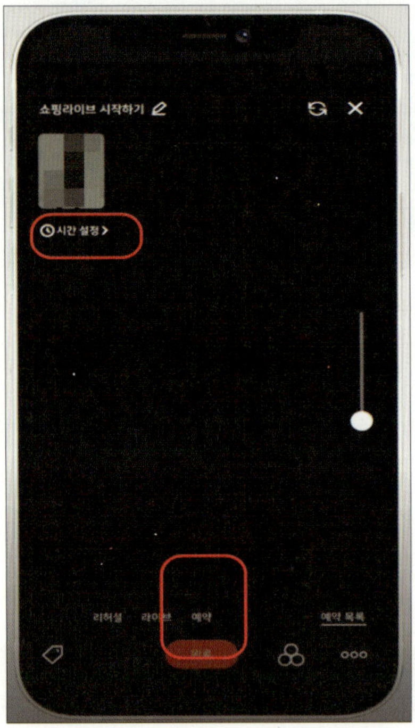

[그림30] 쇼핑 라이브 모바일 예약설정

② 관리 툴을 통한 예약 설정

N쇼핑 라이브 관리 툴>라이브 등록 선택>라이브 예정 일시 설정

PC 네이버 쇼핑 라이브 홈페이지 하단에 'N쇼핑 라이브 관리 툴'을 클릭 후 라이브 등록을 선택한다. 이곳에 상품명, 상품 URL, 상품코드 입력을 통해 쉽게 상품을 검색할 수 있다.

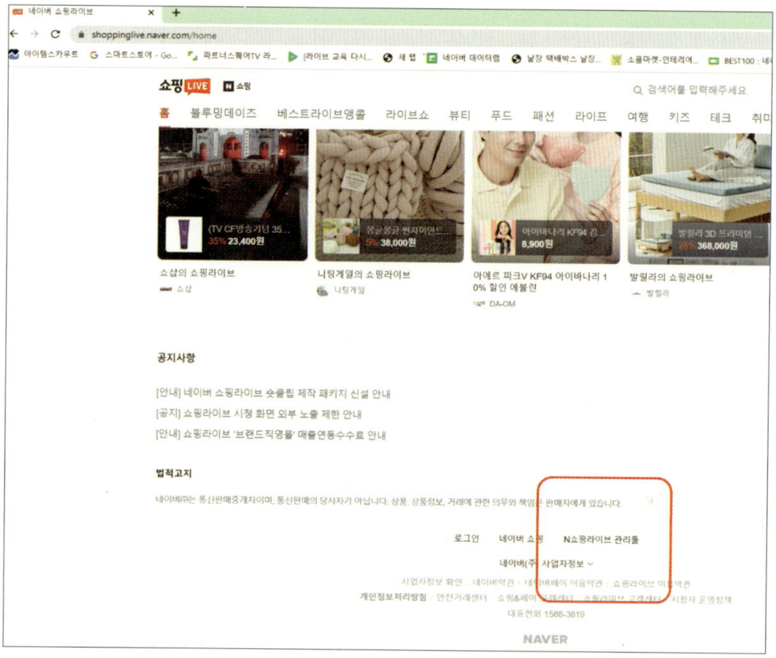

[그림31] 쇼핑 라이브 PC 예약 설정

③ 예약 목록 확인 방법

앱의 라이브 시작 버튼>라이브 하단영역의 상태 예약 선택>예약목록 노출

라이브 예약은 스토어 당 20개까지 생성 가능하다. PC 쇼핑 라이브 관리 툴을 통해 예약 설정을 해도 라이브 시작은 앱을 통해서만 가능하다. 예약은 이렇게 PC로 가능하지만 라이브 시작은 반드시 모바일앱을 통해 시작해야 한다.

(3) 라이브 시작하기

① 라이브 리허설

상태를 '리허설'로 선택한 후 라이브 필수정보인 타이틀, 대표 이미지, 상품등록을 진행한다. 리허설 기능으로 진행한 라이브는 라이브 페이지에 미 노출되며 알림이 발송되지 않는다. 또한 다시 보기 저장도 불가하다.

② 라이브 진행

라이브 시작하기 선택 > 타이틀, 대표 이미지, 상품 선택 > 시작 선택

'▷' 숫자는 라이브 누적 접속자 수이며, '♡' 숫자는 라이브 진행 중 '좋아요' 누적수가 노출된다.

(4) 라이브 종료하기

① 라이브 종료 방법

라이브 종료 시에는 시청자의 질문에 답글 작성이 불가하다. 송출되는 모바일 기기의 화면과 실제 시청자 화면은 약 2~10초 차이가 있기때문에 시청자와의 인사 후 일정 시간이 지난 후 '종료버튼'을 클릭하는 게 좋다. '다시 보기 영상저장'은 자동체크 상태이며, 해당 체크를 해지하고 종료하면 라이브는 즉시 삭제된다. 종료 후 라이브 총 방송 수, 시청 수, 결제자 수, 상품 수가 화면에 노출되며, 하단에 '통계 리포트 보기 및 나의 목록'으로 이동할 수 있는 메뉴가 노출된다.

② 라이브 다시 보기

다시 보기가 저장된 라이브는 PC, 앱 하단 관리 툴 '나의 라이브 목록 보기'에서 확인이 가능하다. 다시 보기 영상이 생성되는 데에 수분~수 시간이 걸리므로 종료 즉시 확인되지 않을 수 있다.

(5) 라이브 알림 발송

라이브 시청자 수가 저조하다면 시청자 수를 늘려야 한다. '라이브 시작 알림'을 보내

지 않으면 시청자는 라이브가 시작되는 걸 모른다. 반드시 '알림'을 보내서 시청자에게 라이브 방송이 시작된다는 것을 알려야 한다. 스토어의 주요 고객에게 내 라이브를 소문낼 수 있는 최고의 홍보 방법이다.

'라이브 시작하기'를 누르면 스토어 소식 받기 유저를 대상으로 알림을 전송할 수 있다. 라이브 시작 시 알림 팝업에서 '예'를 선택하면 자동으로 알림이 발송된다. 다만, 구매자에게 알림 전송은 기본적으로 오전 8시~오후 9시까지 수신되며, 야간 알림에 동의 체크 한 구매자만 야간 알림대 수신이 전송된다. 또한 라이브 예약 설정 후 예고 페이지가 등록된 라이브는 라이브 시작 전 자동으로 소식 받기 유저에게 알림이 발송된다.

(6) 라이브 목록 관리

쌓여가는 라이브 방송 수만큼 지우고 싶은 방송이 생기기 마련이다. 판매하지 않는 물건의 방송 또는 보고 싶지 않은 방송은 삭제가 가능하다. 또한 방송중에 시청자 댓글을 실시간으로 관리할 수 있는 채팅 관리자 설정 방법이 있다.

① 라이브 삭제

- 쇼핑 라이브 앱을 통한 삭제 방법 : 홈 화면 '나의 라이브 목록 보기'>선택한 라이브 좌측상단 휴지통
- 다시 보기 삭제 방법 : 화면 빈 곳 클릭>'더 보기' 버튼 선택>'삭제' 버튼 노출
- PC 관리 툴을 통한 삭제 방법 : 라이브 목록의 우측 '삭제' 버튼 확인

삭제된 라이브는 복구가 불가하며 쇼핑 라이브 노출이 즉시 중단된다.

② 채팅 관리자 등록 방법

쇼핑 라이브 앱 접속>홈 화면 상단 '더 보기' 클릭>'채팅 관리자 등록' 클릭>'네이버 아이디 등록' 클릭

채팅 관리자 권한 부여된 ID는 판매자 채팅으로 노출되며 공지 작성이 가능하다.

3. 라이브커머스 플랫폼 '그립'

1) 그립 라이브 쇼핑

'그립'은 국내 최초 모바일 라이브커머스 플랫폼이다. 그립은 진입장벽이 낮아 방송을 처음 해보는 사람에게 추천한다. 그립은 브랜드를 중심으로 방송하는 것보다 방송자와 채널 중심의 플랫폼이다. 따라서 누구나 즐겁게 방송할 수 있다.

셀러(Seller)는 제약 없이 하루에 여러 번 방송을 켤 수 있고, 방송 시간도 원하는 시간에 할 수 있다. 단, 그리퍼(Griper : 판매 인플루언서)는 하루에 한 번만 방송이 가능하다. 그립은 방송 진행자 이미지 필터 기능이 아주 좋아서 원하는 모습으로 촬영이 가능하다. 또한 고객과 방송 중 다양한 게임 이벤트(경매 기능, 주사위 던지기, 퀴즈게임 등)를 진행할 수 있다. 구매자나 팔로워들은 게임에 참여하며 셀러와 쉽게 친해질 수 있다.

자기 채널을 팔로우한 고객들에겐 방송 때마다 알람이 가기 때문에 고정적으로 채널을 찾는 고객들이 생기며 상품보다 채널이 좋아서 들어오는 팬이 생길 수 있다. 팬심으로 구매하는 경우도 많다. 이러한 그립 문화로 인해 반품률이 타 플랫폼에 비해 낮다.

그립은 라이브커머스 경험이 전혀 없더라도 실시간 라이브 교육 및 자료제공, 담당 MD 배정 등 신규 판매자를 위한 지원 프로그램이 준비돼 있어 어려움 없이 시작할 수 있다. 또는 그립에서 활동하고 있는 판매 인플루언서 그리퍼에게 내 상품 판매를 맡길 수도 있다.

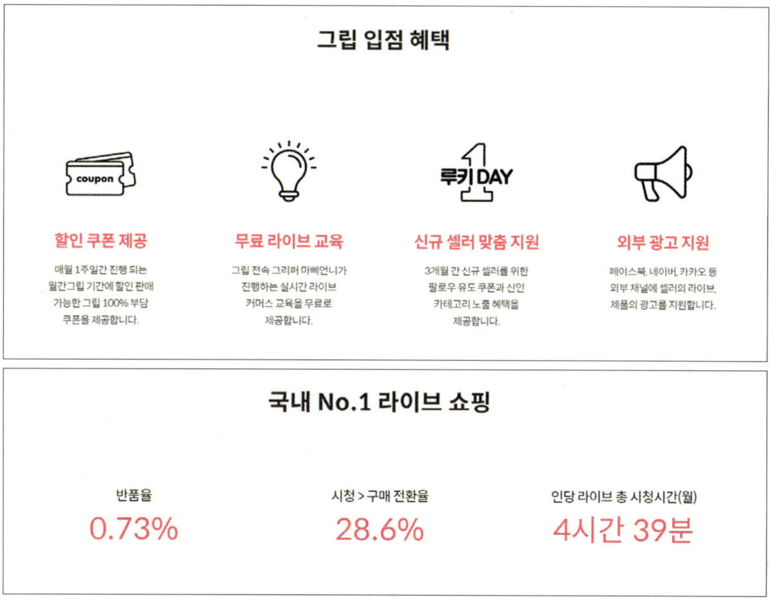

[그림32] 그립 혜택(출처 : https://www.grip.show/seller)

2) 그립 입점 자격 조건

그립은 국내, 국외 사업자로 등록이 돼 있고, 통신판매 신고가 돼 있으면 입점 신청이 가능하다. 사업자 중 면세업자는 통신판매업신고증을 필수로 제출해야 한다.(간이과세자 제외) 지적 재산권을 침해하거나 판매 부적합 상품 등은 판매할 수 없다.

*입점 서류 : 사업자등록증, 통신판매신고증, 구매안전서비스 이용 확인증, 통장 사본

[그림33] 그립 입점 신청 과정(출처 : https://www.grip.show/seller)

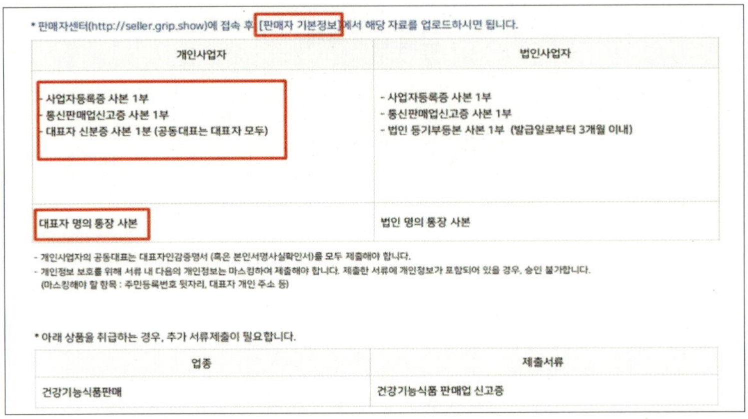

* 판매자센터(http://seller.grip.show)에 접속 후 [판매자 기본정보]에서 해당 자료를 업로드하시면 됩니다.

개인사업자	법인사업자
- 사업자등록증 사본 1부 - 통신판매업신고증 사본 1부 - 대표자 신분증 사본 1부 (공동대표는 대표자 모두)	- 사업자등록증 사본 1부 - 통신판매업신고증 사본 1부 - 법인 등기부등본 사본 1부 (발급일로부터 3개월 이내)
대표자 명의 통장 사본	법인 명의 통장 사본

- 개인사업자의 공동대표는 대표자인감증명서 (혹은 본인서명사실확인서)를 모두 제출해야 합니다.
- 개인정보 보호를 위해 서류 내 다음의 개인정보는 마스킹하여 제출해야 합니다. 제출한 서류에 개인정보가 포함되어 있을 경우, 승인 불가합니다.
  (마스킹해야 할 항목 : 주민등록번호 뒷자리, 대표자 개인 주소 등)

* 아래 상품을 취급하는 경우, 추가 서류제출이 필요합니다.

업종	제출서류
건강기능식품판매	건강기능식품 판매업 신고증

[그림34] 그립 입점 구비서류

(출처 : 네이버 블로그 '토마토의 멋진 세상' https://blog.naver.com/ss1454/222363148227)

3) '그립' 입점 방법

스마트폰으로 '그립' 앱을 설치한다. 입점을 신청하면 3~5일 뒤 심사 후 승인 메시지가 뜬다.

PC 판매자 센터에서 수수료를 확인하고 기본정보 입력 및 상품등록을 완료한다.

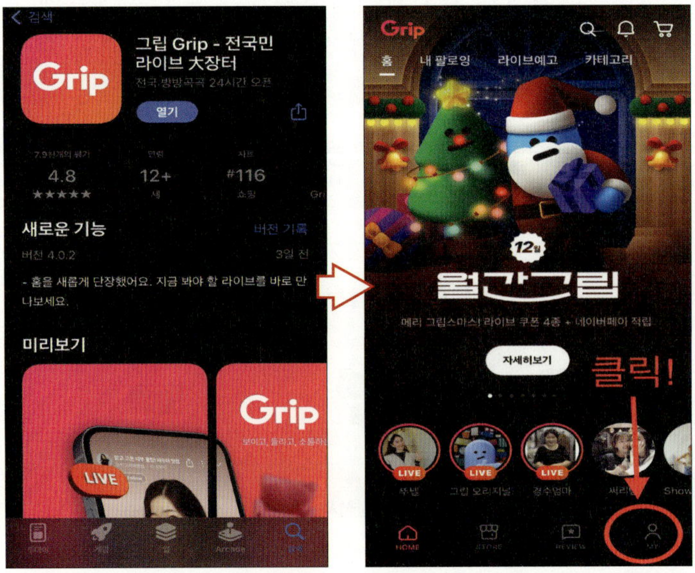

[그림35] 그립 입점 방법 1(출처 : 그립)

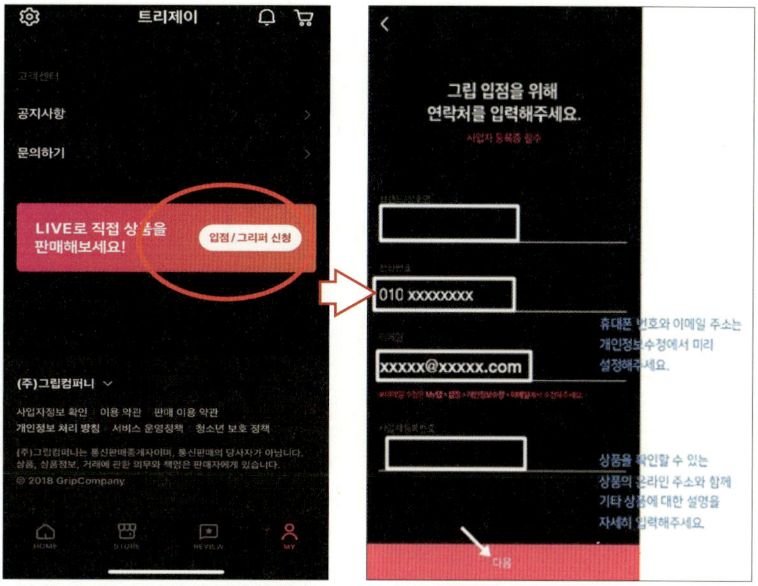

[그림36] 그립 입점 방법 2(출처 : 그립)

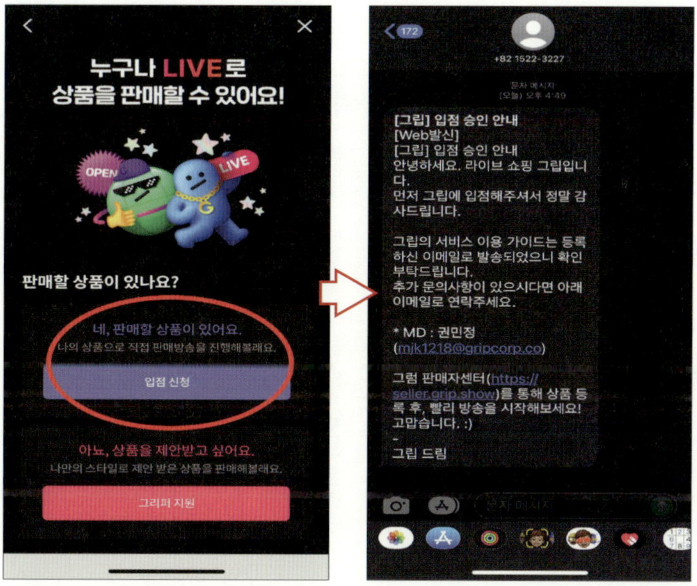

[그림37] 그립 입점 방법 3(출처 : 그립)

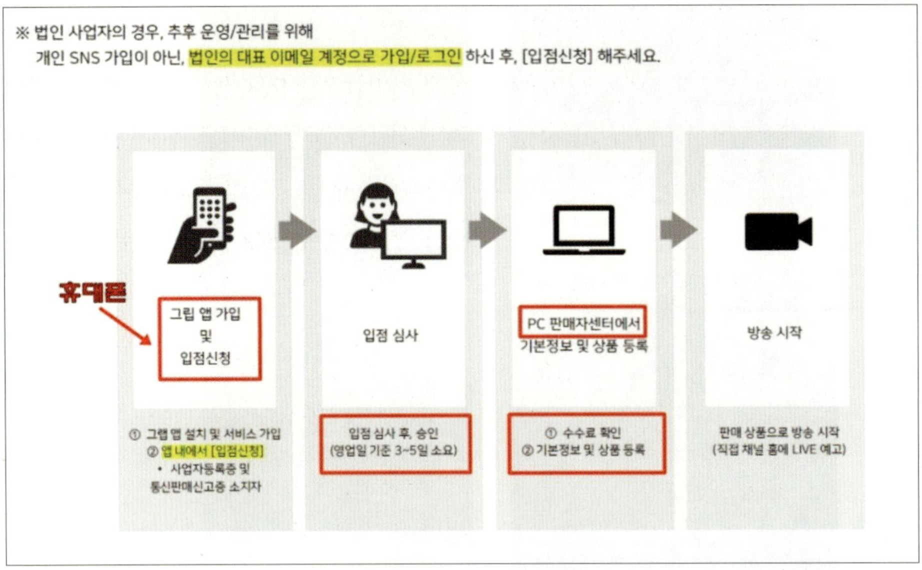

[그림38] 그립 입점 절차

(출처 : 네이버 블로그 '토마토의 멋진 세상' https://blog.naver.com/ss1454/222363148227)

모바일 앱으로 들어가서 입점 신청을 클릭하고 입점을 위해 상호 또는 쇼핑몰을 입력한다. 상호과 쇼핑몰명이 달라도 된다. 그립 입점을 위한 사업자 및 상품정보를 등록한다.

4) 그립 수수료 및 정산

그립의 수수료는 기본 판매 수수료가 9%이며, 방송을 통한 판매 시 3%의 추가 수수료가 붙는다. 따라서 그립 라이브커머스 총 수수료는 12%이다.

- **기본 판매 수수료** (검색 및 채널 등을 통한 판매로, 방송 외 판매) = 9%
- 방송(LIVE, VOD)을 통해 판매된 경우, 기본 판매 수수료에 방송 수수료 합산하여 부과 = 12% (기본 판매 수수료 9% + 방송 수수료 3%)

구분	수수료
입점 · 상품 등록 수수료	무료
기본 판매 수수료	**9%**
방송 수수료 (LIVE, VOD로 판매시 합산하여 부과)	**3%** ~~9%~~
그리퍼 수수료 (그리퍼 매칭 방송 시, 추가 발생)	방송 건별로 협의

* 기본 판매수수료에는 결제수수료 포함 (VAT별도)
* 배송비는 수수료 적용 제외

[그림39] 그립 수수료 구분

(출처 : 네이버 블로그 '토마토의 멋진 세상' https://blog.naver.com/ss1454/222363148227)

그립의 정산은 월 2회로 매월 7일과 20일에 실시된다.

다음의 기준과 일정에 따라, 판매자에게 상품의 판매 대금을 정산합니다.
서비스이용료 및 부가세는 판매자에게 지급할 상품 판매 대금에서 공제 후 지급됩니다.

구분	내용		비고
정산주기	월 1회, 매월 7일		7일이 휴일인 경우 익영업일에 지급합니다.
정산 대상	매월(M월)1일~말일 중 구매확정된 주문건		예를 들어, 1/1~1/31 동안 구매확정된 주문에 대한 정산금을 2/7에 지급합니다. 구매확정은 구매자가 앱에서 직접 [구매확정] 버튼을 누르거나, 배송완료일로부터 7일 이후 [자동 구매확정]됩니다.
정산 일정	① 금액 확정	익월(M+1월) 3일	정산금액 = (총 상품 판매금액 + 배송비) - (그립서비스이용료(*) +VAT + 쿠폰 사용액) (*) 서비스이용료 = (총 상품판매금액 - 판매자부담 쿠폰사용액) X 약정 수수료율 ※ 그립부담 쿠폰(ex. 월간그립 쿠폰)은 정산에 영향을 미치지 않습니다. 배송비에는 수수료가 부과되지 않습니다.
	② 세금계산서 발행	익월(M+1월) 5일	
	③ 정산액 입금	익월(M+1월) 7일	
정산방식	계좌이체		예금주와 등록된 사업자명(개인사업자는 대표자)이 상이할 경우 지급이 보류될 수 있습니다. (!) 사업자명 변경, 인수·합병 등으로 예금주가 변경된 경우, [PC 판매자센터 > FAQ > 정산/세금계산서] 에서 '판매자정보 변경서류'를 작성 및 날인하여 seller_support@gripcorp.co로 보내주세요.
매출신고	각 판매자 직접신고		- 정산내역 자료를 참고하시어 총 상품금액과 배송비에서 쿠폰할인액을 뺀 금액을 기타매출로 신고하시기 바랍니다. - 제공해드리는 자료에는 부가세가 포함되어 있습니다. - 단, 그립이 제공하는 정산내역은 작성하시는 자료와 차이가 있을 수 있으니 참고자료로만 활용 바랍니다. - 부가세 신고 전 꼭 판매자님의 세무대리인과 확인하여 부가세 신고 바랍니다.

[그림40] 그립 수수료 정산 방식 및 주기

(출처 : 네이버 블로그 '토마토의 멋진 세상' https://blog.naver.com/ss1454/222363148227)

5) 그립 라이브 진행시 유의 사항

방송 준비과정은 '기본 정보'와 '상품 등록' 완료 후 '방송하기' 버튼만 누르면 방송이 시작된다. 상품을 등록할 때에는 취급 불가 상품과 등록 주의 상품에 유의해 올려야 한다.

입점이 승인된 판매자는 자유롭게 방송하실 수 있습니다.
단, 판매자센터 접속 후, 미리 (1)기본정보와 (2)상품등록을 완료하신 후, 그립 앱의 [방송하기] 버튼을 통해 방송을 시작하실 수 있습니다.

방송을 시작하기 전, 채널의 '라이브 예고' 기능을 통해 예고를 걸어두시면 서비스 Home의 라이브 예고에 노출될 수도 있으며
미리 생성된 방송 URL로 외부 홍보도 진행하실 수 있습니다.

방송 진행은 판매자가 직접 하시기를 권장하지만, 상황이 어렵다면 다른 방송진행자(그리퍼)를 섭외하시거나
그립의 [판매자센터 > 방송관리 > 그리퍼 방송 요청] 메뉴를 통해 요청할 수 있습니다.

- 방송 편성 시간 : 자유롭게 정하여 진행.
- 방송 진행 시간 : 현재는 제한이 없음. 대부분 1시간으로 진행하고 있음.
- 방송 진행자 :
  - Type1 : (1) 판매자가 직접 또는 (2) 판매자 소속 또는 계약된 인플루언서, MD 등
  - Type2 : 그립의 그리퍼 ([판매자센터] 내 '그리퍼 방송요청'을 통해 협의 진행)

* [방송 Tip] 등은 '컨텐츠 제작 가이드'에서 참고 (입점이 승인되면, 이메일로 받으실 수 있습니다.)

[그림41] 그립 방송 준비와 유의사항

(출처 : 네이버 블로그 '토마토의 멋진 세상' https://blog.naver.com/ss1454/222363148227)

01. 취급 불가 상품

현행 법령 및 그립 운영정책 상 판매가 금지된 상품, 상품등록규칙을 위반하는 상품이 등록되지 않도록 주의 부탁드립니다.
취급불가 상품 등록이 확인될 경우 해당 상품은 관리자에 의해 판매금지, 거래취소가 진행될 수 있으며,
상품을 등록한 판매자는 서비스 이용이 정지될 수 있습니다.
상품 등록 전 상담이 필요하시면 business@gripcorp.co 로 문의주세요.

음란물	「형법」에 의거 음란물은 판매가 불가하며, 「정보통신망 이용촉진 및 정보보호 등에 관한 법률」에 의거 「정보통신에 관한 심의규정」 및 대법원 판례 등에 따라 음란물로 구분되는 정보는 인터넷을 통해 유통할 수 없습니다. 이를 위반하여 음란물을 유통하는 경우 자는 1년 이하의 징역 또는 1천만원 이하의 벌금에 처해질 수 있으니 유의하시기 바랍니다.
청소년 유해 매체물	* 서비스에 성인인증 기능이 적용되는 시점에 검토 예정입니다.
의약품	「약사법」에 의거 의약품은 약국개설자(해당 약국에 근무하는 약사 또는 한약사를 포함)가 아니면 판매할 수 없으며, 약국 개설자라 하더라도 인터넷을 통해서는 의약품을 판매할 수 없습니다. 이를 위반하여 판매하는 경우 5년 이하의 징역 또는 2천만원 이하의 벌금에 처해질 수 있으니 유의하시기 바랍니다.
혈액(헌혈증서)	「혈액관리법」에 의거 혈액(헌혈증서를 포함)은 금전·재산상의 이익 기타 대가적 급부를 받거나 받기로 하고 판매할 수 없습니다. 이를 위반하여 혈액을 판매하는 경우 5년 이하의 징역 또는 2천만원 이하의 벌금에 처해질 수 있으니 유의하시기 바랍니다.
주류 및 담배	「주세법」에 의거 주류는 관할세무서장으로부터 면허를 받은 사람만이 판매할 수 있으며, 인터넷 판매는 「주류의 통신판매에 관한 법령 고시」(국세청 고시 제 2010-10호)에 정하고 있는 주류를 생산하는 주류 제조업 면허자로서 관할세무서장의 승인을 받은 자만 이 할 수 있고, 그 외 사업자는 인터넷을 통해서는 주류를 판매할 수 없습니다. 이를 위반하여 판매하는 경우 3년 이하의 징역 또는 3000만원 이하의 벌금에 처해질 수 있으니 유의하시기 바랍니다.
도수안경 및 콘택트렌즈	「의료기사 등에 관한 법률」에 의거 안경(시력보정용에 한정)과 콘택트렌즈(시력보정용이 아닌 경우를 포함)는 안경사만이 판매할 수 있으며, 안경사라 하더라도 직접 소비자의 시력을 검사·측정할 수 없는 판매방법인 인터넷을 통해서는 도수가 있는 안경 및 콘택트렌즈를 판매할 수 없습니다. 이를 위반하여 판매하는 경우 최대 3년 이하의 징역 또는 1천만원 이하의 벌금에 처해질 수 있으니 유의하시기 바랍니다.

[그림42] 그립 방송 준비와 유의사항 - 취급 불가 상품 1

(출처 : 네이버 블로그 '토마토의 멋진 세상' https://blog.naver.com/ss1454/222363148227)

야생 동식물	「야생동·식물보호법」에 의거 야생 동·식물 등은 학술연구 등 법령에 의해 허가된 경우를 제외하고는 포획·채취·유통 등이 금지되고 있으며, 누구든지 덫·창애·올무 그 밖에 이와 유사한 방법으로 야생동물을 포획할 수 있는 도구를 제작·판매·소지 또는 보관하여서는 아니 됩니다. 이를 위반하여 유통하는 경우 멸종위기야생동식물 I급은 3년 이하의 징역 또는 2천만원 이하의 벌금, 멸종위기야생동식물 II급은 2년 이하의 징역 또는 1천만원 이하의 벌금, 야생동물을 포획하는 도구를 판매하는 경우 1년 이하의 징역 또는 5백만원 이하의 벌금에 처해질 수 있으니 유의하시기 바랍니다.
군복 및 군용장구	「군복 및 군용장구의 단속에 관한 법률」에 의거 군인이 아닌 자는 군복을 착용하거나 군용장구를 사용 또는 휴대하여서는 아니 됩니다. 또한, 누구든지 군복이나 군용장구를 착용 또는 사용할 수 없는 자를 위하여 이를 제조·판매하거나 판매할 목적으로 소지하여서는 아니 되며, 유사군복 역시 제조 또는 판매하거나 판매할 목적으로 소지하여서는 아니 됩니다. 이를 위반하여 판매하는 경우 1년 이하의 징역 또는 300만원 이하의 벌금에 처해질 수 있으니 유의하시기 바랍니다.
총포/도검/화약류	「총포·도검·화약류 등 단속법」에 의거 총포·도검·화약류·분사기·전자충격기·석궁은 허가를 받지 아니하고는 판매 및 소지를 할 수 없으며, 이를 위반하여 판매하는 경우 최대 10년 이하의 징역 또는 2천만원 이하의 벌금에 처해질 수 있으니 유의하시기 바랍니다.
마약류	「마약류 관리에 관한 법률」에 의거 마약 및 향정신성의약품은 마약류소매업자(「약사법」에 따라 등록한 약국개설자)만이 판매할 수 있으며, 마약류소매업자라 하더라도 인터넷쇼핑몰을 통해서는 판매할 수 없습니다. 이를 위반하여 마약을 판매하는 경우 10년 이하의 징역 또는 1억원 이하의 벌금, 향정신성의약품을 판매하면 5년 이하의 징역 또는 5천만원 이하의 벌금에 처해질 수 있으니 유의하시기 바랍니다.
유해화학물질	「유해화학물질관리법」에 의거 유독물, 관찰물질, 취급제한물질 및 취급금지물질을 판매하기 위해서는 해당물질들을 취급하는데 필요한 일정한 시설을 갖춘 후 유독물판매업 등록을 하거나 취급제한물질·취급금지물질 판매업 허가를 받아야만 합니다. *** 현재 그립에서는 취급 계획이 없습니다.**
그 외 취급불가 상품	주방용 오물 분쇄기, 불법 명의 이전물(작업폰, 일련번호 판매 등), 사이버 아이템 등

[그림43] 그립 방송 준비와 유의사항 - 취급 불가 상품 2

(출처 : 네이버 블로그 '토마토의 멋진 세상' https://blog.naver.com/ss1454/222363148227)

02. 등록 주의 상품

판매자와 구매자의 건전하고 안전한 전자상거래를 위해 현행법령상 신고·허가·인증 또는 판매자격 요건이 필요하거나 상품 판매 시 주의가 필요한 상품군을 '등록주의상품'으로 정의하고 있습니다. 신고·허가·인증 또는 판매자격 요건을 갖추지 않고 상품을 판매할 경우 해당 상품은 관리자에 의해 판매금지, 거래취소가 진행될 수 있습니다. 또한, 상품을 등록한 판매자는 서비스 이용이 정지될 수 있으니 상품 등록 시 유의하여 주시기 바랍니다.

식품	「식품위생법」에 의거 식품 또는 식품첨가물을 제조·가공 및 판매를 위해서는 식품의약품안전청장 등에 신고가 되어 있어야 하며, 판매·영업의 목적으로 식품을 수입하고자 하는 경우에도 식품의약품안전청장에게 신고하여야 합니다.
농수축산물 및 가공식품	「농수산물의 원산지 표시에 관한 법률」에 의거 농수산물 또는 그 가공품을 판매하는 경우 소비자가 쉽게 알아 볼 수 있도록 원산지를 표시하여야 합니다.
친환경농수산물	「친환경농업육성법」에 의거 친환경 농산물 인증품이 아닌 농산물에 친환경 농산물 표시 또는 이와 유사한 행위 및 친환경 관련 문구(무농약, 유기농 등)를 기재하여 판매 할 수 없습니다.
건강기능식품	「건강기능식품에 관한 법률」에 의거 건강기능식품을 제조하는 경우에는 식품의약품안전청장의 허가를 받아야 하며, 수입 및 판매를 하는 경우에도 각각 식품의약품안정청장 및 시장·군수·구청장에게 신고를 하여야 합니다.
화장품	「화장품법」에 의거 화장품을 제조하는 경우에는 식품의약품안전청장에게 신고를 하여야 하며, 기능성 화장품은 품목별로 안전성 및 유효성에 관하여 식품의약품안전청장의 심사를 받아야 합니다. 화장품을 수입하여 판매하고자 하는 경우, 한국의약품수출입협회장에게 표준통관예정보고서를 제출하고 통관하여야 하며, 제조번호별로 품질검사를 하고 합격된 제품에 한하여 출고를 하여야 합니다. 멸종위기에 처한 야생 동·식물종의 국제거래에 관한 협약(CITES)에 의한 동·식물 가공품이 함유된 화장품을 제조·수입 또는 국내에 반입하고자 할 경우에는 보건복지부령이 정하는 바에 의하여 식품의약품안전청장의 허가를 받아야 합니다.
의료기기	「의료기기법」에 의거 의료기기를 제조 또는 수입하고자 하는 경우에는 식품의약품안전청장의 허가를 받아야 하며, 판매 또는 임대를 하고자 하는 경우에는 영업소 소재지의 시장·군수 또는 구청장에게 판매업 또는 임대업신고를 하여야 합니다.
공산품	「품질경영 및 공산품안전관리법」에 의거 소비자의 생명·신체에 위해, 재산상의 피해 또는 자연환경의 훼손에 대한 우려 등이 있다고 판단되는 공산품은 정부 공인 인증시험기관으로부터 안전인증 및 검사를 받아야 하며, 안전인증 등의 표시를 하여야 합니다.
전기용품	「전기용품안전관리법」에 의거 구조와 사용방법 등으로 인하여 화재·감전 등의 위험 및 장해가 발생할 우려가 크다고 인정되는 전기용품은 안전인증을 받거나 자율안전확인신고를 하여야 하며, 안전인증 및 자율안전확인신고 등의 표시를 하여야 합니다.

[그림44] 그립 방송 준비와 유의사항 - 등록 주의 상품 1

(출처 : 네이버 블로그 '토마토의 멋진 세상' https://blog.naver.com/ss1454/222363148227)

방송통신기기	「전파법」에 의거 방송통신기자재와 전자파장해를 주거나 전자파로부터 영향을 받는 방송통신기자재등을 제조 또는 판매하거나 수입하려는 자는 해당 기자재에 대하여 해당하는 적합성평가를 받아야 하며, 이를 거치지 않은 방송통신기자재등은 판매할 수 없습니다.
출판물	「출판문화산업진흥법」에 의거 발간된 지 18개월 이내의 신간에 대해서 출판사가 정한 도서가격의 10% 이상을 할인하여 판매할 수 없습니다.
게임/음반/영상물	국내, 국외에서 제작된 모든 음반, 영상물은 '영상물등급위원회'로부터, 게임물은 '게임물등급위원회'로부터 등급분류를 받아야만 유통이 가능하므로 등급분류가 없는 상품은 판매할 수 없습니다.
자동차연료/첨가제 또는 촉매제	「대기환경보전법」에 의거 자동차 연료·첨가제 및 촉매제는 지정된 기관으로부터 제조기준의 적합성에 대해 사전 검사를 받지 않은 경우 판매할 수 없습니다.

[그림45] 그립 방송 준비와 유의사항 - 등록 주의 상품 2
(출처 : 네이버 블로그 '토마토의 멋진 세상' https://blog.naver.com/ss1454/222363148227)

4. 라이브커머스 플랫폼 '쿠팡 라이브'

1) 쿠팡 라이브커머스

'쿠팡 라이브커머스'는 두 가지 역할로 분류된다. 바로 '크리에이터'와 '벤더' 역할이다. 쿠팡에서 '크리에이터'는 '방송 진행자'이다. '크리에이터'는 쿠팡의 크리에이터 가입양식을 작성해 제출한 후, 쿠팡에서 승인결정이 떨어지면 활동이 가능하다. 자체 크리에이터를 모집하는 쿠팡은 판매금액에 대한 수수료를 크리에이터에게 준다. 현재 크리에이터에게 지불하는 금액은 판매 금액의 5% 정도이다.

'벤더'는 판매할 제품을 가진 '셀러(Seller)'이다. '벤더'는 형식이나 장소에 따른 제약이 따로 없이 쿠팡에 입점돼 있는 자신의 브랜드 제품을 선택해서 진행하거나 방송만을 위한 제품을 추가적으로 등록할 수 있다. 자신이 판매가능한 상품이 있다면 두 가지 역할 모두 가능하다. 쿠팡은 자체적으로 크리에이터를 모집하고 보유하고 있기 때문에 방송이 어려운 셀러는 크리에이터를 선정하고 요청하기를 누른 후 방송을 진행할 수 있다.

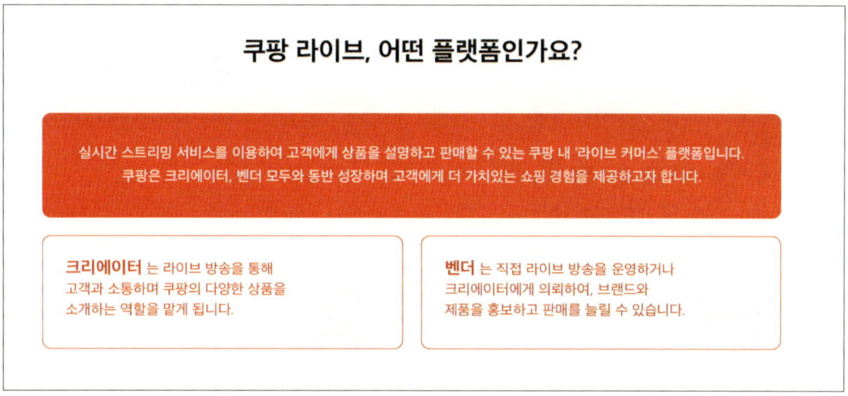

[그림46] 쿠팡 라이브 플랫폼 소개(출처 : 쿠팡)

쿠팡 라이브는 역할이 둘로 나눠져 있기 때문에 라이브 방송의 방식도 둘로 나뉜다. 하나는 '판매자'를 위한 쿠팡 라이브(벤더 해당)이며, 다른 하나는 '크리에이터'를 위한 쿠팡 라이브라고 할 수 있다. 여기서는 크리에이터 입장이 아니라 판매자의 입장에서 방송하는 '판매자를 위한 쿠팡 라이브'에 대해 더 자세히 알아볼 것이다.

[그림47] 쿠팡 라이브 플랫폼 구조 1(출처 : https://livecreator.coupang.com/)

[그림48] 쿠팡 라이브 플랫폼 구조 2(출처 : https://livecreator.coupang.com/)

2) 쿠팡 라이브 자격 조건

쿠팡 라이브에서 판매자인 '셀러'로 활동하려면 입점신청은 필수다. 그동안 쿠팡을 이용했다고 하더라도 쿠팡 셀러로 입점하려면 비즈니스 계정으로 다시 회원가입을 해야 한다. 검색창에 '쿠팡 WING'을 검색해 가입하면 된다.

[그림49] '쿠팡 WING' 검색(출처 : 네이버)

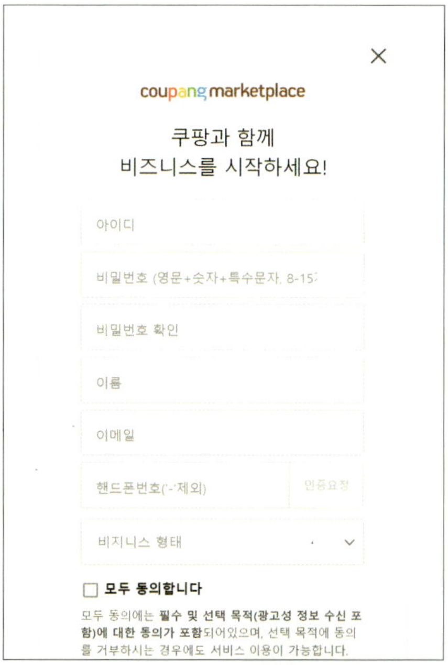

[그림50] '쿠팡 WING' 가입 절차(출처 : 쿠팡 WING)

'쿠팡 WING' 비즈니스 계정으로 가입이 완료되면 '사업자등록증' 번호와 사업자 정보를 입력해 인증을 받아야 한다. 또한 통신판매업신고 번호를 입력하고 '통신판매업신고증'을 첨부한다. 회원가입 절차가 끝나면 담당자로부터 승인 메시지가 온다. 이후 상품을 등록하고 셀러로서 방송할 수 있는 조건을 갖출 수 있다.

쿠팡 '크리에이터'의 경우는 판매자를 대신해 라이브 방송을 한다. 크리에이터는 누구나 신청 할 수 있다. 기존 쿠팡 판매자, 입점업체, 일반인들도 지원이 가능하다. 쿠팡의 심사를 거쳐 크리에이터로 등록되면 쿠팡 입점상품 가운데 원하는 상품을 선택해 방송할 수 있다. 쿠팡은 크리에이터를 심사할 때 쿠팡 외 타 플랫폼에서 라이브커머스 방송을 한 경험이 있는 사람을 우대해 준다.

가입 신청서에 본인이 운영하는 소셜미디어의 채널(인스타그램, 블로그, 유튜브 등)이 있다면 주소나 이력을 등록하면 된다. 크리에이터 신청은 '쿠팡 라이브 크리에이터'

를 검색해 접속(https://livecreator.coupang.com/)하고 '크리에이터로 가입하기' 버튼을 누르면 된다.

3) 판매자를 위한 쿠팡 라이브 두가지 방법

(1) '셀프 라이브' 시작하기

스마트폰으로 '쿠팡 라이브 크리에이터' 앱을 설치한다. 앱을 설치하면 크리에이터 가입하기와 벤더가입하기 선택화면이 뜬다. 가입 승인절차는 링크를 복사해 PC에서 등록하는 것을 권장한다.

[그림51] '쿠팡 라이브 크리에이터' 앱 설치와 셀프 라이브 시작하기(출처 : 쿠팡)

PC에서 'https://livecreator.coupang.com'를 복사해 들어가면 다음과 같은 화면이 나온다. 판매자인 셀러의 경우 '벤더 가입하기'를 누른다.

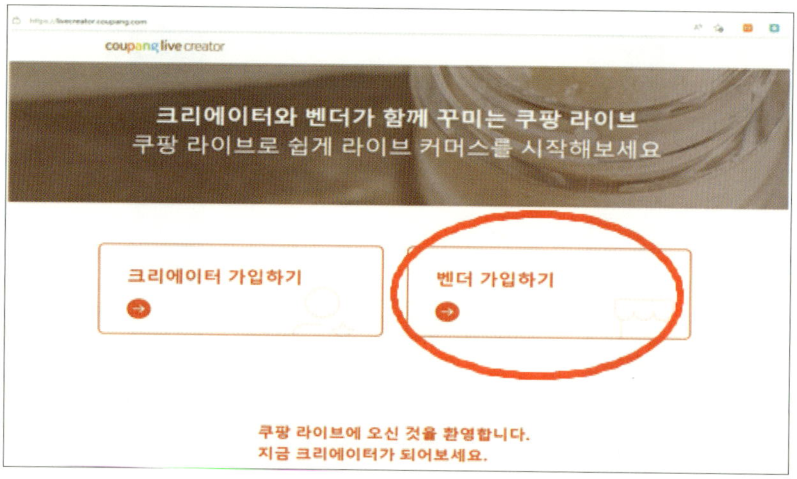

[그림52] 벤더 가입하기(출처 : 쿠팡)

다음 화면에서 나오는 '윙 로그인'을 클릭하면 쿠팡 입점신청을 할 수 있다.

[그림53] 쿠팡 라이브 시작하기(출처 : 쿠팡)

기존에 가입한 쿠팡 아이디가 있다면 아래의 화면에 해당 아이디로 로그인하고, 아이디가 없다면 판매자 회원가입을 진행한다.

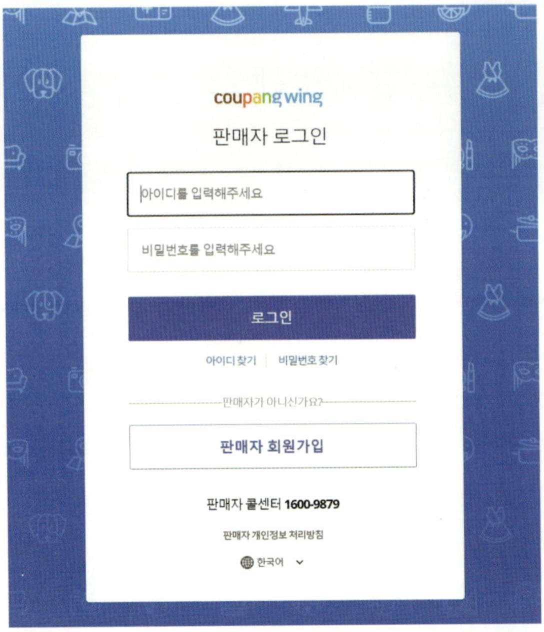

[그림54] 쿠팡 판매자 로그인하기(출처 : 쿠팡)

쿠팡 윙에 가입하고, 상품을 등록해 놓은 상태의 경우는 [그림55]와 같이 화면 라이브 홈 화면이 뜬다. 화면 하단의 '라이브 시작하기' 버튼을 누른다.

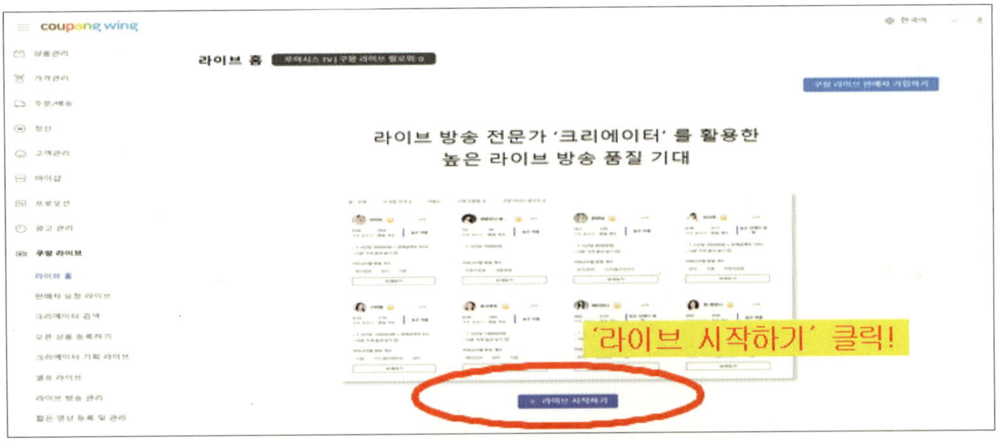

[그림55] 쿠팡 라이브 시작하기(출처 : 쿠팡)

쿠팡 라이브 판매자 가입 신청서 정보를 확인하고 '제출' 버튼을 누른다.

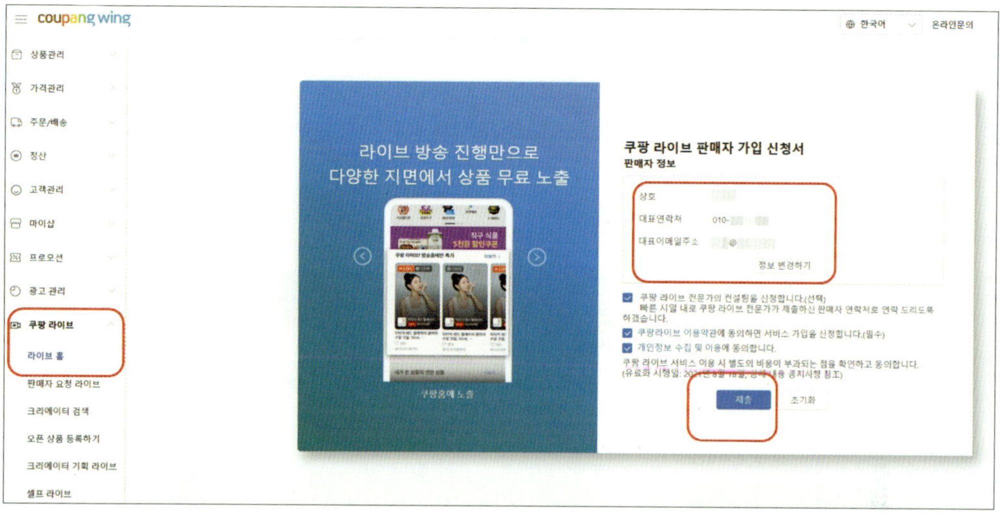

[그림56] 쿠팡 라이브 판매자 가입 신청서 제출하기(출처 : 쿠팡)

제출 버튼을 누르면 쿠팡 라이브 신청 완료 메시지가 뜬다. 하단의 '라이브 시작하기' 버튼을 누른다.

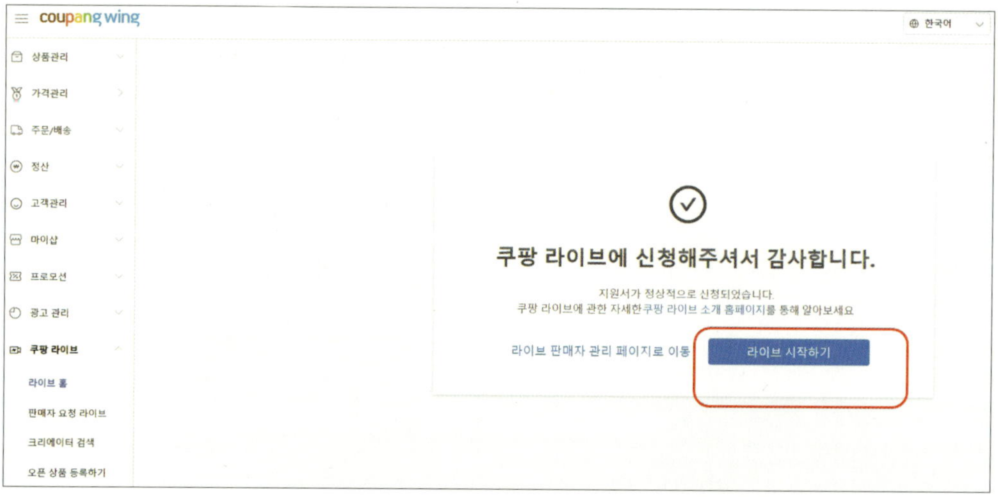

[그림57] 라이브 시작하기(출처 : 쿠팡)

다음 화면에서는 어떤 방식으로 라이브 방송을 할 것인지 선택해야 한다. 쿠팡 내 크리에이터를 선정해서 방송을 하고자 할 때는 '크리에이터 마켓 플레이스'를 선택한다. 또는 직접 방송을 원할 경우 '셀프 라이브'를 선택하면 된다.

먼저 셀러가 직접 방송하는 '셀프 라이브' 방법에 대해 알아보고자 한다. 방송하고자 하는 상품을 선택하고 '셀프 라이브'를 누른다. 하단의 파란색 '다음' 버튼을 누른다.

[그림58] 라이브 방송 시작하기(출처 : 쿠팡)

첫 번째 방송 상품을 선택했다면 두 번째 가격 확정을 기입하는 화면이 나온다. 원하는 상품의 가격을 기입하고 '동의하고 선택하기' 버튼을 누른다.

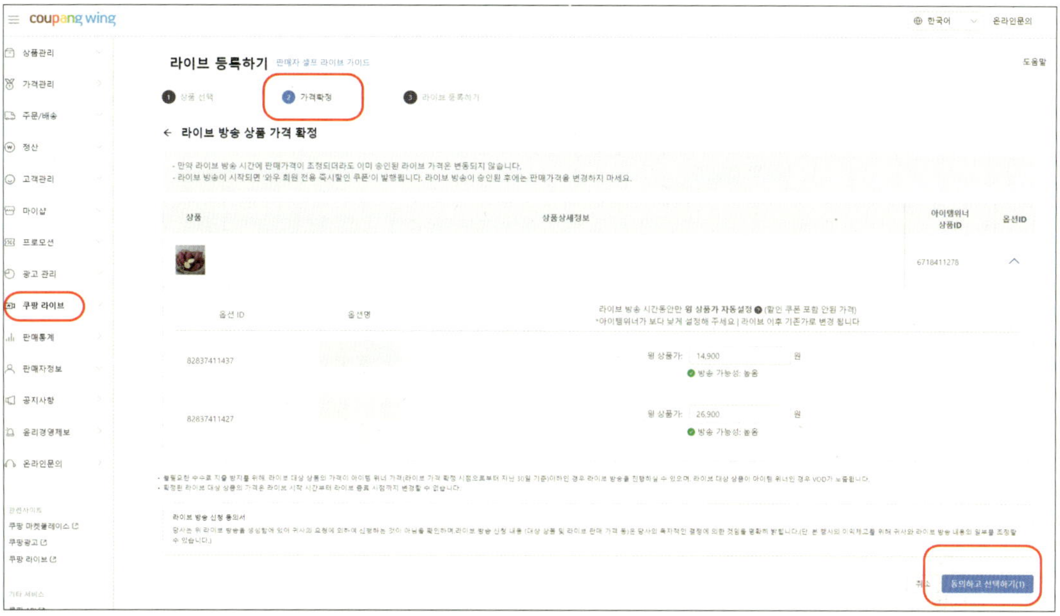

[그림59] 가격 기입하기(출처 : 쿠팡)

세 번째 라이브 등록하기 화면이 나온다. 플러스 파란색 버튼 '라이브 상품 선택'을 누른다. 서류 제출 가이드를 참고해 증빙자료를 첨부한다. 라이브 타이틀, 대표 브랜드를 선택 또는 기입한다. 방송을 하고자 하는 시간과 일정을 넣는다. 라이브 커버를 넣을 때는 직접 찍은 이미지를 사용해야 하며, 이미지 안에 텍스트가 있는 사진은 넣지 않아야 한다. 이미지 수정은 라이브 시작 30분 전까지만 가능하다.

[그림60] 라이브 등록하기(출처 : 쿠팡)

하단의 라이브 소개와 라이브 안내 사항을 시청자가 이해하기 쉽게 작성한다. 작성 이후 편집이 가능하다.

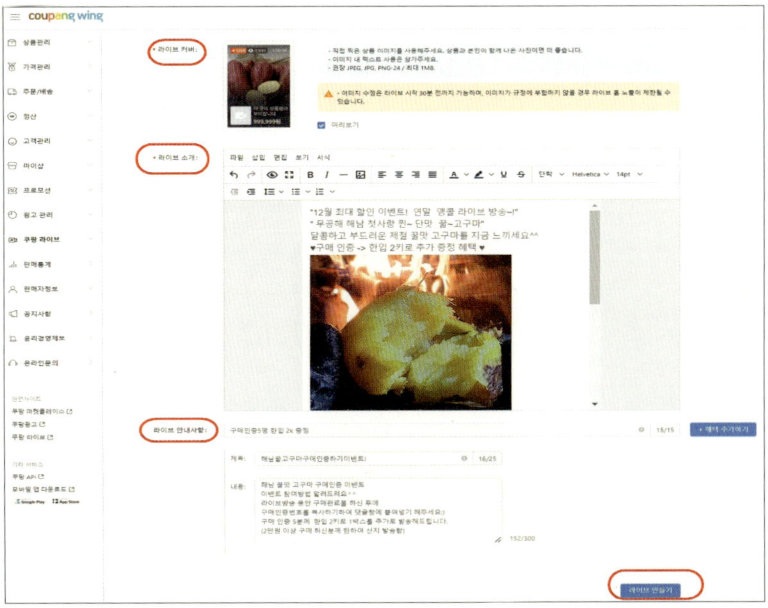

[그림61] 라이브 소개 및 안내사항 작성하기(출처 : 쿠팡)

라이브 방송 소개를 작성한 후 하단의 '라이브 만들기' 버튼을 누르면 '라이브를 등록하시겠습니까?'라는 창이 뜬다. 이때 확인 버튼을 누르면 셀프로 라이브 방송하기 준비가 완료된다.

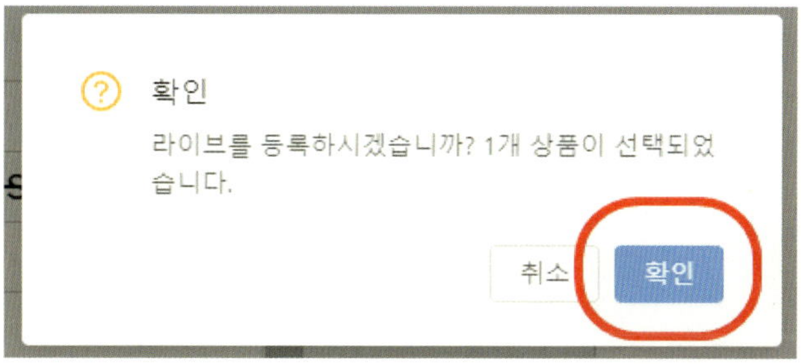

[그림62] 라이브 등록 확인 선택하기(출처 : 쿠팡)

셀프 라이브에 관한 작성 내용은 방송 전까지 수정이 가능하다. 우측에 편집과 라이브 관리, 삭제 버튼으로 수정 및 삭제가 가능하다. 쿠팡의 심사를 거치면 방송을 시작할 수 있다.

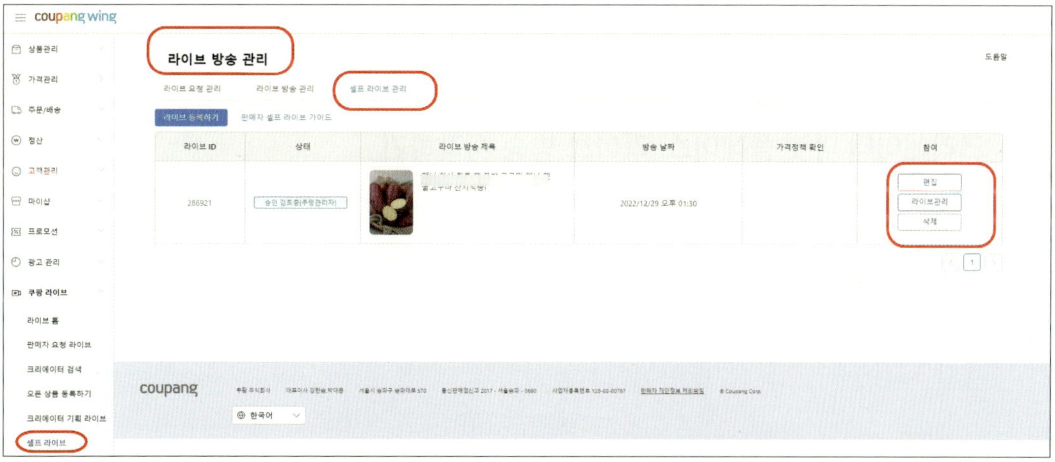

[그림63] 라이브 방송 관리하기(출처 : 쿠팡)

우측 중간에 '라이브 관리' 버튼을 누르면 아래와 같은 화면이 뜬다. 방송 시작 전 라이브에 대한 자세한 안내사항과 댓글, 쿠폰 관리, 이벤트 관리를 확인하고 기록할 수 있다.

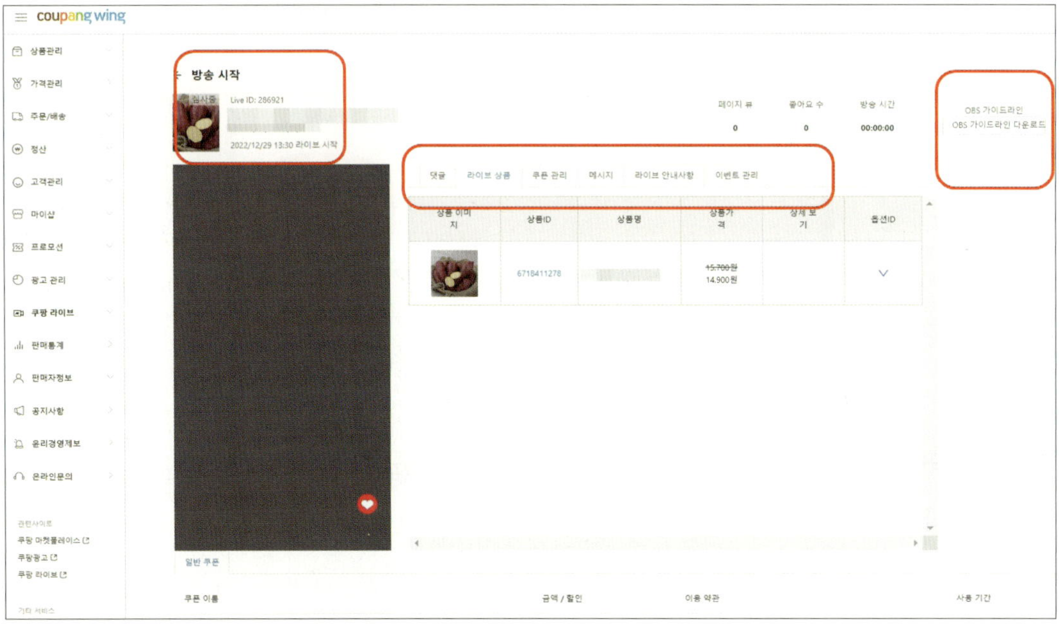

[그림64] 방송 관리하기(출처 : 쿠팡)

(2) '크리에이터 마켓 플레이스' 라이브 방송 시작하기

판매자의 경우 직접 내 상품을 방송하기가 힘들거나 방송을 대신해 줄 크리에이터 섭외가 어려울 수 있다. 그럴 경우에는 '크리에이터 마켓 플레이스' 라이브 방송을 클릭하면 된다. 쿠팡 라이브에서 직접 크리에이터를 검색하고 선택할 수 있고 크리에이터들과 다양한 방법으로 협업할 수 있다.

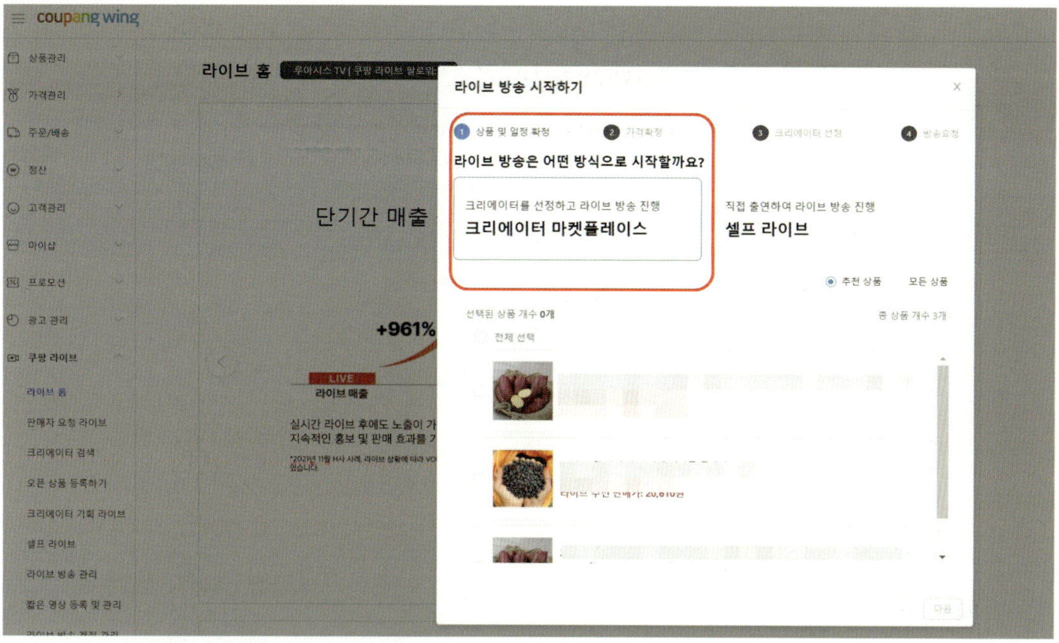

[그림65] 크리에이터 마켓 플레이스 라이브 방송 시작하기(출처 : 쿠팡)

'크리에이터 마켓 플레이스' 라이브는 '셀프 라이브'와 절차가 비슷하다. '셀프 라이브'는 '상품 선택>가격 확정>라이브 등록하기'의 순서이며, '크리에이터 마켓 플레이스' 라이브는 '상품 및 일정 확정>가격 확정>크리에이터 선정>방송요청' 순서로 방송을 준비한다. 가격 확정 후 크리에이터를 선정하고 요청해야 하는 부분이 조금 다르다고 생각하면 된다.

아래와 같이 '크리에이터 선정' 화면이 뜨면 크리에이터 검색 기능을 통해 매칭을 원하는 크리에이터를 둘러본다. 방송 일정, 크리에이터 서비스 가격, 라이브 실적 등을 기준으로 정렬해 검색하고 '상세 보기'를 통해 크리에이터의 프로필 및 SNS 계정 확인이 가능하다. 자신에게 맞는 크리에이터를 찾으면 된다.

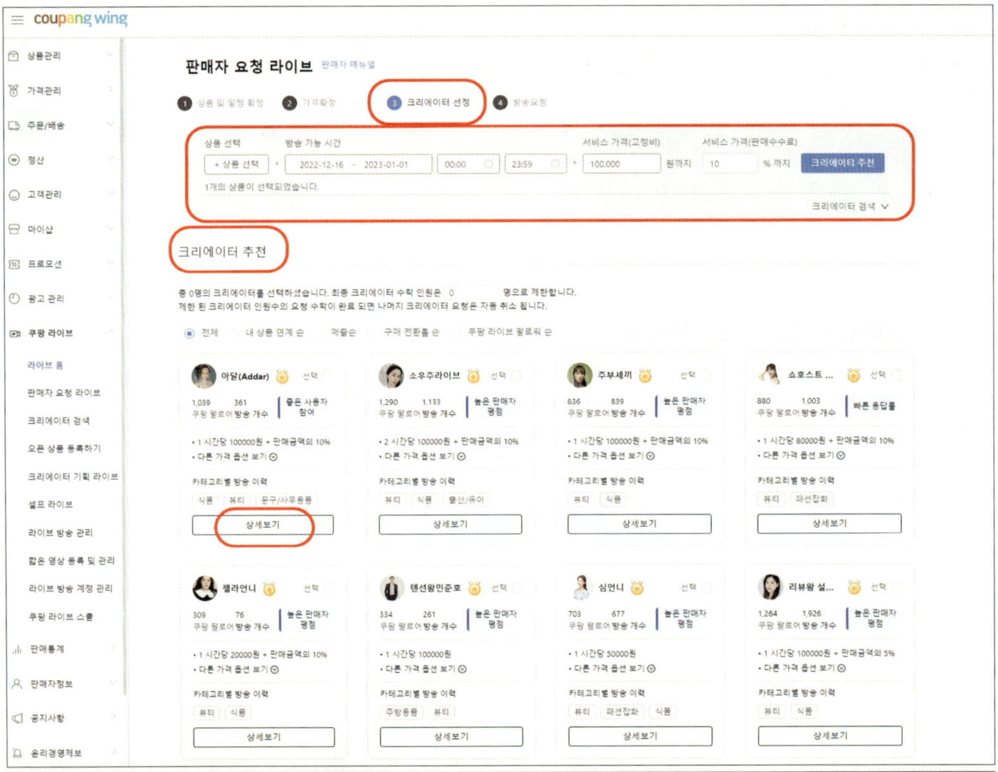

[그림66] 크리에이터 선정하기(출처 : 쿠팡)

'방송 요청' 탭에서는 희망하는 라이브 요청 내용, 시간, 판매상품, 크리에이터 선정, 크리에이터 서비스 가격 등을 기록 및 확인하고 라이브 요청을 진행하면 된다.

[그림67] 방송 요청하기(출처 : 쿠팡)

4) 크리에이터를 위한 쿠팡 라이브 방법

'크리에이터 마켓 플레이스'란 판매자(업체)가 직접 쿠팡 크리에이터를 검색하고 선정해서 라이브 방송을 요청할 수 있도록 돕는 쿠팡 라이브만의 서비스이다. 크리에이터는 나만의 강점을 살린 프로필로 더 많은 방송 제안을 받을 수 있고, 출연 조건에 따른 다양한 서비스 가격 옵션을 제안해 판매자와 자유롭게 소통하고 협력할 수 있는 곳이다.

(1) 크리에이터 마켓 플레이스 등록하기

'쿠팡 라이브 크리에이터' 앱 내의 '크리에이터 마켓 플레이스'에 등록 신청을 하고 쿠팡의 승인을 기다리면 된다. 본인만의 장점을 어필할 수 있는 성의 있는 프로필은 많은 판매자로부터 라이브 방송을 요청받을 수 있다.

(2) 라이브 진행 서비스 가격 설정하기

'크리에이터 마켓 플레이스' 등록 승인이 완료되면 라이브 방송 진행을 위한 서비스 가격 옵션 설정이 가능하다. 라이브 방송 당 고정 출연료 또는 판매 성과에 따른 수수료율을 다양하게 설정할 수 있다. 판매자는 크리에이터의 서비스 가격 옵션을 보고 방송 요청을 하게 된다.

(3) 라이브 방송 요청 내용 확인하기

판매자가 보낸 라이브 방송 오퍼를 확인할 수 있다. 오퍼 수락 기한 내에 요청을 수락하거나 거절할 수 있다. 판매자가 계획 중인 라이브 방송의 일정, 장소, 상품구성, 커미션 등을 잘 확인해 기한 내에 방송 진행 의사를 반드시 전달해야 한다. 무응답은 크리에이터에 대한 신뢰감 형성에 도움이 되지 않는다.

(4) 판매자와 상세 방송 내용 협의하기

라이브 방송 오퍼를 수락하면 크리에이터의 연락처가 공개된다. 설정한 연락 가능한 채널을 통해 방송 콘셉트, 상품, 이벤트 등의 구체적인 내용을 판매자와 상세하게 논의한다. 라이브 방송에 필요한 상품 샘플은 방송 일정보다 여유로운 타임라인으로 전달받을 수 있도록 판매자와 사전에 한 번 더 확인한다.

(5) 라이브 방송 예약하기

라이브 방송에 대한 세부적인 논의가 완료되면 방송을 등록하고 쿠팡의 승인을 기다린다. 승인 작업에는 1~2일 가량의 시간이 소요될 수 있으니 여유 있게 등록해야 한다. 승인이 완료되면 방송 일정에 맞춰 방송을 진행하면 된다.

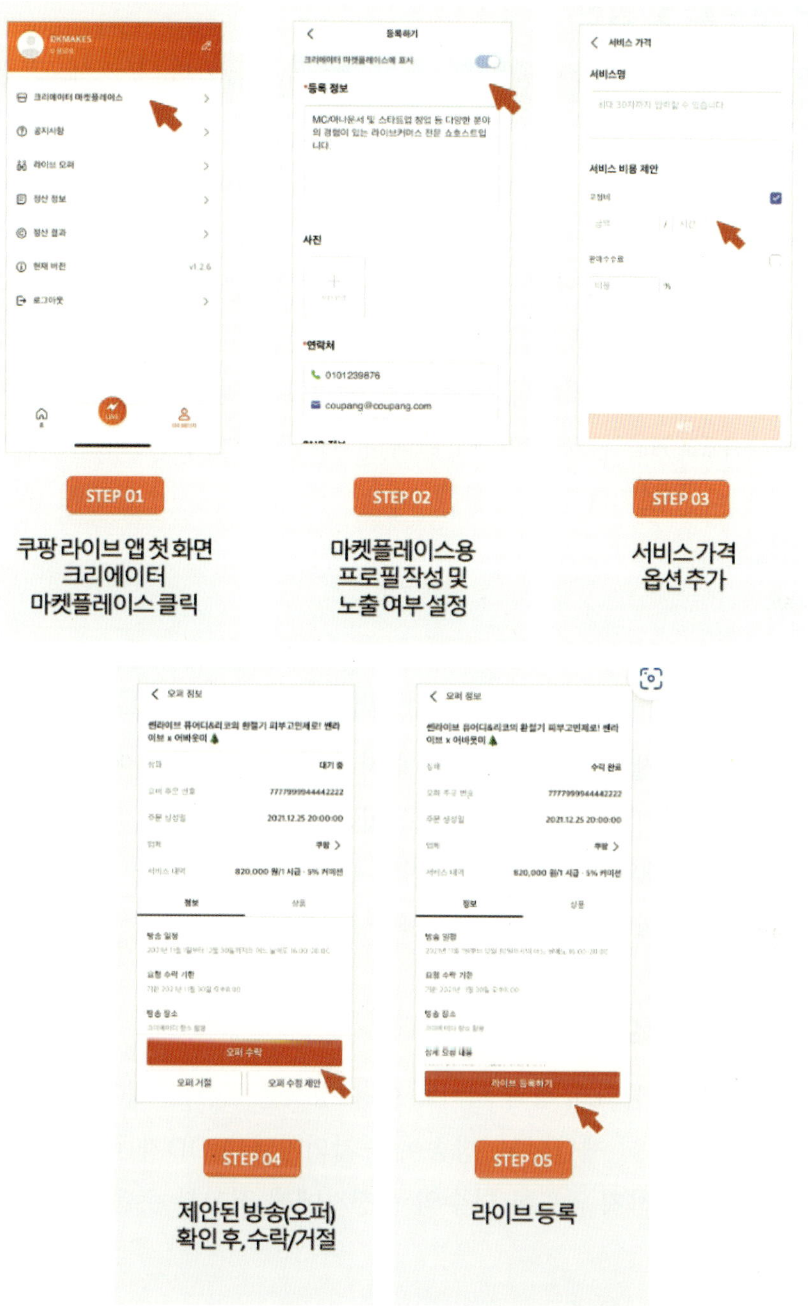

[그림68] 크리에이터를 위한 쿠팡 라이브

(출처 : https://live.coupang.com/2022/03/02/creatormarketplace-creator/)

5) 라이브 수수료 및 정산

쿠팡 라이브 이용료는 판매 매출의 5%를 쿠팡에게 지급한다. 부가세 및 윙 판매수수료는 별도이다. 크리에이터를 선정해 방송한 경우에는 크리에이터와 합의한 방식에 따라 크리에이터에게 수수료를 지급한다. 따라서 크리에이터 별로 수수료가 다르다.

크리에이터 수수료는 방송 송출 일을 기준으로 30일 동안만 부과된다. 크리에이터에게 지불하는 수수료는 별도로 지불할 필요 없이 정산금액에서 자동으로 상계처리된다. 셀프 라이브의 경우는 크리에이터 수수료 및 출연료가 발생되지 않는다. 쿠팡 라이브 서비스 이용 수수료(5%)와 크리에이터 판매수수료(크리에이터마다 상이함)는 쿠팡 라이브 생방송 및 다시 보기(VOD)를 통해 24시간 이내에 주문이 발생해 판매된 금액을 기준으로 산정된다.

쿠팡 라이브 서비스 이용 수수료는 다시 보기(VOD)를 제공하는 기간 동안에도 부과된다. 그러나 크리에이터 출연료를 고정 금액으로 약정한 경우에는 해당 라이브 방송의 1회의 비용만 발생되며, VOD 판매에 따른 수수료는 추가 지불되지 않는다. 단, 크리에이터의 서비스 비용이 판매수수료로 설정된 경우, 라이브 및 라이브 후 30일간 VOD 매출에 대한 판매액에 대해 크리에이터 수수료가 발생된다. 대금 정산 방식은 쿠팡이 판매자에게 지급할 타 대금에서 순차적으로 상계된다.

6) 라이브 진행시 유의사항

쿠팡 라이브 방송은 심의 규정과 서비스 이용 정책을 꼭 확인해야 한다. 규정을 위반하면 단계에 따라 이용이 제한되고, 방송이 중지되거나, VOD가 삭제될 수 있다. 또한 고객의 클레임이 발생하지 않도록 다수의 시청자에게 적합한 콘텐츠를 제공하는 것을 원칙으로 한다.

방송 심의 가이드

coupang live

쿠팡 라이브 방송 심의 규정 및 서비스 이용 정책

☑ 쿠팡 라이브 방송 심의 규정

🔴 생방송 중지
🟡 VOD 미노출

심의 항목	조치
1. 음란물/노출 또는 잔인/폭력/혐오 등 청소년에게 부적합한 방송을 하는 경우 - 음란물: 성기노출, 여성 상반신 노출 / 잔인하고 폭력적이고, 혐오스러운 동영상 방송 도중 재생 /직접적인 흡연, 음주 방송 중 진행	🔴
2. 불법적인 내용 또는 범죄 관련 직접적인 위험이 확인된 방송하는 경우 - 운전 중 방송하는 행위(도로교통법 위반) / COVID-19 상황에서 방역수칙 준수 없이 방송하는 경우(방역수칙 위반)	🔴
3. 쿠팡 외 사이트 결제 유도 또는 크리에이터/셀러 DM(Direct Message)으로 판매를 위한 메시지 발송 요청하는 경우	🔴
4. 자사 및 방송 중인 브랜드 및 상품에 대한 비방의 방송을 하는 경우 - 쿠팡, 본인이 홍보하는 상품과 브랜드에 대한 비방을 하는 경우	🔴
5. 타 방송(방송자) 및 타 브랜드에 대한 비방의 방송을 하는 경우 - 타 방송(방송자) 및 타 브랜드 단순 언급은 해당 사항 없음 - 기타 회사의 가이드라인 등을 준수하지 않는 경우	🔴
6. 미성년자(만 19세 미만) 출연 시 당사 규정 위반의 경우 예) 심의팀에서 판단 시 미성년자가 유해한 컨텐츠에 참여했다 판단되는 경우 / 심야방송에 참여 / 의무 교육 시간에 참여 / 법정대리인 미동의 참여 등	🔴 OR 🟡
7. 타사 커머스 플랫폼과 쿠팡 라이브를 동시에 송출하는 경우 - 홍보 목적으로 타 라이브 커머스 플랫폼이 아닌 SNS에 동시 송출하는 경우는 해당사항 없음 - 동시 송출되는 타사 커머스 플랫폼에 대한 표시 및 언급은 불가함 - 플랫폼별 상품구성/가격 등 조건이 상이함에도 타 플랫폼 기준으로 언급할 경우, 쿠팡 시청자에 대한 허위/과장 광고가 될 수 있어 VOD 노출이 중지될 수 있음	사안에 따라 VOD 미노출
8. 방송(판매)와 관계 없는 사항으로 방송진행 - 사회적으로 대두되고, 민감한 사항에 대한 발언하여 문제를 야기할 수 있는 경우 - 방송과 무관한 내용으로 방송 시간 내 연속적으로 25% 이상의 분량을 차지할 경우 예) 시청자와의 커뮤니케이션이 아닌 방송과 관계 없는 사람과 전화하거나, 잡담하는 경우	🟡
9. 시청자에게 혐오감/공포감/불쾌감을 유발하는 경우 예) 과도한 문신, 저속한 표현 등	🟡
10. 타사 동일 플랫폼/사이트/상품 등의 홍보를 과도하게 하는 경우 - 크리에이터/셀러가 타 플랫폼에서의 예고 방송 및 타 상품을 과도하게 하는 경우, 1회 정도 단순 홍보에 대해서는 VOD 삭제하지 않음 - 단, 불법적인 사이트 홍보(예, 토토사이트)의 경우 단순 언급이라 할지라도 바로 생방송 중지될 수 있음	🟡
11. 제 3자의 상표권, 저작권, 성명권, 초상권, 지적재산권 침해하는 경우 - 상업적으로 이용 가능한 저작물을 사용했음에도 사전 미고지로 삭제되었을 시, 소명서 제출 후 심의팀 리뷰를 통해 VOD 복구 가능	🟡
12. 네트워크 문제 등으로 인한 영상 퀄리티에 영향이 있음 (음성 싱크, 화면 잘림, 묵음 처리 등)	🟡
13. 시청자가 오인할 수 있는 과장 또는 확인되지 않은 허위사실, 기능/효능을 언급하거나 유포하는 등 표시/광고 관계법령을 위반하는 경우	사안에 따라 VOD 미노출
14. 객관적 근거 없는 최상급 표현을 사용하는 경우 (최고, 최상, 가장 좋은, 최저가 등)	사안에 따라 VOD 미노출
15. 고객 클레임 발생 등 기타 당사가 객관적인 근거에 따라 시청자에게 제공하기에 부적합한 컨텐츠로 판단하는 경우	🔴 OR 🟡
16. 기타 당사가 사전에 배포한 가이드라인 및 관련 법령을 위반하거나, 타인의 권리를 침해하거나 침해할 여지가 있다고 판단할 상당한 이유가 있는 경우	🔴 OR 🟡
17. 크리에이터와 쿠팡 라이브와 협의 하에 방송 승인 후 임의로 해당 방송을 삭제하거나 펑크내는 경우 1)	

1) 해당 가이드는 심의 가이드 아님. 크리에이터가 방송을 임의로 취소하였을 경우, 예정된 방송일로부터 14일 이내 반드시 방송 진행해야 하며, 샘플이 쿠팡 쪽에서 제공된 경우, 샘플비용 등이 해당 크리에이터에게 청구될 수 있음

[그림69] 방송 심의 가이드(출처 : 쿠팡 라이브)

방송 심의 가이드

coupang live

쿠팡 라이브 방송 심의 규정 및 서비스 이용 정책

☑ 크리에이터/셀러 서비스 이용 제한 기준

쿠팡 라이브의 심의 규정을 위반했을 시,
심의 항목 및 위반 단계에 따라 크리에이터 서비스 이용 제한 및 실시간 모니터링에 의한 생방송 중지, VOD 삭제 조치될 수 있습니다.

위반단계	조치	서비스 이용 제한 내용
1단계	권고	**위반 사항에 대한 권고 안내 메일 발송**
2단계	권고	**위반 사항에 대한 권고 안내 메일 발송**
3단계	경고	**3회 째 위반사항에 대한 경고 안내 메일 발송** 경고가 필요하다고 판단되는 경우 권고없이 바로 경고 조치 될 수 있음 2주간 서비스 이용 정지되며, 소명서 제출 및 리뷰 후 이용 정지 해체
4단계	영구 정지	**쿠팡 라이브 심의 가이드 4회째 위반 시 영구정지** 위반사항에 대한 서비스 이용 영구 정지 안내 메일 발송 쿠팡에서 영구 정지가 필요하다고 판단되는 경우 권고,경고 없이 즉각 영구정지 될 수 있음

- 심의 결과에 대한 추가 문의사항이 있다면 아래 관리팀에게 문의 바랍니다.
- 서비스 이용 제한에 따라 소명서 제출을 요청받으실 수 있습니다.
  - ❑ 셀러: live.vendor@coupang.com
  - ❑ 소명서 양식 : https://forms.office.com/r/NjdKdPTMAt

[그림70] 크리에이터/셀러 서비스 이용 제한 기준(출처 : 쿠팡 라이브)

Epilogue

지금까지 6차 산업시대로 가는 생산자의 방향과 라이브커머스 플랫폼 활용방법을 알아보았다. 그리고 이제는 6차 산업이 무엇을 의미하는지 이해했다. 그리고 꼭 한 번 https://www.6차 산업.com/에 접속해 보길 권한다. 다양한 우수사례와 뉴스, 지원 사업, 6차 인증 사업자 혜택을 만날 수 있다. 이해의 폭과 시각이 넓어질 것이다.

또한 네이버 검색창 또는 유튜브를 열어 네이버, 그립, 카카오, 쿠팡 등 원하는 '채널명'과 '라이브 방송 방법'이라고 쓰고 검색해 보길 바란다. 내가 제시한 방법보다 독자의 수준에 맞는 훌륭한 설명들이 많을 것이다. 그러나 내가 "이 두 가지를 오늘 검색하고 보세요."하고 숙제처럼 제시하여도 대부분의 사람들은 이것을 실행하지 않을 것이다.

일본의 유명한 베스트셀러 저자 중 한 명인 간다 마사노리는 "성공하기 위한 노하우가 이미 분명한데도 실제 행동으로 옮기는 사람은 1%밖에 되지 않는다. 그러므로 성공하는 것은 간단하다"라고 말했다. 우리가 성공하지 못하는 이유는 아무것도 하지 않고 그대로 있는 사람이 99%이기 때문인 것이다.

나도 단순히 집에서 생산을 돕는 일을 하기까지는 온라인 판매에 대한 지식은 전혀 없는 상태였다. MZ 세대에 포함하는 80년 대생임에도 불구하고 나는 컴퓨터, 모바일과 거리가 멀었다. 친구들이 모두 하는 페이스북, 인스타그램마저 다룰 줄 몰랐다. 하지만 하기 싫어하는 나를 애써 억누르며 인터넷과 친해지기 위해 노력하다 보니 조금씩 성장한 것이다.

나의 어머니는 70대 후반이시지만 카톡으로 안부 인사 전하기, 동영상 보내기, 사진 정리, 메모 저장하기, 유튜브 보며 새로운 요리 도전하기 등 모바일 활용을 정말 잘하신다. 마늘, 고추, 서리태 등 농작물 주문도 직접 확인하고 새벽부터 발송 준비를 하신다. 여러분도 지금 라이브 방송을 할 수 있다. 새로운 도전을 실행에 옮기는 것은 누구에게나 어려운 일이니 오히려 좋은 것이다. 이 글을 "단순히 읽고, 이해하고 그리고 하지 않는 것"으로 끝나지 않았으면 하는 바람이다.

Chapter

05

100세 시대 이젠 '액티브 시니어 시대'

김창금

Chapter
05

Chapter **05**

100세 시대 이젠 '액티브 시니어 시대'

Prologue

새로운 시대엔 나이 든 사람들도 적극적으로 활동하며 소비력을 갖춘다. 이른바 '액티브 시니어'라 불리는 세대이다. 이제까지와는 다르게 은퇴 후에도 경제활동을 하며 사회생활을 이어가는 노년층이 증가하면서 기존 실버 세대와 구분되는 개념으로 떠오르고 있다.

최근 발표된 통계청 자료에 따르면 60세 이상 인구 가운데 취업자는 꾸준히 증가 추세이며, 고용률 역시 역대 최고치를 기록했다고 한다. 특히 65세 이상 노인 10명 중 7명이 일하는 것으로 나타났다.

이러한 흐름에 따라 우리나라에서도 다양한 지원책 마련 등 고령자 일자리 정책 변화의 필요성이 대두되고 있으며, 그에 따른 도전으로 나는 액티브 시니어로 거듭나면서 새롭게 인생 터닝포인트를 만들어 가고 있다.

1. 액티브 시니어

액티브 시니어는 베이비붐 세대가 은퇴 후 적극적으로 소비생활과 여가활동, 사회활동에 참여하면서 경제·사회적 영향력을 행사하는 50~70대를 일컫는 신조어다. 보통 55세 전후 퇴직연령층을 가리키는데 베이비붐 세대의 대규모 은퇴 시기와 맞물려 등장한 개념으로 이전 세대와는 달리 경제력을 갖추고 건강과 외모를 유지하는데 관심이 많고 여가생활, 사회활동에도 적극적으로 참여하며 아낌없이 투자한다는 특징이 있다.

현재 대한민국 인구의 약 14.3%를 차지한다고 알려져 있는데 향후 고령화가 가속화 됨에 따라 비중이 점점 늘어날 전망이다. 이는 결코 적은 숫자가 아니다. 따라서 관련 산업 규모도 나날이 커지고 있다. 지난해 기준 고령친화산업 전체 매출액은 27조 8,000억 원으로 전년 대비 9.3% 성장했으며 올해는 30조 원을 돌파할 것으로 예상한다. 이중 의료기기·용품 부문이 1조 6,000억 원으로 가장 높은 비중을 차지했고, 식품 4,800억 원, 요양서비스 4,500억 원 순이었다. 주목할 만한 점은 향후 전망인데 통계청 자료에 따르면 다음과 같다.

시 점	국세 (1) (억원)	국세청 세수 (2=3+4) (억원)	일반회계 (3) (억원)	특별회계 (4) 억원	구성비 (5=2/1) (%)
1990	268,474	226,778	**	**	84.5
1991	303,198	269,854	**	**	89.0
1992	352,184	320,853	**	**	91.1
1993	392,606	363,747	**	**	92.6
1994	472,617	436,905	**	**	92.4
1995	567,745	517,487	**	**	91.1
1996	649,602	591,997	**	**	91.1
1997	699,277	636,459	**	**	91.0
1998	677,977	635,315	**	**	93.7
1999	756,580	704,769	**	**	93.2
2000	929,347	866,013	**	**	93.2
2001	957,928	892,717	**	**	93.2
2002	1,039,678	966,166	876,844	89,322	92.9

2003	1,146,642	1,070,486	980,784	89,702	93.4
2004	1,177,957	1,102,172	1,013,739	88,433	93.6
2005	1,274,657	1,204,237	1,160,741	43,496	94.5
2006	1,380,443	1,302,609	1,258,123	44,486	94.4
2007	1,614,591	1,530,628	1,479,753	50,875	94.8
2008	1,673,060	1,575,286	1,519,403	55,883	94.2
2009	1,645,407	1,543,305	1,487,632	55,673	93.8
2010	1,777,184	1,660,149	1,602,700	57,449	93.4
2011	1,923,812	1,801,532	1,739,651	61,881	93.6
2012	2,030,149	1,920,926	1,863,469	57,457	94.6
2013	2,019,065	1,902,353	1,848,208	54,145	94.2
2014	2,055,198	1,957,271	1,906,128	51,143	95.2
2015	2,178,851	2,081,615	2,023,357	58,258	95.5
2016	2,425,617	2,333,291	2,276,690	56,601	96.2
2017	2,653,849	2,555,932	2,499,810	56,122	96.3
2018	2,935,704	2,835,355	2,770,757	64,598	96.6
2019	2,934,543	2,844,127	2,781,488	62,639	96.9
2020	2,855,462	2,772,753	2,692,186	80,567	97.1
2021	3,440,782	3,344,714	3,242,768	101,946	97.2

[표1] 요양서비스 년별 통계표(출처: 통계청)

2021년에는 무려 344조 원대로 급성장한 것을 알 수 있다. 물론 아직까지는 주로 실버타운이나 노인복지주택 등 주거시설 중심이지만 머지않아 다양한 형태의 서비스가 등장할 것으로 보인다.

최근 사회 트렌드는 고령화와 함께 중장년층들의 소비력이 주목받고 있다. 과거와는 달리 은퇴 후에도 경제활동을 지속하며 적극적으로 소비활동을 하고 있기 때문이다. 이제 우리나라 인구 5명 중 1명이 노인이라고 한다. 따라서 앞으로는 노년층을 겨냥한 시장 공략이 중요해질 것으로 예상되며 이에 따른 새로운 사업 기회 역시 무궁무진할 것이다. 미래 트렌드를 읽고 미리 준비한다면 누구나 100세 시대를 대비할 수 있을 것이다.

100세 시대라는 말이 더 이상 낯설지 않은 세상이다. 은퇴 후에도 30년 가까이 살아가야 하는 만큼 '인생 2막' 준비는 선택이 아닌 필수다. 그래서일까, 최근 들어 새롭게 떠오르는 키워드가 바로 '액티브 시니어'이다. 기존 노인 세대와는 달리 능동적이며 사회활동 참여 의지가 강한 새로운 노년층을 일컫는 말이다. 이미 미국이나 일본 등에서는 일찌감치 이러한 현상이 나타났다. 우리나라 역시 2020년이면 전체 인구의 20%가량이 65세 이상일 것이라고 한다. 그러니 지금부터 미리미리 준비할 필요가 있다.

액티브 시니어들은 은퇴 이후에도 적극적으로 사회활동을 하고 여가생활을 즐기며 젊은 세대 못지않게 활발한 자신만의 삶을 즐긴다. 그리고 새로운 문화 트렌드를 선도한다는 특징이 있다. 하지만 일각에서는 우려의 목소리도 나온다. 자칫하면 젊은이들에게 위화감을 조성할 수 있다는 지적이다. 물론 틀린 말은 아니다. 다만 모든 일에는 양면성이 존재하듯 긍정적인 측면도 분명 존재한다.

우선 고령화 시대에 접어들면서 생산가능인구 감소 등 각종 사회문제가 대두되고 있는데 액티브 시니어가 해결책이 될 수 있다. 아울러 청년실업 해소에도 도움이 된다. 현재 대한민국 전체 인구 가운데 65세 이상 비율은 14.3% 정도인데 반해, 15~29세 사이의 청년층 비중은 25% 수준이다. 따라서 앞으로 약 30년 후에는 청년층 1명이 노년층 4명을 부양해야 한다는 계산이 나온다. 실로 엄청난 부담이 아닐 수 없다. 결국 지금 부터라도 대책을 마련해야 하는데 이때 필요한 건 경험과 연륜이라는 무기를 지닌 중장년층이다.

이른바 '액티브 시니어'라 불리는 이들의 생활을 예전 같으면 상상 조차하기 힘든 일이었다. 하지만 지금은 다르다. 평균 수명이 늘어나면서 5070 세대에게도 제2의 인생이 주어졌다. 이제는 젊은 세대 못지않게 활기차고 열정적으로 살아간다. 이제 은퇴 후에도 시간이나 건강 등 여러 측면에서 여유로운 삶을 살고 있기 때문에 소비시장에서도 큰손으로 떠오르고 있다. 특히 과거와 달리 취미나 문화생활 쪽 지출이 크게 늘고 있다.

예전 같으면 은퇴 후 조용히 여생을 보내는 시기였지만 지금은 다르다. 새로운 인생을 설계하고 적극적으로 사회활동에 참여한다. 이른바 '액티브 시니어'라 불리는 이들은 건강관리에도 열심이다. 실제 보건복지부 질병관리본부 국민건강영양조사에 따르면 60세 이상 노인 가운데 규칙적으로 운동하는 비율은 2008년 22.7%에서 2017년 38.6%로 크게 늘었다. 또 문화체육관광부가 실시한 2018년 스포츠 실태조사에서는 65세 이상 고령층의 생활체육 참여율이 전년 대비 9.3%포인트 상승한 58.1%로 집계됐다. 그만큼 여가생활에 대한 관심이 높아지고 있다는 증거이다.

하지만 아직까지 경제활동 인구로서의 역할보다는 부양해야 할 가족이 우선시 되는 분위기다. 그러다 보니 정작 자신에게 투자하는 데는 인색한 편이다. 물론 자식 뒷바라지하느라 노후 준비를 제대로 못한 탓도 있지만 한편으론 '나이 들어서 무슨 일을 하겠냐?'는 인식이 팽배하기 때문이다. 따라서 정부 차원에서 보다 적극적인 지원책을 마련해야 한다는 목소리가 높다. 또한 자칫하면 자식들로부터 소외될 수도 있고 외로움을 느낄 수도 있다. 따라서 가족 구성원 모두가 함께 고민하고 배려해야 한다는 지적이 나오고 있다.

액티브 시니어들의 활동을 보면 젊은 층 못지않은 열정과 에너지를 발산한다. 문화센터 강좌 수강생 절반 이상이 50~70대이고, 백화점 매출액 상위 1~5위 품목 가운데 4개가 50~70대 고객에게서 나온다고 하니 가히 폭발적인 성장세라 할 만하다. 다만 우려스러운 면도 있다. 아직까지는 젊은 층에 비해 상대적으로 정보 습득 능력이 부족하다는 점이다.

은퇴 후에도 사회활동에 적극적으로 참여하는 50~70대는 주로 등산, 골프, 여행 등 다양한 스포츠 및 문화 활동을 즐기는데, 건강관리 차원에서 운동을 꾸준히 하고 외모관리에도 신경 쓰는 편이다. 또 자기계발 욕구가 강해 대학원 진학이나 자격증취득 공부를 하기도 한다. 다만 아직까지는 자녀교육비 지출비중이 높은 편이고 노후대비 자금마련 부담 탓에 여유롭게 즐기지 못하는 실정이다.

이렇듯 인생 2막을 준비하는 중장년층이 많아지고 있다. 평균수명이 늘어난만큼 퇴직 후에도 오랜 시간을 보내야 하기 때문이다. 특히 경제력 확보와 건강관리 등 많은 부분들에 대해 대비책을 마련할 필요가 있다. 본문을 통해 소개할 책은 제2의 인생을 살고 있는 5070 세대(액티브 시니어) 이야기를 담고 있다. 은퇴 후 삶을 어떻게 꾸려가야 할지 막막한 분들께 도움이 될만한 다양한 팁들을 담았다.

2. 국내외 주요 기업의 행보

고령화가 가속화되면서 은퇴 후 제2의 인생을 준비하는 중장년층이 늘고 있다. 현재 대한민국 인구 4명 중 1명이 65세 이상 노인이고, 2025년에는 초고령사회 진입이 예상된다. 따라서 이제는 노후대비 차원에서 미리미리 대책을 마련해야 한다. 물론 경제적인 여유가 있다면 걱정 없겠지만 대다수의 평범한 직장인들은 빠듯한 생활비 탓에 고민이 많을 것이다. 다행히 최근 들어 정부 및 지자체에서는 다양한 지원책을 내놓고 있다.

우선 '국민연금공단'에서는 연금수급자를 대상으로 맞춤형 서비스를 제공하고 있으며, '서울시'에서는 어르신 일자리 창출을 위해 매년 약 6,000 개의 공공 일자리를 만들고 있다. 그런가 하면 민간기업에서도 시니어 세대를 겨냥한 각종 프로그램을 선보이고 있다. '삼성생명'은 금융전문지식과 노하우를 갖춘 퇴직 예정자를 선발해 교육시킨 뒤, 중소기업 재무컨설팅 업무를 맡기고 있다. '신한은행'은 디지털환경에 익숙하지 않은 시니어 고객을 위해 스마트폰 뱅킹 사용법을 알려주는 앱을 개발하기도 했다. 이외에도 '롯데백화점 문화센터'에서는 60세 이상 시니어 모델을 양성하는 강좌를 개설했으며, '현대자동차그룹'은 전직 자동차 정비사 출신 시니어 인력을 채용해 블루핸즈 내 차량관리 전담직원으로 배치한다고 밝혔다.

각 기업에서는 다양한 서비스를 선보이며 시니어 모시기에 한창이다. 먼저 'SK텔레콤'은 인공지능 스피커 '누구'를 통해 시니어 고객 맞춤형 서비스를 제공하고 있다. 음성인식 기술을 활용해 날씨정보안내, 음악재생, 일정관리 등 생활 편의기능을 지원하는가 하면 치매예방프로그램 개발에도 힘쓰고 있다. 그런가 하면 'KT'는 자사 IPTV 서비스인 올레TV를 통해 시니어 전용관을 운영하고 있다. 이곳에선 최신 영화에서부터 추억의 명화, 다큐멘터리, 애니메이션 등 다양한 콘텐츠를 무료로 즐길 수 있다. 이외에도 '삼성전자'는 TV 화면크기를 키우고 스마트폰 사용법을 알려주는 교육용 앱을 출시했으며, 'LG유플러스'는 노인복지시설에 IoT 기기를 무상으로 설치해주고 있다. 바야흐로 '시니어 전성시대'이다.

일본에서는 '노인전용 스마트폰 앱'이 인기몰이 중이다. 음성인식 기능을 탑재해 전화걸기, 문자보내기, 사진찍기 등 간단한 조작만으로 손쉽게 이용할 수 있다고 한다. 또 치매예방 및 치료 목적의 프로그램도 주목받고 있다. 가령 퍼즐맞추기나 그림그리기 등 두뇌훈련용 콘텐츠가 그것이다.

그런가 하면 독일에서는 은퇴 후 제2의 인생을 꿈꾸는 5070 세대를 공략한 마케팅이 활발하다. 여행사 '루프트한자 항공'은 60세 이상 승객을 대상으로 비행기 좌석 우선배정 혜택을 제공하고 있으며, 은행 '알리안츠'는 55세 이상 고객을 대상으로 건강검진 할인혜택을 제공한다고 한다. 이외에도 각종 보험회사에선 노년층을 위한 맞춤형 보장상품을 출시하는가 하면, 백화점 업계에선 7080 세대를 위한 문화센터 강좌를 개설하는 등 적극적인 움직임을 보이고 있다. 바야흐로 초고령사회 진입을 앞두고 있는 만큼 관련산업 규모도 점점 커질 전망이다. 따라서 지금부터라도 미리 준비한다면 미래 먹거리 창출에 큰 도움이 될 것이다.

[그림1] 국내외 대기업(출처 : 네이버)

3. 각 국가의 준비상황

1) 대한민국

한국은 2005년 5월부터 '저출산고령화기본법'을 제정해 운영 중이고, 2008년 이명박 정부 출범때 조직개편된 '새로마지플랜 2010'이 이뤄졌다. 이는 제1차 저출산고령사회 기본계획이 2006년~2010년에 종료됨에 따라 제2차 저출산고령사회기본계획을 2011년~2015년까지 수립했고, 2015년 '새로마지플랜 2015'라고 해 새로마지플랜 2010을 수정 보완해 각 부처 및 지방자치단체가 이를 토대로 각종 사업들이 시행 중이다.

기본계획 고령화대책부문 추진배경을 살펴보자면 먼저 제1차 기본계획을 보면 노인인구 급증에 따른 노후생활안정이 사회안정에 필수적 요소로 대두됨에 따라 노인인구 증가에 따른 사회적 파급효과는 신세대와 구세대 간 갈등을 유발할 가능성이 있을 수 있다. 따라서 노후생활안정대책과 젊은 세대의 부담완화 방안을 함께 마련하는 것이 긴급히 필요하며, 노후생활안정과 함께 세대 간 통합 기반을 마련하자는 것이다.

제2차 기본계획은 고령화 속도는 세계 최고 수준이며 노인의 특성변화도 함께 진행 중이다. '베이비붐 세대'의 본격적인 은퇴와 고령화 시대에 대비할 필요성이 있다. 일자리가 필요하며, 연금을 어떻게 지급할 것인지, 의료분야의 제도 내실화에도 미흡한 상황이다. 또한 고령자의 주택과 교통 등 고령 친화적인 사회환경을 구축하는 것이 필요하다.

그러면 고령화 대책의 기본방향을 살펴보자.

제1차 기본계획은 노후생활 안정을 위해 생활유지에 소요되는 생계비의 적정수준을 보장해주고, 노인건강에 대한 사회적 보호와 서비스 제공을 통한 질병의 고통에서 벗어난 건강한 노후생활의 영위를 해야한다. 또한 노인의 존엄성을 유지하고 자아를 실현할 수 있도록 고령친화적인 주거·교통환경을 구축하고 여가문화생활의 기반을 마련해야 한다는 것이다.

제2차 기본계획은 베이비붐 세대 은퇴에 대한 사회 각 분야별 사전 대응기반을 구축해야할 것이며, 안정적이고 활기찬 노후생활 보장과 미래세대 부담을 완화하기 위한 제도로 내실화를 추진해야 한다. 그리고 고령자가 편리하게 생활할 수 있도록 주거, 교통 등 사회기반시설 전반을 고령친화적으로 개편한다는 계획이다.

2017년 8월 현재 대한민국 인구는 약 5,100만 명 정도 된다. 이 중 65세 이상 노인인구는 707만 명으로 전체 인구의 13.8%를 차지한다. 최근 들어 노인인구가 급격히 늘어나면서 사회 곳곳에서 다양한 변화가 감지되고 있다. 먼저 의료비지출이 눈에 띄게 증가하고 있다. 건강보험심사평가원에 따르면 65세 이상 노인진료비 중 지난해 60세 이상 진료비는 28조 원으로 전체 진료비의 40%를 차지했다. 2030년에는 무려 57조 원 규모로 늘어날 전망이다.

최근 보건복지부는 제3차 국민건강증진종합계획을 발표했는데 주요 내용은 다음과 같다. 첫째, 2018년부터는 소득 하위 50% 이하 저소득층에게 연간 최대 2,000만 원 한도 내에서 임플란트 시술비용을 지원한다. 둘째, 치매국가책임제를 도입해 환자가족의 간병부담을 덜어준다. 셋째, 간호·간병 통합서비스를 제공해 병상을 2022년까지 10만 개로 늘린다. 넷째, 지역별 공공치매전문병원을 확충한다. 다섯째, 장기요양시설 입소 대기자가 시설정원의 3배가 넘는 상황을 해소하기 위해 요양시설 신축을 추진한다. 여섯째, 기초생활보장제도 부양의무자 기준을 단계적으로 폐지한다. 일곱째, 장애등급제를 단계적으로 폐지하고 종합판정도구를 도입한다. 마지막으로 복지 사각지대 발굴 시스템을 구축한다.

보건복지부 산하 국민연금공단에 따르면 지난해 기준 60세 이상 가구주의 월평균 연금수령액은 약 49만 원이었다. 그나마 다행인 건 기초연금 도입 이후 상황이 나아졌다는 점이다. 올해 4월부터는 소득 하위 70% 이하 어르신에게 최대 20만 원의 기초연금이 지급된다. 물론 여전히 부족한 금액이지만 그래도 이전보다는 사정이 나아질 것으로 예상된다. 한편 일각에서는 현재 논의되고 있는 기초연금 인상안이 자칫 세대갈등을 유발할 수 있다는 우려의 목소리도 나오고 있다. 젊은 세대 입장에선 세금부담이 늘어나는 만큼 달갑지 않을 테니 말이다. 따라서 앞으로는 제도시행에 앞서 충분한 여론 수렴 과정을 거쳐야 할 것이다.

연금수령액 축소 및 의료비 지출증가 등으로 국가 재정부담이 가중되고 있다. 이로 인해 각국 정부에서는 대책마련에 고심하고 있는데 현재까지 나온 방안으로는 정년 연장, 기초연금 인상, 건강보험 보장성 강화 등이 있다. 하지만 전문가들은 보다 근본적인 해결책이 필요하다고 입을 모은다. 왜냐하면 지금까지의 정책만으로는 한계가 있기 때문이다. 따라서 앞으로는 고령화 시대에 대비해 장기적인 관점에서 종합적인 계획을 수립해야 한다. 그래야만 미래 세대에게 부담을 떠넘기지 않을 수 있다.

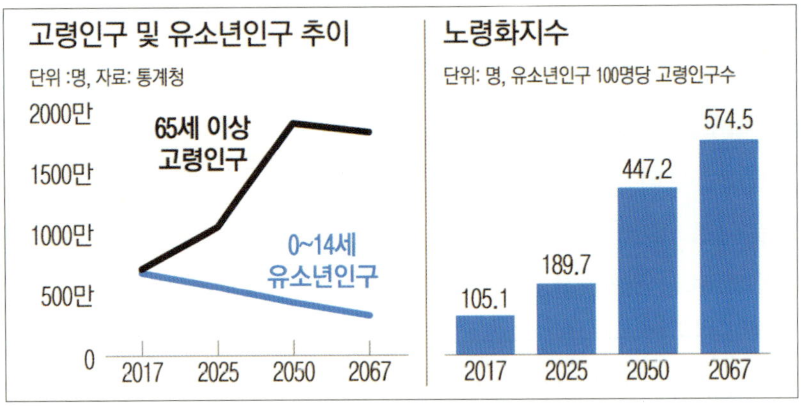

[그림2] 노령화지수(출처 : 통계청)

2) 미국의 상황

미국은 연령차별금지법을 제정해 연령을 이유로 한 고용차별을 금지해 노동시장의 유연성을 높이고자 했다. 1차와 2차 베이비붐 세대인 노령인구들의 불안해진 취업률은 높아졌으나 기업이 고령인력을 단기간으로만 채용하고 있기 때문에 파트타임으로 고용하는 경우가 많다. 미국은 근로자들의 연금 중 일정부분을 개인연금계좌로 해 개인이 자체적으로 주식이나 채권에 투자할 수 있도록 하자는 사회보장제 개혁안을 내놓고 있기도 하다.

현재 미국은 2명의 경제인구가 노인 1명을 부양해야하는 입장이므로 사회보장제도를 믿을 수 없다고 하며, 그렇다고 개인연금 등의 대안이 있는 것도 아니어서 뚜렷한 대안을 찾지 못한 것으로 보고 있다.

현재 미국은 심각한 인구구조 변화를 겪고 있다. 65세 이상 노인인구가 전체 인구의 14%를 차지해 초고령 사회진입을 눈앞에 두고 있기 때문이다. 이로 인해 노동생산성 저하 및 의료비 지출증가 등 다양한 문제점이 야기되고 있다. 따라서 향후 국가 경제성장 잠재력 약화라는 위기 상황에 직면할 수도 있다. 다행히 아직까지는 별다른 문제없이 잘 대처하고 있는 듯하다. 우선 연금제도 개혁을 통해 노후생활 안정을 도모하고 있으며 치매치료제 개발지원정책을 시행하기도 했다. 또 장기요양보험 제도를 도입해 간병부담을 덜어주고 있다. 이외에도 은퇴 후 재취업 프로그램을 활성화시키고 노년층 일자리 창출 방안을 모색하는 등 다각도로 대책 마련에 힘쓰고 있다.

그럼에도 불구하고 사회 곳곳에서 우려의 목소리가 커지고 있다. 우선 의료비 부담이 만만치 않다. 건강보험료 지출액이 매년 급증해 지난해엔 무려 1조 달러를 돌파했다. 이대로라면 2030년에는 GDP 대비 16% 수준까지 치솟을 전망이다. 설상가상으로 베이비붐 세대 은퇴 시기가 다가오면서 연금재정 고갈 위기론까지 대두되고 있다. 상황이 이렇다 보니 국가차원에서 대책마련에 고심하고 있다.

오바마 대통령은 취임 직후 대대적인 개혁안을 추진했고 의회승인까지 받았다. 핵심골자는 저소득층 및 중산층 지원강화 그리고 메디케어 시스템 개선이다. 구체적으로 살펴보면 다음과 같다. 첫째, 빈곤층 노년층에게는 월 최대 300달러 보조금 지급 둘째, 장기요양시설 확충 셋째, 근로소득 세액공제혜택 확대 넷째, 연금지급개시연령 상향조정 다섯째, 공공의료서비스 민영화 여섯째, 퇴직연금 의무가입 기간연장 일곱째, 최저임금 인상 여덟째, 실업급여 수급기간 단축 마지막으로 세제 개편안 실시 등이다.

물론 일각에서는 반대 여론도 만만치 않다. 예산 부족 사태가 불 보듯 뻔하다는 지적에서부터 막대한 재원조달방안이 불투명하다는 비판까지 다양하다. 어쨌든 분명한 건 지금 당장 뾰족한 대안이 없다는 사실이다. 따라서 당분간은 각자 알아서 노후 준비를 철저히 하는 수밖에 없다.

3) 일본의 상황

일본은 고용형태를 단계적으로 65세까지 의무연장을 부과했고 정년을 연장하거나 계속 고용하는 기업에게는 보조금 혜택을 주었다. 이는 청년시절부터 계속 고용 시 업무와의 연계성을 확보하고 재고용이나 계속고용이 가능한 업무의 개발선정 능력개발 재고용 시 보상처우 기준마련 등이 일본기업의 주요 과제로 등장하게 됐다. 이는 중고령자의 취업의욕을 높이는 효과가 있다고 보았다.

초고령사회 진입을 눈앞에 둔 일본에서는 노인복지정책 마련에 심혈을 기울이고 있다. 현재 일본 전체 인구 가운데 65세 이상 비율은 28.4%인데 2030년에는 35.5%로 늘어날 전망이다. 이대로라면 2050년에는 40%를 돌파할 것으로 예상된다. 따라서 전문가들은 지금부터라도 대책을 마련해야 한다고 입을 모은다. 물론 국가차원에서 다양한 지원책을 내놓고 있지만 여전히 부족하다는 지적이 많다.

일례로 도쿄 시내 공원 곳곳에서는 무료급식소를 운영하고 있는데 이용객 대다수가 거동이 불편한 노인들이다. 그럼에도 불구하고 수용인원이 제한돼 있어 끼니를 거르는 노인들이 적지 않다고 한다. 또 하나 주목할 만한 점은 독거노인 비중이 높다는 것이다. 가족 없이 홀로 사는 노인가구수는 무려 30%에 달한다. 이는 고독사 위험군에 속하는 노인수도 급증하고 있다는 것이다. 상황이 이렇다 보니 지자체별로 대응책 마련에 분주한 모양새다. 우선 지역 내 병원과 연계해 건강관리 서비스를 제공하는가하면 안부확인시스템을 구축하기도 한다. 그런가 하면 간병로봇 개발 및 보급에도 적극 나서고 있다.

4. 고령사회 진입 그리고 액티브 시니어

UN 기준에 따르면 우리나라는 2017년에 고령사회에 진입했고, 2025년에는 초고령사회에 들어설 전망이다. 불과 30여 년 사이에 노인인구가 무려 4배 가까이 늘어나는 셈이다. 이렇게 되면 생산가능인구 감소 및 부양부담 가중 등 다양한 사회문제가 발생할 수 있다. 따라서 정부 차원에서 대책마련이 시급하다고 볼 수 있다.

우선 정년연장제도를 도입해야 한다. 현재 60세인 법정정년을 최대 65세로 늘리는 방안을 검토하자는 것이다. 물론 청년실업 문제해결이라는 난제가 있긴 하지만 저출산·고령화 시대에 접어든 만큼 장기적인 관점에서 접근해야 한다고 본다. 아울러 은퇴 후 재취업 기회를 제공해 경제활동 기간을 늘려야 한다. 그래야 노후 빈곤층 양산을 막을 수 있기 때문이다. 이외에도 기초연금 지급액 상향조정, 치매국가책임제 시행 등 다각도로 고민해봐야 할 사안들이 많다. 인구절벽 문제로 인해 대한민국 사회는 빠르게 변화하고 있으며 이러한 상황에서 많은 시니어들이 노후 준비 및 은퇴설계 준비미흡으로 불안감을 느끼고 있다.

'인구감소 등 미래 변화상 예측 및 대응방안 모색'이라는 주제로 저출산고령사회위원회 주최로 열린 제4차 포럼에서 토론자들은 "2050년 우리나라 총인구수는 4400만 명대 초반으로 줄어드는데 반해 65세 이상 노인비중은 37.3%로 세계 최고수준"이라며 "생산가능인구 감소→경제성장률 하락→재정수지 악화→국가채무 증가→복지비 지출 확대→연금재정 파탄→저출산 심화란 악순환 고리가 형성될 가능성이 높다"고 지적했다.

초고령사회 진입을 앞두고 있는 대한민국에서는 노인복지정책 마련이 시급하다는 목소리가 높다. 하지만 정작 당사자인 노인들은 자신에게 필요한 서비스가 무엇인지 잘 알지 못하는 경우가 많다. 심지어 국가차원에서 제공하는 혜택조차 제대로 누리지 못하고 있는 실정이다.

보건복지부 산하 중앙노인보호전문기관이 실시한 설문조사에 따르면 65세 이상 노인 가운데 약 30% 만이 현재 받고 있는 서비스에 대해 만족한다고 응답했다. 나머지 70%는 불만을 표시했는데 주된 이유는 정보부족이었다. 게다가 전체 응답자의 절반가량은 앞으로도 계속 받을 의향이 없다고 밝혔다. 이렇듯 제도 자체에 대한 불신이 팽배하자 일각에서는 차라리 폐지하자는 극단적인 주장까지 나오고 있다. 물론 지금 당장 모든 걸 바꿀 수는 없다. 다만 장기적인 관점에서 체계적인 시스템을 구축해야 한다는 데는 이견이 없어 보인다.

우선 각 지자체별로 흩어져 있는 관련 기관 및 단체를 통합해 효율성을 높여야 한다. 그래야 중복지원 등 불필요한 예산낭비를 막을 수 있기 때문이다. 아울러 전문인력 양성에도 힘써야 한다. 아직까지는 현장 경험이 풍부한 전문가가 턱없이 부족한 상황이다. 따라서 교육 프로그램을 강화함으로써 역량을 갖춘 인재를 육성해야 한다.

경제활동인구 감소로 인해 생산가능인구가 줄어들고 있다. 이로 인해 잠재성장률이 하락하고 국가경쟁력이 약화될 우려가 크다. 또 노년층 부양부담이 커지면서 세대간 갈등이 불거질 수도 있다. 한편으로는 은퇴 후에도 활발한 활동을 펼치는 이른바 액티브 시니어가 등장하기도 했다. 현재 5070 세대는 이전 세대와는 달리 건강하고 여유로운 삶을 추구한다. 자식에게 의존하지 않고 자신만의 인생을 즐기려는 욕구가 강하다. 따라서 취미생활 및 여가활동 등에 적극적으로 참여하려는 경향이 두드러진다. 앞으로도 계속 늘어날 전망이어서 관련산업 규모도 빠르게 성장할 것으로 예상된다.

우리나라는 이제 본격적인 고령사회에 진입했다. 이제 대한민국은 초고령사회로의 진입을 눈앞에 두고 있다. 평균수명이 늘어나면서 노년층의 경제활동 참여욕구도 덩달아 높아지고 있다. 은퇴 후에도 건강관리 및 여가생활을 즐기며 적극적으로 사회생활을 하려는 액티브 시니어가 늘어나고 있는 것이다.

현재의 60대는 이전 세대와는 확연히 다르다. 예전 같으면 자식 뒷바라지 하느라 노후 준비는커녕 당장 먹고 사는 일조차 버거웠을 것이다. 그러나 지금은 상황이 달라졌다. 부모부양이라는 개념 자체가 희미해진데다 자녀 교육비 부담도 줄었다. 덕분에 여유자금이 생기면서 제2의 인생을 설계하려는 움직임이 활발해졌다. 물론 아직까지는 부족한 면이 없지 않다. 노인빈곤율이 OECD 국가 중 1위라는 불명예스러운 타이틀을 갖고 있기 때문이다. 그럼에도 불구하고 희망적인 요소가 많다는 점은 고무적이다. 정부차원에서 다양한 정책을 마련하고 있으며 국민 인식변화도 서서히 일어나고 있기 때문이다. 머지않아 활기찬 노년문화가 정착될 것으로 기대된다.

5. 저출산 고령화 지방 소멸, 새로운 미래산업 이야기

1) 저출산

한국의 2020년 혼인 건수는 5만 1,000여 건이다. 이들이 아이를 기를 수 있는 환경이 되는가? 현실에서는 한국만의 문제가 아니다. 그러나 현재 한국의 출생률 저하를 보면 매우 심각하다. 이들이 가정을 꾸리고 아이를 낳아 기를 수 있는 여건이 어려우므로 출산이 꺼려지는 것은 당연하다. 맞벌이를 해도 먹고사는게 힘겨운데 아이를 기르기란 엄두가 나지 않기 때문이다.

[그림3] 2002년 혼인 건수(출처 : 통계청)

우리나라 출산율은 0.75명으로 OECD 국가 중 최하위 수준이다. 정부와 지자체에서는 다양한 정책을 시행하고 있지만 좀처럼 나아지지 않고 있다. 아이를 낳지 않으려는 사회분위기 때문이다. 특히 청년층에게는 결혼이나 출산보다는 취업준비나 개인 역량 개발이 더 중요하다고 여겨지고 있다. 물론 경제적인 문제도 큰 몫을 하고 있다. 그렇다고 언제까지 손 놓고 있을 수만은 없다. 당장 눈 앞의 이익에만 집중하다가는 인구감소라는 위기상황에 처할 수도 있기 때문이다. 장기적인 관점에서 지금부터라도 대책을 세워야한다.

[그림4]에서 볼 수 있듯이 맞벌이 부부가 외벌이 부부에 비해 10% 이상 아이를 갖지 않은 상황이며, 주택 소유여부에 따라서도 영향이 크다.

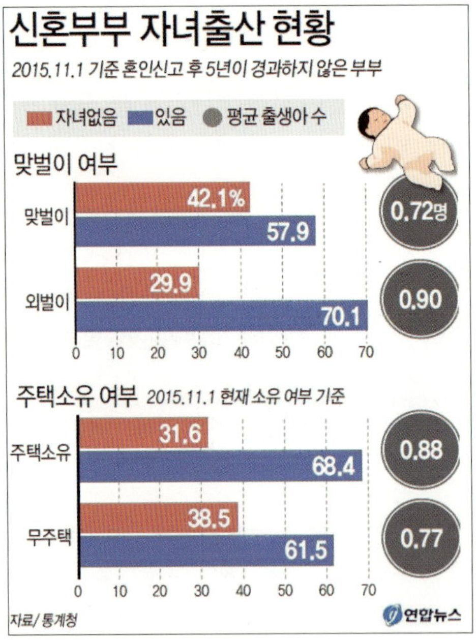

[그림4] 신혼부부 자녀 출산 현황(출처 : 통계청)

저출산 문제! 출산율 저하로 어떤 문제가 발생하는지 살펴보자.

이미 우리나라의 출산율은 세계 최저수준이며, 이로 인해 국가경쟁력 저하와 생산인구 감소 등 다양한 문제가 발생하고 있다. 그런데 사실 이러한 상황은 어제 오늘일이 아니다. 이전부터 꾸준히 제기돼왔던 문제임에도 불구하고 뚜렷한 대책이나 변화 없이 지금까지 이어져왔다. 정부에서는 지난 10년간 약 150조 원 규모의 예산을 투입했지만 큰 효과를 보지 못했다. 그래서 많은 전문가들과 정책 담당자들은 이제 근본적인 원인을 파악하고 개선책을 마련해야 한다고 입을 모으고 있다.

저출산은 젊은 세대들의 과도한 부담으로 작용하고 있다. 그동안 수많은 논의 끝에 나온 결과물이지만 여전히 미흡한 점이 많고, 실효성 논란도 끊이지 않고 있다.

우리나라 출산율은 OECD 국가 중 유일하게 1명 미만일 정도로 심각한 상황이다. 물론 결혼 적령기 인구 감소와 경제 불황 등 다양한 요인이 복합적으로 작용한 결과겠지만 근본적인 해결책 마련이 시급하다.

전문가들은 우선 보육 시스템 개선이 필요하다고 입을 모은다. 맞벌이 부부에게 있어 육아는 결코 쉬운 일이 아니다. 퇴근 후 집에 오면 녹초가 되기 일쑤고 주말에도 밀린 집안일을 하느라 쉴 틈이 없다. 그러다보면 자연스레 자녀양육에 소홀해질 수밖에 없다. 따라서 부모 모두 마음 놓고 일할 수 있도록 직장 내 어린이집 확충 및 근무여건 개선이 절실하다.

아울러 사교육비 부담을 덜어주는 방안도 적극 검토해야 한다. 교육부에 따르면 2018년 기준 학생 1인당 월평균 사교육비는 29만 1,000원이었다. 가계 소득 대비 비율로는 무려 13%에 달한다. 만약 공교육 강화를 통해 사교육 의존도를 낮춘다면 그만큼 가정경제에 보탬이 될 것이다.

마지막으로 주거안정대책도 반드시 필요하다. 치솟는 집값 탓에 서민들의 삶은 점점 팍팍해지고 있다. 게다가 최근엔 서울 강남권 아파트 가격이 천정부지로 치솟으면서 상대적 박탈감마저 커지고 있다. 부동산 투기세력을 근절하고 주택공급을 늘리는 한편 임대주택보급을 확대한다면 어느 정도 숨통이 트일 것이다.

출산율 저하속도가 점점 빨라지면서 '인구절벽위기론'이 대두되고 있다. 정부에서는 다양한 정책을 내놓으며 출산율 높이기에 안간힘을 쓰고 있지만 역부족인 상황이다. 일각에서는 근본적인 해결책 없이 단기처방만으로는 한계가 있다고 지적한다. 물론 틀린 말은 아니다. 다만 지금 당장 뾰족한 대안이 없다는 게 문제다. 이대로 가다간 머지않아 국가소멸이라는 최악의 시나리오가 현실화될지도 모른다. 따라서 이제라도 보다 적극적인 대책마련이 필요하다고 본다.

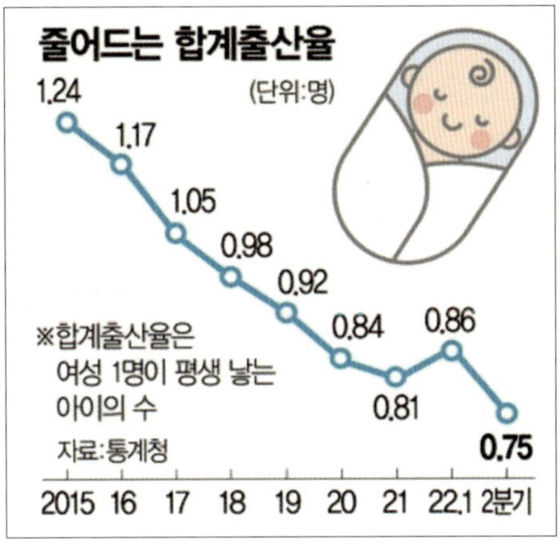

[그림5] 줄어드는 합계출산율(출처 : 통계청)

우선 결혼과 출산을 장려하는 사회분위기 조성이 시급하다. 그래야 젊은 세대들이 마음 놓고 가정을 꾸릴 수 있을 테니 말이다. 아울러 육아부담을 덜어줄 수 있는 실질적인 지원방안도 마련해야 한다. 또한 청년층 일자리 창출이야말로 최고의 복지이자 최선의 해법임을 명심하자.

저출산 문제는 이제 한국 고유의 단일민족은 퇴색하고 인구가 부족하다보니 외국의 노동인력을 불러들여 다국적·다문화국가로 전환되는 요인으로도 작용하고 있다. 또한 요즘 한국사회는 가치관에도 예전의 가족문화에서 핵가족화되고 이제는 홀로사는 1인 가구도 급증하면서 혼인하고자하는 인식이 변화하는 것 같다.

이제 젊은이들에게 혼인이란 필수가 아닌 선택이라는 인식이 확산되고 있는 듯 하다. 그만큼 사회구조가 변화하고 경제적 자립도가 어렵기 때문에 결혼을 기피하고 1인 가구로 살기에 출산율은 그만큼 더 낮아지게 되는 것이리라.

또 하나의 이유를 들자면 한국사회가 정보사회로 변화해감에 따라 여성들도 전문분야에 참여하게 됨으로써 결혼연령도 점차 늦어지고, 결혼하는 것 자체에 별로 큰 관심을 두지 않는 것 같다. 결혼을 했어도 아기를 돌볼 시간적 여유와 경제적 여유가 없어 출산율은 더 저조해지는 것 같다.

출산율 저하에 대한 대책들은 현재 어떤 방안들을 세우고 있는가?
국가 차원에서 적극적인 출산장려정책 시행으로 출산장려수당, 자녀수당 등을 일정 금액 지급하면서 아파트와 임대주택 등에 대해도 일정부분 우선권을 부여해야 한다. 지금도 일부 시행 중이지만 육아휴직급여와 자녀수에 따른 조세정책도 현재보다 더 적극적으로 시행해야 할 것이다. 보육시설의 확충으로 자녀를 양육하는데 있어 어느정도의 부담을 덜어줄 수 있어야 할 것이다.

여성들의 육아로 인한 사회경력단절이 문제가 될 수도 있다. 이런 문제를 어느정도 해소해 주는 것도 좋을 것이다. 고용안정에도 문제가 있다. 청년실업 문제는 아이를 양육하기 위해서는 경제적 문제가 큰 영향을 끼치므로 청년실업율을 해결할 수 있는 방안도 마련해야 할 것이다.

이대로라면 2050년경에는 인구가 절반 이하로 감소할 것이라고 한다. 아이 울음소리가 사라진 마을에서는 미래를 기대하기 어렵다. 그렇다고 무작정 아이를 낳으라고 강요할 수도 없다. 이미 결혼한 부부들에게도 육아와 교육문제는 커다란 짐이기 때문이다. 그래서 정부에서도 여러 정책을 시행하고 있다. 무상보육이나 아동수당 등 각종 지원책을 내놓았지만 아직까지는 큰 효과를 보지 못하고 있다. 따라서 근본적인 대책이 필요하다.

2) 고령화

앞서 언급했듯이 한국은 이미 2017년부터 고령사회에 진입했다. 현재 대한민국은 급속도로 늙어가고 있다. 의료기술의 발달로 인간의 수명은 점점 더 늘어나고 있다. 이렇듯 고령인구비율이 높아만 가고 있는데 이를 낮출 수 있는 방법 중 하나가 출산율을 증가시키는 것일지도 모른다.

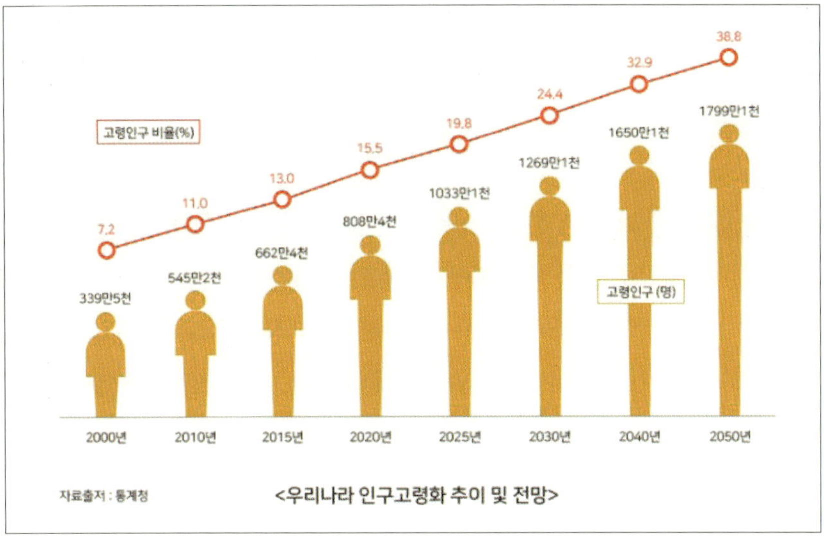

[그림6] 노령화 인구비율(출처: 통계청)

우리나라 평균 기대 수명은 82세라고 하다. 이제 막 태어난 아기들의 수명까지 포함한 수치이다. 이미 인생의 3분의 1 이상을 산 셈이다. 문제는 앞으로의 삶이다. 지금까지는 부양할 가족이 있었기에 어느정도 노후대비가 가능했지만 이젠 혼자 살아가야 하기 때문이다. 100세 시대라는 말이 더 이상 낯설지 않은 상황이지만 여전히 준비되지 않은 노년층이 많다. 한국보건사회연구원 조사에 따르면 60대 이상 노인 10명 중 4명이 빈곤상태이며, 65세 이상 노인 자살률은 OECD 국가 중 최고 수준이라고 한다. 이러한 현실에도 불구하고 현재 정부차원의 지원책은 미비한 실정이다.

최근 들어 인구감소 및 고령화 등 사회문제 해결방안으로 '도시재생사업'이 주목받고 있다. 쇠퇴한 구도심을 활성화시켜 지역경제를 되살리자는 취지인데 일각에서는 우려의 목소리도 나온다. 자칫하면 기존 주민들이 쫓겨나는 '젠트리피케이션' 현상이 일어날 수 있기 때문이다. 실제 사례를 보면 알 수 있다. 이곳은 봉제 공장 밀집 지역으로 한때 전성기를 누렸지만 지금은 낙후된 동네로 전락했다. 그러자 정부와 지자체가 나서서 주거환경 개선작업에 착수했고 현재는 문화예술마을로 탈바꿈했다.

하지만 정작 그곳에 살던 주민들은 하나둘씩 떠나고 말았다. 임대료가 치솟아 도저히 감당할 수 없었기 때문이다. 결국 원주민 이탈이라는 부작용만 남긴 채 마을재생 프로젝트는 실패로 돌아갔다. 전문가들은 무분별한 재개발보다는 소규모 정비사업을 통해 점진적으로 변화를 꾀해야 한다고 말한다. 그래야 거주민들의 삶의 질 저하를 막을 수 있다는 것이다. 물론 쉽지 않은 일이다. 그럼에도 불구하고 반드시 필요한 과정임에는 틀림없다.

부쩍 늘어난 노인 인구만큼 사회 곳곳에서 다양한 변화가 감지되고 있다. 우선 의료비 지출이 크게 늘었다. 65세 이상 노인 1인당 연간 진료비는 약 438만 원 수준으로 전체 국민 평균치 대비 3배가 넘는다. 건강보험공단에서는 매년 막대한 예산을 쏟아 붓고 있지만 역부족이다. 결국 개인 스스로 노후 준비를 철저히 하지 않으면 낭패를 볼 수밖에 없다.

또 하나 눈에 띄는 건 경제활동인구 감소이다. 지난해 기준 60세 이상 근로자는 전년대비 8만 명 가까이 늘었지만 30대는 무려 6만여 명이나 줄었다. 저출산·고령화가 가속화되면서 생산가능인구 비중이 빠르게 줄어들고 있는 것이다. 상황이 이러다 보니 정부차원에서도 대책마련에 고심하고 있다. 하지만 뾰족한 해결책이 없어 고민이 이만저만이 아니다. 일각에서는 정년 연장 및 임금피크제 도입 등 제도개선이 필요하다는 목소리가 나오고 있다. 물론 일리 있는 지적이지만 근본적인 해결책은 될 수 없다. 보다 근본적인 대안은 출산율을 높이는 것이다. 그래야 젊은 층의 부담이 줄어들기 때문이다. 지금부터라도 국가정책 전반에 걸쳐 대대적인 개혁이 이뤄져야 한다.

3) 지방소멸

통계청에서는 최근 20년간 우리나라 인구변화 추이를 분석한 보고서를 발표했다. 그런데 충격적인 사실이 밝혀졌다. 출산율 감소와 고령화로 인해 향후 30년 이내에 전국 지자체 84곳이 사라질 수도 있다는 것이다. 이대로라면 100년 뒤 대한민국 지도는 완전히 달라질지도 모른다. 이미 많은 도시들이 소멸위기에 놓여있다.

대표적으로 부산 중구, 대구 서구, 인천 동구 등 대도시권에서도 다수의 지역이 위험군에 속해있다. 특히 청년층 유출 현상이 두드러지고 있다. 이로 인해 고령 인구와 유소년인구 간 격차가 점차 커지고 있다. 반면 일부 도시는 반대로 인구가 늘어나고 있다. 전남 순천시, 강원 춘천시, 경기 화성시 등 몇몇 중소도시들의 성장세가 눈에 띈다. 이렇게 되면 앞으로 어떤 문제가 발생할까? 결국 도심 집중화가 더욱 가속화될 것이다. 국토균형 발전에도 큰 걸림돌이 될 것이다.

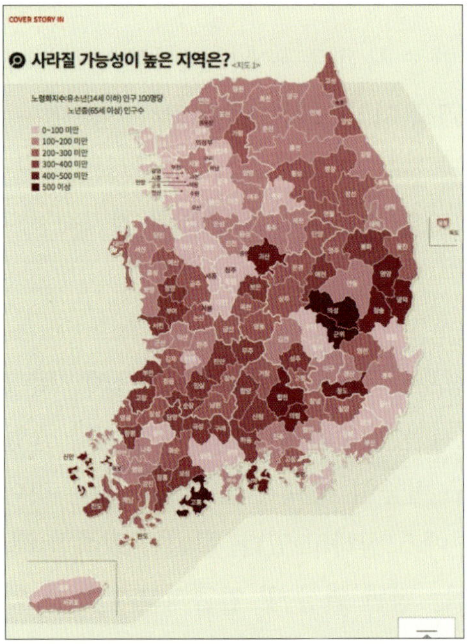

[그림7] 지방소멸이 우려되는 지역을 표시한 한국지도(출처 : 통계청)

대한민국 전체 인구 5,182만 명 중 수도권 거주자는 49.8%(2,596만 명)이며, 서울특별시와 인천광역시, 경기도 등 수도권 지역에만 약 2,000만 명이 살고 있다. 이러한 추세라면 2045년에는 약 70%까지 늘어날 전망이다. 반면 비수도권 지역에서는 6개 광역시를 포함한 모든 시·군·구가 소멸 위험지역이다.

한국고용정보원 보고서에 따르면 전국 228개 시군구 중 89곳이 30년 이내에 사라질 가능성이 높다고 한다. 저출산 고령화로 인한 생산가능인구 감소문제가 현실화 되고 있는 것이다. 이대로라면 머지않아 우리나라 국토 면적의 11.8%에 불과한 수도권에서만 살아야 하는 날이 올지도 모른다.

한국고용정보원 조사결과 소멸 위험지역(20~39세 여성 인구수 < 65세 이상 고령 인구수) 전국 228개 시·군·구 중 105곳(46%)이 포함됐다. 특히 서울시 중구와 종로구는 인구 대비 노인 비율이 20% 수준이지만 지자체 재정자립도는 각각 45위, 36위로 매우 낮다. 결국 저출산·고령화가 심화되면 정부 지원 없이는 지역유지가 불가능한 상황까지 올 수 있다는 뜻이다.

국가균형발전위원회 자료에 따르면 2019년 기준 수도권 거주자가 비수도권 주민보다 평균소득 971만 원을 더 벌었고, 지출액은 359만 원을 더 썼다고 한다. 즉, 지속 가능한 균형발전을 위해서는 이를 뒷받침할 재원 마련이 필수적이다. 국세 일부를 지방세로 전환하거나 법인세율 인상 등 세수확충방안을 검토해야만 한다.

4) 미래산업 이야기

우리는 흔히 몇차 산업이라고 하는데 분류를 보면 1차 산업은 농업, 축산업, 어업, 임업, 광업 등 이원물 생산업을 말한다. 2차 산업은 1차 산업을 가공한 소비재로 제조업과 건설업, 전력사업 즉 태양열, 수력, 풍력, 화력 등이 있고 중공업, 경공업 등의 시스템을 말한다. 3차 산업은 서비스 부분을 말하는데 무형의 서비스로 부를 창출하는 사업으로 금융, 투자, 보험, 상담, 보안, 관광, 건강관리, 복지 등의 서비스를 말한다.

4차 산업은 정보통신기술을 이용해 경제에 영향을 미치는 사업을 말한다. 즉 노동이 아니라 지식기반의 산업이 발전하는 세대이다. 아마 '알파고'라고 하면 생각나는 일이 있을 것이다. 알파고와 이세돌이 바둑을 뒀었다. 이 일은 아마 세계적인 이슈였던 것으로 기억한다. 이와 같이 인공지능, 로봇공학, 무인 드론(무인 멀티콥터), 나노기술, 3D 인쇄기술, 빅데이터의 정보통합기술로 경제와 산업 전반에 영향을 주는 기술을 말한다. 이렇듯 2차 산업인 제조업과 정보통신이 결합되고 인공지능을 활용해 자동화된 산업 시대를 4차 산업혁명이라고 한다. 또한 요즘은 게임방에 가면 4D라는 룸에 들어가 가상현실(VR:Virtual Reality)을 안경을 끼고 보면서 기구를 타는 놀이가 있다. 이 4D도 여기에 속하고 한때 포켓몬 게임을 한다고 강릉에 사람들이 몰렸다는 뉴스를 보았을 것이다. 이것은 증강현실(AR:Augmented Reality) 게임이다.

증강현실이란 우리가 직접 보는 현실 세계의 정보로 만들어진 이미지를 겹쳐 표현하는 것으로 공상과학 애니메이션이나 영화를 보면 어떤 장치를 착용하거나 작동하게 되면 어떤 정보가 보이는 모습을 볼 수 있었을 것이다. 이런 것들을 증강현실이라고 한다. 즉 가상현실은 가상의 세계가 하나 만들어진다고 생각하면 된다. 배경, 환경, 사람, 동물 등 모든 것이 가상의 이미지를 사용하는 것이고, 증강현실은 현실을 배경으로 가상의 이미지를 겹쳐 하나의 영상으로 보여주는 것을 말한다.

그러면 증강현실을 실생활 어디에 이용하는가 하면 게임에 이용하기도 하고 우리가 어디 목적지에 가고자 할 때나 길을 잘 모를 때 많이 사용하는 네이게이션을 들 수 있다. 네비게이션은 가고자 하는 목적지를 알려주고 길을 안내해 줄 뿐만 아니라 실시간으로 도로상황을 알려줘 안전하게 목적지에 도착할 수 있도록 도와준다. 또한 본인이 필요로 하는 어떤 물건을 구입하고자 할 때도 어디서 어떻게 사면 좋을지를 알려주고, 만약 가구를 구입하고자 한다면 가구를 들여 놓을 장소에 어울리는지, 크기는 맞는지도 알려준다. 의상을 구매하고자 할 때도 본인에게 어울리는지를 알려주며, 헤어스타일을 바꾸고 싶을 때도 본인에게 어울리는지를 보여준다.

우리가 해외에 나갔을 때 언어소통이 안 된다든지 본인이 모르는 언어를 번역해 알고 싶을 때도 번역기를 이용한다. 요즘은 논문 같은 텍스트도 바로 번역이 되므로 굉장히 편리하게 이용할 수 있다. 이렇듯 다양하게 이용할 수 있는 것이 증강현실이다.

4차 산업혁명 시대라고 불리는 오늘날 인공지능 로봇기술 등 다양한 분야에서 눈부신 발전이 이뤄지고 있다. 하지만 한편으로는 우려의 목소리도 적지 않다. 인간의 일자리를 기계가 대체함으로써 대량 실업 사태가 벌어질 수도 있기 때문이다. 물론 지금 당장 그런 일이 벌어지지는 않을 것이다. 다만 가까운 미래에 일어날지도 모를 일이기에 미리 대비해야 한다는 데 이견은 없다. 그럼에도 불구하고 여전히 상당수의 사람들은 변화를 두려워한다. 아마도 막연한 두려움 때문일 것이다. 게다가 아직까지 구체적인 실체가 드러나지 않았기에 확신하기도 어렵다. 어쩌면 당연한 반응인지도 모른다. 나 역시 마찬가지였으니까.

그러다 문득 궁금해졌다. 도대체 뭐가 두려운 걸까? 그리고 앞으로 다가올 미래사회에서는 무슨 일이 벌어질까? 호기심 반 걱정 반으로 관련 서적을 찾아 읽기 시작했다. 책을 통해 얻은 정보를 바탕으로 나름대로 정리해보았다. 먼저 현재 상황을 살펴보자.

최근 들어 AI 스피커 보급이 빠르게 확산되고 있다. SK텔레콤 누구, KT 기가지니, 네이버 웨이브, 카카오 미니 등 종류도 다양하다. 사용법도 간단하다. 음성 명령만으로 원하는 음악을 듣거나 날씨 및 뉴스 검색, 일정 관리 등 각종 서비스를 이용할 수 있다. 심지어 배달음식 주문까지도 가능하다. 그야말로 스마트폰 못지않은 만능 비서라 할 수 있다. 이렇듯 IT기술 발달로 인해 일상생활 속 편리함이 한층 강화됐다.

덕분에 삶의 질이 크게 향상됐지만 그만큼 부작용도 만만치 않다. 가령 개인 정보유출 위험이 커지고 사생활 침해 논란이 불거질 수 있다. 또 가짜뉴스 범람으로 인한 사회혼란 야기, 빅데이터 활용과정에서 인권 침해 소지가 다분하다. 해킹 피해급증 등 부정적인 측면도 무시할 수 없다. 결국 새로운 기술 도입 시 그로 인한 득과 실을 면밀히 따져봐야 한다. 그래야 보다 현명하게 대처할 수 있을 테니까 말이다.

4차 산업혁명 시대라는 말은 이제 식상할 정도로 널리 알려져 있다. 인공지능, 빅데이터, 사물인터넷 등 첨단기술이 주도하는 차세대 산업혁명을 일컫는 말인데 아직까지는 개념 자체가 모호하다는 지적이 많다. 그럼에도 불구하고 관련 업계에서는 발 빠르게 대응하고 있다. 정부 차원에서도 다양한 정책을 추진 중이고 민간기업들도 적극 동참하고 있다. 심지어 일부 지자체에서는 지역경제 활성화를 위해 앞장서고 있기도 하다.

현재 각 지자체별로 주력하고 있는 주요 사업으로는 스마트팜, 드론, 자율주행 자동차, 가상현실 및 증강현실, 로봇공학 등이 있다. 이중 몇 가지만 살펴보면 다음과 같다. 먼저 전남 신안군은 섬 전체를 하나의 농장으로 만든다는 계획 아래 대규모 스마트팜 단지 조성에 나섰다. 이곳에선 작물재배뿐 아니라 가공, 유통, 관광까지 모두 해결할 수 있다고 한다. 또 강원도는 농업용 드론 보급사업을 본격 시행한다고 밝혔다. 아울러 부산시는 무인선박규제 자유특구 지정을 통해 해양 신산업 육성에 박차를 가하고 있다. 이외에도 대구시, 세종시, 제주도 등 곳곳에서 미래 먹거리 발굴에 힘쓰고 있다.

물론 긍정적인 측면만 있는 건 아니다. 일각에서는 일자리 감소라든지 빈부격차 심화 등 부작용을 우려하기도 한다. 그렇지만 장기적인 관점에서 봤을 때 분명 필요한 일이라는 생각이 든다. 지금 당장은 힘들더라도 먼 훗날엔 반드시 빛을 볼 테니 말이다. 어쨌든 분명한 건 지금까지의 패러다임이 완전히 뒤바뀔 만큼 혁신적인 변화가 일어날거라는 사실이다.

5차 산업이란 산업이 발달함에 따라 서비스를 3차 산업 만으로 분류할 수 없어서, 3차 산업부문을 금융, 보험, 상업, 수송 등으로 국한시키고 4차 산업은 정보, 교육, 의료 등의 산업으로 분류하며, 5차 산업은 취미나 여가생활, 오락, 패션 등으로 분류한다.

5차 산업에는 이런 내용이 포함되지 않을까 생각해본다. 블록체인 유니버설, 홀로그래픽디스플레이, 핵융합기술 상용화, 양자컴퓨터의 발전, 현재보다 좀 더 발전된 자율주행 기술 등이 되지 않을까 싶다.

6차 산업은 농업생산물을 바탕으로 농업과 식품, 특산품을 제조·가공해 유통판매, 문화체험, 관광서비스 등과 연계해 새로운 부가가치를 창출하는 활동을 의미한다. 말하자면 '1차×2차×3차=6차'라는 공식이 성립된다. 쉽게 말해 유무형의 농산물을 재배·수확하는데 그치지 않고 제조·가공 및 유통판매 과정을 거쳐 농촌문화체험 프로그램 운영으로까지 확장한다는 개념이다.

정부에서는 지역경제 활성화 차원에서 적극 권장하고 있으며 현재 다양한 형태로 추진되고 있는 것으로 이러한 6차 산업은 농업농촌의 창조경제의 대표적인 체계라고 보면 된다. 창조경제는 창의력, 상상력, 과학기술 ICT 융합을 통한 새로운 시장산업 육성으로 양질의 더 많은 일자리를 창출하기 위한 경제 패러다임이라고 볼 수 있다. 농업생산물에 창의력과 상상력을 더 하면 현재보다 더 다양한 형태의 가공상품이 개발될 수 있을 것이다. 새로운 일자리를 만들고 생산적 복지를 실현하며 지역경제를 활성화 시키는데 기여할 것이다.

예를 들면 예전 태풍이 심하게 불어서 낙과한 사과는 실제로 상품으로 쓸 수 없는 것들로 과수원 농부들의 속마음이 쓰라렸을 것이다. 그런데 태풍에 떨어진 사과를 가져다가 주스, 과일즙, 잼 등 다양하고 새로운 상품을 만들어 팔았을 때 거기에서 새로운 일자리가 창출되고 새로운 소득이 발생하는 것이다. 이로써 지역경제가 활성화 되는 것이다.

6. 은퇴와 정년 어차피 시간 싸움, 나도 이젠 준비

1) 은퇴 및 정년 생활하면서 학위 따는 법

(1) 은퇴 및 정년

평생직장 개념이 사라진 지 오래다. 이제 대부분 기업에서는 정년퇴직 연령을 60세 전후로 두고 있다. 문제는 여기서부터 발생한다. 직장인이라면 누구나 언젠가는 은퇴를 하게 된다. 그때부터 제2의 인생이 시작되는 것이다. 그런데 많은 이들이 퇴직 후 삶에 대한 계획을 세우지 못하고 있는 실정이다. 100세 시대라고 하는데 준비 없이 맞이한 노년기는 결코 행복하지 않을 것이다. 그래서 미리미리 준비해야 한다. 아직 늦지 않았다. 지금부터라도 차근차근 노후 준비를 해야 한다.

100세 시대라는 말이 더이상 낯설지 않은 세상이다. 그만큼 정년퇴직 후에도 살아가야 할 날이 많다. 그런데 경제활동 없이 살아야 하는 시간 역시 길다. 이럴 때일수록 더욱 준비가 필요하다. 연금 등 노후 준비와 함께 제2의 직업을 찾는 노력까지 더해진다면 금상첨화다. 만약 현재 다니는 직장 외에 또 다른 삶을 꿈꾸고 있다면 지금부터 미리 준비하자. 40대 후반부터 새로운 도전하기에는 늦은 나이일 수도 있다.

통계청 자료에 따르면 우리나라 평균 퇴직연령은 52세라고 한다. 20년 넘게 일한 직장에서 더이상 일할 수 없게 된다면 어떨까? 지금까지 쌓아온 경력이나 경험과는 무관한 새로운 직업을 찾아야 할 수도 있다. 많은 사람들이 이러한 상황 때문에 불안감을 느끼고 있다고 한다. 준비되지 않은 노후는 재앙과도 같다. 100세 시대라는 말이 무색할 만큼 앞으로 살아갈 날이 훨씬 많기 때문이다. 이제부터라도 체계적으로 미래를 대비하자. 이 책은 당신에게 든든한 버팀목이 돼줄 것이다.

우리는 이제 막 인생의 절반을 넘겼을 뿐이다. 아직 반도 채 살지 못했는데 벌써부터 은퇴 걱정을 해야 한다니 참 씁쓸하다. 그래서 준비했다. 어떻게 하면 잘 늙을 수 있을지 그리고 어떤 마음가짐으로 살아가야 할지에 대한 이야기를 하고자 한다. 만약 당신이 30대라면 앞으로 다가올 미래를 충분히 대비할 수 있을 것이고, 40~50대라면 지금까지 살아온 삶을 돌아볼 수 있는 기회가 될 것이다.

평균 수명 100세 시대라고 한다. 많은 사람들이 오래 사는 것을 축복이라고 여기지만 실제로 오래 산다는 것만이 축복일까? 인생의 절반 가까이 일하는 데 써야 하는 현실 앞에서 마냥 기뻐할 수만은 없을 것이다. 특히나 경제활동 기간이 짧은 청년층이라면 더욱 그렇다. 현재 우리나라 국민연금 수령액으로는 노후자금으로 쓰기엔 턱없이 부족한 수준이다. 이를 보완하기 위해 개인연금이나 퇴직연금 등 다양한 금융상품들에 관심을 갖는 분들이 많다.

아직까지 어떤 상품을 선택해야 할지 막막한 분들을 위해 준비됐으니 연금저축보험부터 IRP(개인형퇴직연금)와 ISA(개인종합자산관리계좌)까지! 여러분의 상황에 맞는 최적의 포트폴리오를 찾아보길 바란다.

이제 막 사회생활을 시작한 20대 청년들에게는 먼 이야기일지도 모른다. 하지만 10년 후 당신에게도 일어날 수 있는 일이다. 미리 준비하지 않으면 100세 시대라는 말이 무색할 만큼 빨리 퇴직당할 수도 있다. 노후 준비라고 하면 보통 연금부터 떠올릴 것이다. 사실 중요한 건 따로 있다. 바로 평생 할 수 있는 직업을 갖는 것이다. 아직 늦지 않았다. 지금부터라도 관심 분야를 찾고 공부한다면 충분히 가능하다. 지금까지 열심히 달려왔다면 이제 잠시 쉬어갈 시간이다. 인생 2막에서는 그간 못했던 취미 생활이나 여행 등 그동안 하고 싶었던 일들을 마음껏 즐겨보길 바란다. 좋아하는 일과 잘하는 일 사이에서 행복한 고민을 하며 진짜 꿈을 찾아보자.

지금부터 소개할 4단계 법칙이면 어렵지 않게 설계하실 수 있을 것이다. 1단계 현재 상황을 점검하라. 2단계 필요한 자금을 파악해서 저축 목표액을 설정해야 한다. 여기까지 했다면 3단계 본격적으로 구체적인 실행계획을 세워야 한다. 4단계 세부 실행항목을 정하고 꾸준히 실천하면 된다. 이렇게 하면 누구나 꿈꾸는 풍요로운 노후 생활을 맞이할 수 있을 것이다.

많은 중장년층들은 은퇴 후 어떻게 살아야 할지 막막하다고 한다. 그래서 창업이나 재취업 등 여러 가지 선택지를 놓고 고민한다. 이러한 준비과정 없이 무작정 퇴직금만으로 사업을 시작하면 실패할 확률이 매우 높다. 철저한 준비와 함께 확실한 수익모델을 확보해야만 안정적인 노후 대비가 가능하다.

당신에게는 인생 2막을 열 준비가 돼 있나? 우리는 지금까지와는 전혀 다른 삶을 살아가게 될 것이다. 때문에 미리미리 노후 준비를 해야 한다. 어떤 직업을 가질지, 어떻게 살아갈지는 이미 선택한 후여야 한다. 그러기 위해서는 현재 상황을 정확히 파악할 필요가 있다. 이를 위해 〈나는 퇴사하고도 월 100만 원 더 모은다〉에서는 셀프 재무진단표를 제공하고 있다. 본인의 자산 현황 및 소비습관을 체크리스트 형태로 점검하면 어디서부터 문제였는지 쉽게 알 수 있을 것이다.

우리나라에서는 65세부터 국민연금을 수령 할 수 있다. 60세 정년퇴직 후에도 약 5년 동안 경제활동을 해야 한다는 뜻이다. 당장 먹고 살길이 막막한 상황에서 재취업이나 창업 등 새로운 도전을 하는 것은 쉬운 일이 아니다. 그렇다고 언제까지고 자식들에게 손을 벌릴 수도 없다. 지금부터라도 차근차근 준비한다면 얼마든지 안정적인 노후 생활을 할 수 있다.

이제 막 사회생활을 시작한 20대부터 노후 준비를 걱정하는 중장년층까지 누구나 한 번쯤은 미래에 대해 고민할 것이다. 특히 현재 하는 일이 적성에 맞지 않거나 평생 할 수 있는 일이 아니라면 더욱 그럴 것이다. 앞으로의 노후자금을 준비하려면 몇억 원대의 목돈이 필요하다. 대부분의 사람들은 이를 위해 은행 예금이나 적금상품 등에만 의존하곤 한다. 하지만 초저금리 시대라 이자율이 낮아 큰 도움이 되지 못한다.

한국에서는 보통 우량 주식에만 투자해도 은행이자보다는 훨씬 높은 수익률을 올릴 수 있다. 한국에서는 부동산에 가장 많은 투자를 한다. 위험 부담이 크기는 하지만 잘 알고 투자해서 적정한 소득을 취한다면 정말 좋은 방법이라고 여겨진다.

또한 많은 전문가들이 추천하는 재테크 수단이 바로 달러 투자이다. 안정성 높은 미국 국채와 한국 채권에 분산투자하면 장기적으로 고수익을 낼 수 있기 때문이다. 현재 우리나라에서도 개인들의 관심이 높아지고 있는 추세이다.

(2) 학위 따는 법

최근 들어 평생교육 바람이 불고 있다. 은퇴 후에도 배움을 멈추지 않는 중장년층이 늘고 있다는 의미다. 하지만 나이 들어서 공부한다는 게 어디 쉬운 일인가? 젊은 학생들 틈바구니에서 수업을 듣는 것도 쉽지 않을뿐더러 체력적으로도 부담된다. 게다가 직장 생활하랴 집안일 하랴 바쁜데 따로 시간을 내서 공부까지 한다는 건 여간 어려운 일이 아니다. 물론 모든 걸 다 포기하고 학업에만 전념한다면 못할 것도 없다. 하지만 그건 결코 바람직한 선택이 아니다.

인생 후반전을 준비하려면 반드시 일과 병행해야 한다. 그래야 지치지 않고 꾸준히 이어갈 수 있기 때문이다. 따라서 지금부터 소개하는 세 가지 팁을 참고하면 도움이 될 것이다. 첫째, 오프라인보다는 온라인 강의를 활용하자. 아무래도 직접 출석해야만 하는 오프라인 교육은 제약이 많을 수밖에 없다. 둘째, 학습 기간을 짧게 잡자. 장기 레이스에서는 쉽게 지칠 수 있으므로 단기간에 집중해 끝내는 편이 좋다. 셋째, 자신에게 맞는 과목을 선택하자. 평소 관심 있던 분야라면 금상첨화겠지만 그렇지 않더라도 크게 걱정할 필요는 없다. 어차피 새로운 지식을 습득하는 과정이므로 일단 도전해보는 자세가 중요하다.

(3) 사이버대학

직장 생활을 하면서 새로운 분야에 도전하고자 공부를 시작하는 것이다. 하지만 마음먹은 대로 잘되지 않는 게 현실이다. 우선 바쁜 업무 탓에 학업에 집중하기 어렵다. 또 퇴근 후 학원 수업까지 듣고 나면 체력적으로도 한계에 부딪힌다. 그러다 보면 중도에 포기하게 되는 경우가 부지기수다. 따라서 전문가들은 자신에게 맞는 학습법을 찾는 게 급선무라고 말한다. 필자 역시 마찬가지였다. 일과 병행하려니 여간 힘든 게 아니었다.

그러던 어느 날 문득 떠오른 묘안이 있었다. 그것은 바로 '사이버대학'이었다. 인터넷 강의라 출퇴근길 지하철 등 자투리 시간을 활용할 수 있고 시험 기간엔 주말 동안 몰아서 들을 수도 있어 안성맞춤이었다. 게다가 등록금도 일반 대학의 1/3 수준이고 장학금 혜택도 많아 경제적 부담도 덜었다. 물론 단점도 있다. 교수님과의 소통이 원활하지 않다는 점이다. 아무래도 얼굴을 마주 보고 대화하는 게 아니다 보니 질문사항이 있어도 그냥 넘어가는 경우가 종종 생긴다. 이럴 땐 학과 게시판을 적극적으로 활용하면 된다. 이곳에선 다양한 정보를 얻을 수 있을 뿐만 아니라 질의응답도 가능하다. 덕분에 궁금증을 쉽게 해결할 수 있어서 좋았다.

은퇴 후에도 배움에 대한 열정을 놓지 않는 모습이 보기 좋다. 하지만 한편으로는 걱정스러운 마음도 든다. 늦은 나이에 공부를 시작한다는 게 결코 쉬운 일이 아니기 때문이다. 따라서 효율적인 학습법을 미리 알아두면 도움이 될 것이다.

우선 수업 준비를 철저히 해야 한다. 강의실에 들어가기 전 교재를 꼼꼼히 읽고 예습하면 이해력 증진에 도움이 된다. 또 교수님 말씀을 하나라도 놓치지 않기 위해 집중해서 들어야 한다. 그래야 나중에 복습할 때 수월하게 정리할 수 있다. 그리고 시험 기간엔 벼락치기 대신 평소 꾸준히 공부하는 습관을 들여야 한다. 물론 쉽지 않겠지만 노력한다면 충분히 해낼 수 있으리라 믿는다. 마지막으로 체력관리에 신경 써야 한다. 오랜 시간 책상 앞에 앉아 있으면 허리통증 등 각종 질병에 시달릴 수 있기 때문이다.

만약 당신이 지금 다니는 직장에 만족한다면 굳이 그럴 필요 없다. 대신 업무 관련 자격증 취득 등 자신만의 커리어를 쌓는 데 집중하자. 반대로 현재 하고 있는 일에 대한 회의감이 든다면 진지하게 고민해볼 필요가 있다. 물론 선택은 자유다. 다만 내 경험상 기왕 공부를 하기로 마음먹었다면 석사·박사 과정까지는 마치는 게 좋다. 그래야 나중에 이직 시 유리하게 작용한다. 참고로 석사는 최소 2년, 박사는 최소 4년 정도 소요 된다. 따라서 가급 적 빨리 결정할수록 그만큼 이득이다. 특히 전문성을 강화할 수 있는 MBA나 로스쿨 입학문의가 많은 편이다. 다만 관련 학과 전공자가 아니라면 현실적으로 혼자서는 힘든 부분이 많을 것이다.

(4) 평생교육원

앞으로는 평생교육 시대가 될 것이라고 한다. 따라서 나이와 상관없이 새로운 지식을 습득할 필요가 있다. 최근에는 이러한 추세에 맞춰 다양한 교육프로그램들이 생겨나고 있다. 대학, 백화점이나 대형마트, 지자체 등에 복지센터나 문화센터가 개설돼 있고 다양한 프로그램을 운영하고 있다.

뿐만 아니라 방송국이나 문화센터에도 프로그램이나 커리큘럼이 다양해서 본인이 원하는 분야의 강의를 듣고 취할 수 있는 자격증이나 여타의 목적 취득이 가능한 부분이 많다. 특히 퇴직자들을 대상으로 하는 과정이나 자격증 취득과정 등이 인기다.

나이가 들었다고 공부할 필요가 없다고 생각하는가? 그렇지 않다. 오히려 지금이야말로 진짜 공부가 필요한 시점이다. 배움엔 끝이 없다. 새로운 기술들 역시 계속해서 등장하고 있다. 이러한 변화에 적응하지 못하면 결국 도태될 수밖에 없다. 제2의 인생을 준비한다면 더욱더 그렇다. 아직 늦지 않았다. 당신에게는 여전히 도전할 시간이 남아 있다.

누구나 배움 앞에서는 청춘이라고 말한다. 실제로 많은 노인들이 뒤늦게 학업에 도전하기도 한다. 최근에는 대학교뿐만 아니라 평생교육원 등 다양한 기관에서 강의를 제공하며 수강생들의 접근성을 높이고 있다. 따라서 조금만 관심을 갖고 찾아본다면 얼마든지 원하는 공부를 할 수 있는 시대이다. 물론 쉬운 과정은 아니다. 나이와 상관없이 꾸준히 노력해야만 좋은 성과를 거둘 수 있기 때문이다. 만약 여러분들이 은퇴 후 새로운 삶을 준비하고 있다면 꼭 한번 읽어보길 추천한다. 제2의 인생을 꿈꾸는 모든 분들께 도움이 될 거라고 확신한다.

(5) 장학금으로 대학원 가자

우선 등록금 문제 때문에 선뜻 도전하지 못하는 이들이 많을 것이다. 장학금 제도를 적극 이용하면 된다. 특히 국립대나 시립대는 저렴한 학비와 함께 성적장학금 혜택도 많으니 꼭 확인해보자. 그리고 대학교보다는 대학원 위주로 알아보는 걸 추천한다. 연구실이나 교수님과의 관계 형성 등 좀 더 다양한 배움의 기회가 주어질 테니까. 마지막으로 자격증 취득에도 관심을 가져보길 바란다. 취업 시 우대사항일 뿐만 아니라 노후대비로도 좋다. 전공 관련 자격증 외에도 민간자격증으로도 충분히 스펙을 쌓을 수 있으니 참고하길 바란다.

대학 졸업장 없이도 박사학위를 딸 수 있는 길이 있다. 물론 아무나 다 되는 건 아니지만 어느 정도 조건만 충족된다면 충분히 가능하다. 우선 학사과정 4년 동안 평균 학점이 B 학점 이상이어야 한다. 그리고 석사과정 1년 동안 평점이 C+ 이상이어야 하며, 마지막으로 박사과정에서는 최소 6개월 이상 지도교수 밑에서 수업을 들어야 한다. 이렇게 모든 요건을 갖추면 정식으로 박사학위를 받을 수 있다. 다만 주의해야 할 점이 있다면 만약 중간에 포기하면 그간 받은 학점 모두 무효 처리되고 심지어 입학금까지 반환해야 한다. 그러니 정말 절실히 공부할 마음이 있다면 도전해보는 것도 좋을 것 같다.

2) 자격증 취득과 합격 노하우, 시니어들이 취득하면 좋을 자격증

통계청의 경제활동 인구조사를 분석한 결과에 따르면 55세~79세 응답자 중 은퇴한 후에도 계속 일하고 싶다는 사람이 전체의 72.5%에 달했다. 응답자들은 향후 평균 71세까지 계속 일자리를 희망하는 것으로 나타났으며 희망 임금으로는 월 150만 원에서 200만 원이라는 응답이 가장 많았다.

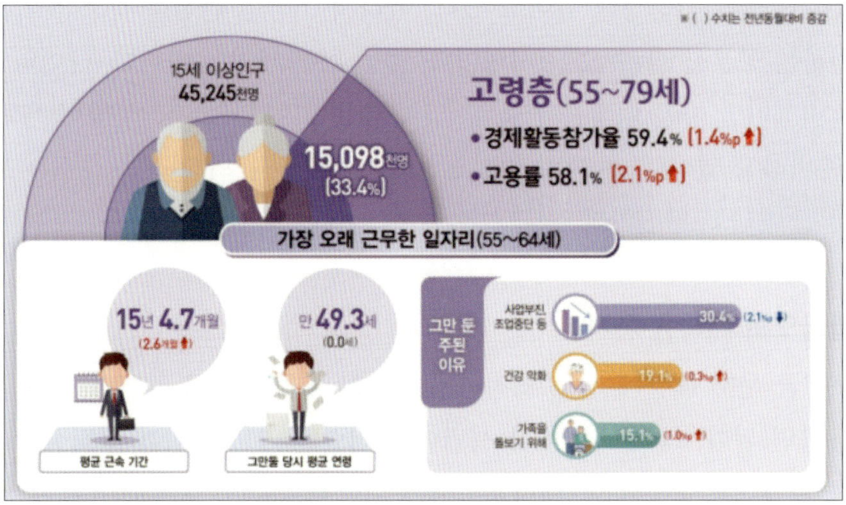

[그림8] 55～79세 일자리 희망자 통계표(출처 : 통계청)

나이가 들수록 무엇인가 새롭게 배우기에는 시간이 오래 걸리고, 정부에서 해마다 제공하는 공고 일자리는 대부분 근로기간이 짧고, 지자체마다 경쟁률도 치열해 생각처럼 선정되기가 쉽지 않다. 그러다 보니 시니어들은 면허발급이 가능하고 취업에 즉시 활용할 수 있는 자격증을 선호하는 경향이 있는 것으로 나타났다.

그렇다면 시니어들이 취득해 두면 유용할 만한 10가지 자격증과 취득방법 등을 소개하고자 한다.

(1) 지게차 운전기능사

'지게차 운전기능사'는 요즘 우리나라 50세 이상 남성들이 가장 많이 취득한 국가기술자격증이다. 지게차는 다른 중장비에 비해 장비조작이 비교적 쉽고 취업이 용이하기 때문에 활용도가 높고 응시자격이 낮으므로 노후대비에 맞는 자격증인 것 같다.

지게차 운전기능사는 소형지게차와 일반지게차로 구분할 수 있고 취득과정도 다르다. 3톤 미만 소형지게차는 별도 시험 없이 이론 6시간, 실기 6시간 등 12시간의 교육과정을 수료하면 국토교통부에서 발행하는 소형지게차 면허취득이 가능하다. 일반지게차 운전기능사는 한국산업인력공단에서 시행하는 지게차 운전기능사 자격증을 필요로 한다. 그렇지만 일반지게차 운전기능사를 취득하게 되면 소형지게차뿐만 아니라 3톤 이상 지게차도 운전할 수 있다.

필기시험은 2020년 1월부로 출제문제가 이론중심에서 실무중심으로 개편돼 국가직무능력표준(NCS)을 기반으로 지게차 주행, 화물 적재, 운반, 하역, 안전 관리에 대한 문제가 출제된다. 실기시험은 4분 이내에 정해진 코스를 주행하며 화물 적재, 운반, 하차 등을 해야 한다. 실기시험의 포인트는 시간과의 싸움인데 짧은 시간 안에 정해진 작업을 완료해야 하기 때문에 미리 지게차를 여러 번 운전해 보며 잔 실수와 긴장감을 줄이는 것이 좋다.

[그림9] 지게차 운전기능사(출처 : 네이버)

지게차 운전기능사가 취업이 가능한 곳은 각종 건설업체 및 제조업체이며 물품을 상하차해야 하는 배송 및 운송항만업체에서도 지게차 운전면허를 소지한 전문인력을 필요로 하고 있다. 현직자들의 이야기를 들어보면 신입의 나이 장벽은 허물어지고 있으며 20~30대 젊은층도 있고, 퇴직 후 제2의 인생을 시작한 50대 이상 시니어들도 많아지고 있다고 한다. 나이가 어리거나 많다고 배척하는 분위기는 아니지만 3년 정도 일을 해야 업계에서 경력자로 인정을 받을 수 있다고 한다. 현장에서 70대 고령자도 일을 하고 있다고 한다. 특히 지게차 운전기능사로 경력을 쌓으면 개인사업자로 전환해 계속 일하는 경우도 있다고 한다. 시간적 여유가 없고 빠른 취업을 원한다면 중장비 전문교육학원을 찾아 교육을 받는 것이 제일 좋은 방법이다.

(요건)

필기시험 : 국가직무 능력표준을 기반으로 지게차 주행, 화물 적재, 운반, 하역, 안전 관리에 대한 문제가 출제된다.
실기시험 : 4분 이내에 정해진 코스를 주행하며 화물 적재, 운반, 하차해야 한다.
비용 : 국민 내일배움카드를 소지하고 있다면 국비 지원을 받을 수 있는 곳이 많다.

또한 각 지방자치단체가 운영하는 일자리 지원센터에서 관련 교육을 실시하는 경우가 있으니 이 자격증에 관심이 있는 분들은 거주지를 고려해 자신에게 꼭 맞는 방법을 찾아보기 바란다.

(2) 생활지원사

'생활지원사'는 만 65세 이상 노인에게 복지서비스를 제공해 주는 복지사를 말한다. 현재 우리나라 정부와 지자체에서는 노인 맞춤 돌봄 서비스를 시행하고 있다. 그중 하나가 생활지원사를 취약계층 노인의 거주지에 파견해 복지서비스를 제공하는 것이다. 보통 생활지원사 한 명당 14~18명의 노인을 관리하며, 이 과정에서 노인에게 안전지원이나 사회참여 독려, 생활교육, 정서 지원, 일상생활 지원서비스를 제공하게 된다.

근무시간도 하루 5시간 정도이며 다른 직장과 비교했을 때 근무시간이 적기 때문에 50대 이상 여성 시니어들도 많이 도전하고 있는 자격증이다.

[그림10] 생활지원사(출처 : 네이버)

자격증 취득을 위한 교육은 한국교육평가개발원에서 우리나라 최초로 온라인 생활지원사 자격증 교육과정을 개설했다. 자격증 교육과 자격시험을 모두 진행하고 있다.

시험은 1시간 동안 객관식 25문제를 온라인으로 풀며, 70점 이상 점수를 받을 시 합격이다. 급여는 2022년 기준 월 119만 4,470원을 지급 받으며 사회복지사 경력이 있는 경우 생활지원사 취업이 조금 더 유리할 수 있다.

(요약)

하는 일 : 노인에게 안전지원이나 사회참여 독려, 생활교육 등의 서비스를 제공한다. 보통 14~18명의 노인을 관리하며 하루 5시간 정도 근무한다.
자격증 취득방법 : 한국교육평가 개발원에서 자격시험을 진행하며 1시간 동안 객관식 25문제 중 70점 이상이면 합격이다.
급여 : 월 119만 4,470원이 2022년 기준이다.

(3) 조경기능사

'조경기능사'는 나무나 꽃, 돌 등을 장식처럼 조화롭게 꾸미고 아름답게 하는 일을 한다. 공원 등에 나무나 꽃이 예쁘게 심겨 있는 모습을 보았을 것이다. 조경기능사는 조경과 관련한 전문지식과 실무능력을 갖춘 사람을 말한다.

최근에는 강원도 춘천에서 조경기능사 열풍이 불고 있는데 춘천시가 1억 그루 나무 심기 프로젝트 사업을 추진하면서 춘천지역의 조경수요가 증가했기 때문이며 10명 중 8명이 취업한다고 한다. 이렇게 조경기능사 자격증을 취득하면 산림청 시설관리직부터 공원, 도로공사, 아파트 등 조경이 필요한 다양한 곳에 취업할 수 있다.

[그림11] 조경기능사(출처 : 네이버)

조경기능사 자격증은 어떻게 취득할까?

조경기능사는 조경에 대한 기초를 다루는 자격시험이기 때문에 난이도가 많이 높지 않고 응시 자격에 제한이 없어 중장년층이 많이 응시한다. 그리고 조경기능사 시험은 필기시험과 실기시험으로 이뤄지며 필기의 경우 조경일반, 조경재료, 조경시공 및 관리 등 총 3개의 과목을 봐야 한다.

모든 문제는 객관식이고 60분 동안 60문제를 풀면 되며, 총점 100점 만점에서 60점 이상 득점하면 합격이다. 실기시험은 3시간 30분 안에 주어진 조경작업을 완료해야 한다. 평균급여는 연봉으로 3,000만 원 정도이며 조경기능사 실무경력이 쌓이면 산업기사, 조경기사 등 고급 자격증도 취득이 가능하다.

조경기능사 시험은 1년에 4번 정도 있기 때문에 이 자격증에 관심 있는 시니어들은 시험일정을 확인하기 바란다. 그러나 이 자격증을 취득할 때 유의할 점은 나무를 심고

흙을 파는 삽질도 해야 하므로 육체적으로 고된 일이 많을 수 있다. 그러므로 기본적으로 체력이 있는 분들이 일하는 것이 유리할 듯싶다.

(요약)

취업 가능한 곳 : 산림청 시설관리직부터 도로공사, 공원, 아파트 등에 취업이 가능하다.
시험일정 : 1년에 4번 있다.
필기 : 조경일반, 조경재료, 조경시공 및 관리 등 총 3과목이다. 모든 문제는 객관식으로 60분 동안 60문제 중 60점 이상이면 합격이다.
주의할 점 : 육체적으로 힘들 수 있다.
급여 : 연봉 3,000만 원 전후이다.

(4) 동화구연지도사

'동화구연지도사'는 유치원이나 도서관에서 다양한 동화를 생동감 있게 들려주는 전문가를 말한다. 동화구연지도사는 고등학교 졸업자 이상이면 누구나 응시 가능하며 민간자격증이기 때문에 진입장벽이 높지 않아서 단기간에도 빠르게 취득할 수 있다.

요즘은 온라인으로도 자격증을 취득할 수 있으며 온라인으로 수업 출석률 60% 이상, 시험 성적 100점 만점 중 60점 이상이면 합격이다. 이 자격증은 시험일정이 따로 정해져 있지 않고 원하는 기간 내에 언제든 해당 과목을 수강하고 시험에 합격하면 2주 이내에 자격증을 발급한다.

자격증을 취득하면 강사로 일하는 경우가 많은데 평균급여는 시간당 2만~4만 원 정도의 급여를 지급 받게 된다. 단기간에도 빠르게 취득할 수 있는 자격증이기 때문에 시니어들이 비교적 부담 없이 준비할 수 있을 것 같다.

[그림12] 동화구연사(출처 : 네이버)

(요약)

자격취득요건 : 고등학교 졸업자 이상이면 누구나 응시 가능하며 진입장벽도 높지 않다.

시험 : 온라인으로 취득 가능하며, 시험 성적 60점 이상이면 합격이다.

시험일정 : 따로 정해진 것은 없으며 언제든 해당 과목 수강이 가능하다.

급여 : 평균 1시간당 2만~4만 원 정도이다.

(5) 주택관리사

'주택관리사'는 건물을 책임지고 관리해주는 일을 하며 쉽게 말하면 아파트 관리사무소에서 근무하는 분들을 생각하면 된다. 우리나라는 아파트가 참 많다. 그만큼 주택관리사 자격증은 공인중개사와 함께 인기가 많은 자격증 중 하나이다. 그러므로 주택관리사는 시험의 난이도가 높고, 주택관리사 자격증 시험은 최근 상대평가로 바뀌면서 이전보다 취득하기가 더 어려워졌다. 거기다가 1년에 한 번, 1차와 2차로 나눠 시험을 진행하기 때문에 불합격하면 또 1년을 기다려야 한다.

그럼에도 불구하고 주택관리사 자격증 응시자는 매년 늘어나고 있다. 그 이유는 주택관리사의 전망이 밝고 연령 제한이 없기 때문이다. 2010년부터 임대주택이나 아파트에는 주택관리사를 의무적으로 배치해야 하는데 2020년 4월부터는 주택관리사의 의무채용 범위가 더욱 확대됐다. 최근 신도시나 구도심 재개발이 활발해지고 있기 때문에 앞으로 주택관리사에 대한 수요가 많이 늘 것으로 전망된다.

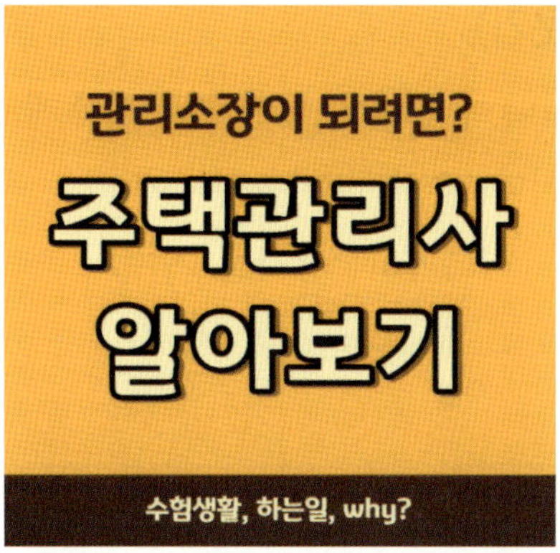

[그림13] 주택관리사(출처 : 네이버)

시험은 1차에서는 회계원리, 공동주택 시설개론, 민법 시험을 과목당 50분씩 진행하고 문제는 객관식 문항만 출제된다. 2차에서는 주택관리 관계법규, 주택관리 실무를 과목당 50분씩 진행하고 문제 유형은 주관식과 객관식 문항이 섞여서 출제된다.

급여는 관리하는 건물의 세대수나 관리사의 경력에 따라 다르지만 대략 200만~500만 원 정도의 급여를 지급 받는다. 문제는 취업이 쉽지 않다는 데 있고 대부분 경력자를 원하고 65세가 넘어가면 취업이 어렵다는 것이다.

(요약)

하는 일 . 아파드 괸리시무소에서 근무한다.

난이도 : 높다.

1차 과목 : 회계원리, 공동주택 시설개론, 민법으로 과목당 50분씩 진행하고 객관식 문항만 출제된다.

2차 과목: 주택관리 관계법규, 주택관리 실무이며 과목당 50분씩 진행하고 주관식과 객관식이 섞여 출제된다.

자격취득 제한 : 제한연령이 없고, 급여가 많은 편이나 신규 취업이 어렵다.

급여 : 관리하는 건물의 세대수나 관리사의 경력에 따라 다르다.

(6) 숲해설가(산림교육전문가)

'숲해설가'는 자연휴양림이나 수목원 등에서 관광객에게 숲에 얽힌 역사나 식물에 대한 지식을 제공하는 전문가이다. 숲해설가는 전국에 있는 총 31곳의 양성기관에서 170시간 교육을 이수하고 30시간의 실습과 평가를 거쳐서 최종 합격하면 산림청장으로부터 자격증이 발급된다.

평가는 이론과 실기시험으로 나눠 진행하며 이론과 실기 모두 70점 이상이면 합격이다. 숲해설가 자격증의 경우 산림청이 산림교육 활성화를 목표로 여러 사업을 진행하고 있기 때문에 숲해설가의 수요는 앞으로도 꾸준히 증가할 전망이다. 보통 숲해설가가 되면 국공립자연휴량림, 수목원 등에서 일하는 경우가 많은데 최근에는 정규 교육과정과도 연계해서 산림교육에 앞장서고 있기 때문에 유망직종으로 떠오르고 있다.

[그림14] 숲해설가(출처: 네이버)

급여는 경력이나 업무조건에 따라 차이가 있을 수 있는데 1시간당 3만~10만 원 정도의 급여를 받기도 하며 대략 180만~250만 원 정도의 급여를 지급 받는다.

단점은 숲해설가 자격증을 취득하려면 교육비가 많이 소요되는데 그런데 이 교육비를 국비로 모두 지원해주는 기관이 있기 때문에 교육기관을 선택할 시 이 점을 참고하면 비용부담을 줄이면서 자격증을 취득할 수 있다. 그리고 여러 지방자치단체에서 무료로 숲해설가 교육프로그램을 진행하기 때문에 확인해 본 후 참여하는 것도 좋은 방법이 될 수 있다.

(요약)

하는 일 : 자연휴양림이나 수목원 등에서 관광객에게 숲에 얽힌 역사나 식물에 대한 지식을 제공한다.

시험 : 전국에 있는 총 31곳의 양성기관에서 170시간 교육을 이수하고 30시간의 실습과 평가를 거쳐 최종 합격하면 자격증이 발급된다. 필기시험, 실기시험 모두 70점 이상이면 합격 된다.

급여 : 경력이나 업무조건에 따라 차이가 있을 수 있다.

참고 : 각 지자체에 교육비를 국비로 지원해주는 기관이 있으니 확인 후 참여하면 된다.

(7) 시니어플래너

'시니어플래너'는 은퇴를 했거나 은퇴를 앞둔 노년층을 대상으로 미래설계나 정서 관리를 종합적으로 해주는 라이프 플래너를 말한다. 시니어 플래너는 최근 몇 년 새 고령화로 인한 '노노케어'에 대한 관심이 높아지면서 점점 뜨고 있는 자격증이다. 노노케어는 말 그대로 노인이 노인을 보살펴준다는 의미이다. 요즘 고령화 문제가 점점 심화되면서 노노케어와 시니어플래너에 대한 관심이 급증하고 있다.

노노케어는 비슷한 연령대의 사람끼리 서로 공감되는 것도 많고 대화도 잘 통하기 때문에 교류가 빠르게 진행될 수 있고 정서적으로도 안정감을 가질 수 있다는 장점이 있다. 이 때문에 지금처럼 고령화가 빠르게 진행되고 있는 상황에서 유망직종으로 떠오르고 있다. 시니어플래너는 지자체 복지관 요양보호시설을 포함한 노인 관련 기관이나 단체에서 강사로 활동하는 경우가 많다. 정부, 지자체, 민간교육기관에서 운영하는 시니어플래너 자격증을 이수하면 전문적으로 활동할 수 있다.

[그림15] 시니어플래너(출처 : 네이버)

자격증 취득과정은 발급 기관마다 커리큘럼은 다소 차이가 있을 수 있으나 기본적으로 고령화 사회에 대한 이해나 노후관리, 상담 등에 대한 지식을 공부해야 한다. 고등학교 졸업자 이상이면 누구나 응시가 가능하다. 보통 자격증 응시부터 발급까지의 비용은 약 10만 원 정도 발생한다.

시니어플래너의 경우 자격증을 취득하기까지 부담은 적을 수 있지만 자격증 취득 후 현장에서 일 할 때는 적성에 맞는 것이 무엇보다 중요하다. 일의 특성상 봉사 정신도 강하고 다른 사람과 잘 소통할 수 있어야 하기 때문에 대인관계 형성을 좋아하거나 남의 말을 잘 들어 주고 이해해 줄 수 있는 마음을 가진 분이라면 이 일과 잘 어울릴 것이다.

(요약)

하는 일 : 은퇴를 했거나 은퇴를 앞둔 노년층을 대상으로 미래설계나 정서 관리를 종합적으로 해주는 라이프 플래너이다.

시험 : 고졸 이상이면 응시 가능하다.

비용 : 응시부터 자격증 발급까지 10만 원 정도 소요된다.

급여 : 경력이나 업무조건에 따라 다를 수 있다.

유의할 점 : 현장 근무 시 적성에 맞는 것이 중요하다.

(8) 요양보호사

'요양보호사'는 짧은 시간에 쉽게 취득이 가능한 국가자격증이면서 노인 인구의 폭발적인 증가로 중장년층 재취업의 기회로써 가장 큰 역할을 하고 있다. 노인의료복지시설이나 재가노인복지시설에서 어르신을 대상으로 근무하거나, 내 가족을 내가 케어하면서 돈을 벌 수 있기 때문에 인기가 높다.

요양보호사는 노인 요양을 지원하고 재가시설에서 신체 및 가사지원을 제공한다. 또한 당장 요양기관에 입사해서 근무하지 않더라도 웬만하면 자격증을 취득해 두려고 하는 분들이 많다. 하는 일은 대개 어르신의 건강을 돕는 청결 유지, 식사 및 복약 도움, 욕창 예방, 말벗 등의 정서적 지원 등을 한다. 만약 함께 거주하고 계신 부모님을 케어하거나 가족을 케어하더라도 월 60만 ~88만 원의 수입을 가져갈 수 있다.

[그림16] 요양보호사(출처 : 네이버)

요양보호사 자격준비는 수업을 진행하는 교육원에 등록하고, 교육기관에 교육 신청을 하면 교육을 진행하며, 교육은 주말을 제외하고 보통 30일 정도 한다. 신청에 제한은 없고 교육시간은 하루 8시간으로 진행하며 교육비는 약 40~65만 원 정도이다. 교육비는 내일배움카드로 가능하다는 장점이 있다.

시험은 1년에 4번 진행하고 있다. 자격증 취득 후 기관에 등록 할 때 알아봐야 하는 점은 각 기관마다 시급이 다르므로 여러 곳을 알아보고 등록하는 게 좋다. 만약 본인이

기관을 찾기 어려우면 케어링이라는 재가 센터를 알아보는 방법도 좋을 듯하다. 이곳은 시급이 항상 어느 정도 수준으로 유지되며 해마다 조금씩 상향된다는 장점도 있다.

[그림17] 케어링 재가 센터 홈페이지(출처 : 네이버)

현재 표준교육과정은 이론 80시간, 실기 80시간, 현장실습 80시간으로 총 240시간이 소요된다. 경력자의 경우 교육과정은 표준교육과정에서 실기 및 실습 50%를 면제해 준다. 그러므로 160시간이 소요된다. 국가자격증이나 면허소지자의 경우 교육과정은 다음과 같다.

간호사의 경우 이론 26시간, 실기 6시간, 실습 8시간으로 총 40시간 소요된다. 사회복지사의 경우 이론 32시간, 실기 10시간, 실습 8시간으로 총 50시간 소요된다. 물리치료사 간호조무사는 이론 31시간, 실기 11시간, 실습 8시간으로 총 50시간 소요된다.

그런데 2023년부터는 취득과정이 조금 달라진다고 한다. 현재 240시간에서 80시간이 더 늘어난 320시간이 소요된다고 한다. 이는 현재 요양보호사 교육과정 240시간에 치매 환자를 돌보기 위해서는 건강보험공단에서 운영하는 80시간의 치매 전문교육을 이수한 후 시험에 합격해야 하므로 두 시험의 교육과정을 합한 시간이라고 보면 되겠다.

치매 교육의 과정은 프로그램 관리자과정, 방문 요양과정, 시설과정이 있다. 프로그램 관리자 과정은 시설장, 사회복지사, 간호조무사, 물리치료사 등에 신청과 수료가 가능하며, 요양보호사는 신청이 불가하다. 치매 교육의 수료과정은 한 해에 보통 7회로, 월 1회로 교육 신청이 정해져 있다. 신청 인원도 선착순으로 진행되며 기관의 담당자가 대신 신청해주는 방식이기 때문이다. 교육을 주관하는 공단에서는 이러한 문제점을 보완하고 앞으로 증가할 노인치매환자를 고려할 때 요양보호사에게는 치매 전문교육은 필수가 되므로 의무적으로 시행하겠다는 뜻으로 풀이 된다.

(치매 전문교육의 수료과정)

프로그램 관리자 과정 : 시설장 사회복지사, 간호조무사, 물리치료사 등에 신청과 수료가 가능하며 요양보호사는 신청이 불가하다.
방문 요양과정 : 5등급 어르신께 방문 요양 서비스를 제공한다.
시설과정 : 치매 전담형 요양원 및 주간보호센터 등이다.
수료 교육시간 : 수업은 아직 COVID19가 완전히 사라진 게 아니어서 대부분 온라인 강으로 이뤄지며 일부는 현장 과정도 병행하고 있다. 방문 요양과정 60시간은 기본과목 40시간과 방문 요양과목 20시간, 시설과정 60시간은 주간·야간 보호센터, 치매 전담형 기관에 대해 기본과목 40시간과 시설 과목 20시간으로 구성돼 있다. 또한 총 17시간의 온라인 강의를 1개월 내 시청하고 오프라인에서 1회 시험을 치르게 된다. 그런데 이 시험도 2023년부터는 컴퓨터 상시시험(CBT) 방식으로 변경된다고 한다.

(요약)

표준교육과정 : 이론 80시간, 실기 80시간, 현장실습 80시간 총 240시간 소요된다.
경력자 교육과정 : 표준교육과정에 실기·실습은 50% 면제해 줘 총 160시간 소요된다.
(국가자격증소지자, 면허소지자 교육과정)
간호사 : 이론 26시간, 실기 6시간, 실습 8시간으로 총 40시간 소요된다.
사회복지사 : 이론 32시간, 실기 10시간, 실습 8시간으로 총 50시간 소요된다.

물리치료사, 간호조무사 : 이론 31시간, 실기 11시간, 실습 8시간으로 총 50시간 소요된다.

(9) 데이터 라벨링

'데이터 라벨링' 작업은 컴퓨터를 조금 아는 사람부터 학생, 장애인, 경력단절자, 노년층까지 누구나 원하는 장소에서 원하는 시간에 노력한 만큼 소득이 가능한 일이다. 현재 자격증이 없어도 누구나 일할 수 있고 자격증을 원하면 자격증 취득도 가능하다. 내일배움카드로 짧은 시간에 수업 이수 후 인터넷으로 쉽게 일할 수 있으므로 멋진 일이라고 생각한다.

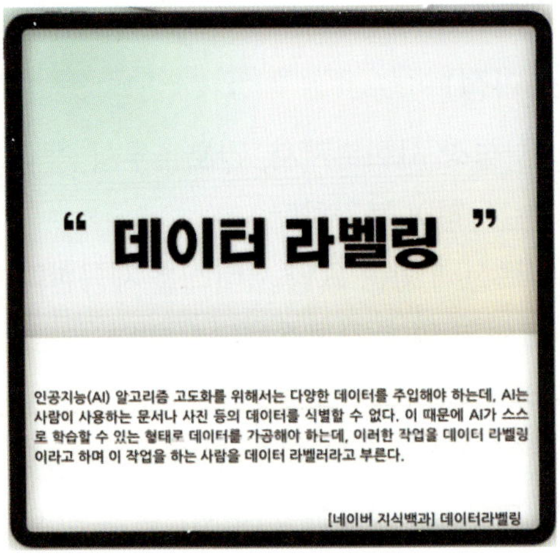

[그림18] 데이터 라벨링(출처 : 네이버)

인공지능 데이터 라벨링은 정부에서 인공지능 데이터 인력을 양성하기 위해서 교육비 100% 전액을 지원해주고 있어서 내일배움카드로 무료로 교육을 받을 수 있다. 지난 7월 이후 최초로 데이터 라벨링 교육을 수강한다면 전액 100% 정부 지원이 되고, 이전에 내일배움카드로 데이터 라벨링 교육을 수강한 이력이 있다면 55%의 자부담 비용이 발생한다. 내일배움카드 발급이 안 되는 사람들도 유료로 자격증 강의를 통해 배울 수 있고 자격증 취득도 가능하다.

내일배움카드가 있는 사람이라면 HRD-NET에서 '크라우드웍스'를 검색해서 찾아보면 데이터 라벨링 입문과정과 중급과정이 나온다. 기간이 14일로 돼 있지만 실제로 10시간 과정이라서 입문과 중급 모두 각각 2~3일이면 수료할 수 있다.

AI 기초이론부터 글로 쓰는 나만의 웹툰 실습, 마우스로 피자 만들기 실습 같은 친숙한 주제이면서 실제 작업을 하는 내용으로 구성돼 있다. 수강을 완료하면 고용노동부 인증 수료증도 발급된다. 그러므로 구직자들의 경우 2~3일이면 무료로 이력서에 한 줄의 스펙을 더 채울 수도 있다.

'크라우드웍스'라는 곳은 데이터 라벨링 교육도 하고 국내에서 가장 큰 규모로 데이터 라벨링 작업을 중계하는 곳이다. 입문과정 수료를 안 해도 일할 수 있고, 입문과정만 배워도 일할 수 있지만 중급과정 교육을 수료하면 참여 가능한 작업이 더 많아진다. 과정을 이수한 사람들만 할 수 있는 작업이 따로 있어서 수익금도 더 높게 책정해서 제공한다. 조금 더 전문적인 일을 하는 사람에게 대우를 더 해주는 것이다.

올해 정부의 사업계획으로 과학기술정보통신부 하반기 대규모 일자리 공급 보도자료에 따르면 데이터 라벨링 관련 사업에 7,000억 원의 예산이 배정됐다고 한다. 이중 크라우드웍스에 30억 원 규모의 프로젝트가 3·4 분기에 오픈되기 때문에 지금 작업이 엄청나게 쏟아지고 있다고 한다. 그러므로 교육을 통해 일할 수 있는 작업자들을 더 많이 확보하려고 한다.

작업자 선발 시 내일배움카드로 중급 과정까지 수료한 사람들만 참여 가능한 프로젝트가 많이 있다. 인기 있는 작업의 경우 인공지능 데이터 전문가 자격증이 있거나, 자격증 및 중급교육 과정을 수료한 사람들을 우대해서 선발한다고 한다.

크라우드웍스 외에도 국내에 인공지능 학습용 데이터를 가공하는 기업이나 기관이 700여 개 이상 있다고 한다. 알바몬이나 잡코리아에서 '데이터 라벨링'을 검색하면 많은 채용공고 확인이 가능하다.

앞으로 데이터 산업이 더 활발하게 커지면 작업도 많아지고 일자리도 많아질 거라 여겨진다. 데이터 라벨링 작업을 의뢰한 기업에서는 어느 정도 검증된 실력이 있는 작업자를 찾을 것이다. 만약 작업한 경험이 실제로 많고 일을 잘한다고 하더라도 경력이나 실력을 증명하기 어려울 것이다. 이런 경우 내일배움카드로 데이터 라벨링 교육을 수료했다는 수료증을 제시한다면 좀 더 신뢰성이 있을 것으로 생각된다.

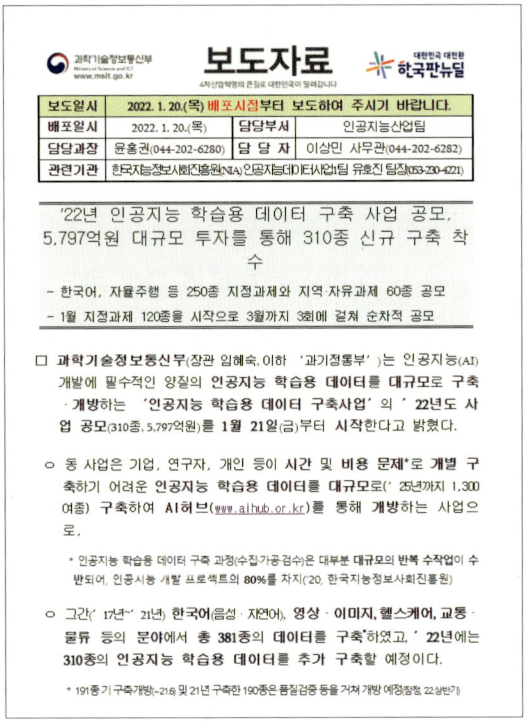

과학기술정보통신부
Ministry of Science and ICT
www.msit.go.kr

보도자료

4차산업혁명의 큰길로 대한민국이 달려갑니다

대한민국 대전환 한국판뉴딜

보도일시	2022. 1. 20.(목) 배포시점부터 보도하여 주시기 바랍니다.		
배포일시	2022. 1. 20.(목)	담당부서	인공지능산업팀
담당과장	윤홍권(044-202-6280)	담 당 자	이상민 사무관(044-202-6282)
관련기관	한국지능정보사회진흥원(NIA) 인공지능데이터사업1팀 유호진 팀장(053-230-4221)		

'22년 인공지능 학습용 데이터 구축 사업 공모, 5,797억원 대규모 투자를 통해 310종 신규 구축 착수

- 한국어, 자율주행 등 250종 지정과제와 지역·자유과제 60종 공모
- 1월 지정과제 120종을 시작으로 3월까지 3회에 걸쳐 순차적 공모

□ **과학기술정보통신부**(장관 임혜숙, 이하 '과기정통부')는 인공지능(AI) 개발에 필수적인 양질의 **인공지능 학습용 데이터를 대규모**로 **구축·개방**하는 **'인공지능 학습용 데이터 구축사업'**의 **'22년도 사업 공모**(310종, 5,797억원)를 **1월 21일**(금)부터 **시작**한다고 밝혔다.

ㅇ 동 사업은 기업, 연구자, 개인 등이 **시간 및 비용 문제***로 **개별 구축**하기 어려운 **인공지능 학습용 데이터를 대규모**로('25년까지 1,300여종) **구축**하여 **AI허브**(www.aihub.or.kr)를 통해 **개방**하는 사업으로,

* 인공지능 학습용 데이터 구축 과정(수집·가공·검수)은 대부분 **대규모**의 **반복 수작업**이 수반되어, 인공지능 개발 프로젝트의 **80%**를 차지('20, 한국지능정보사회진흥원)

ㅇ 그간('17년~'21년) **한국어**(음성·자연어), **영상·이미지, 헬스케어, 교통·물류** 등의 **분야**에서 **총 381종**의 **데이터를 구축***하였고, '**22년**에는 **310종**의 **인공지능 학습용 데이터를 추가 구축**할 예정이다.

* 191종 기 구축개방(~21.6) 및 21년 구축한 190종은 품질검증 등을 거쳐 개방 예정(잠정, 22상반기)

[그림19] 과학기술정보통신부 하반기 대규모 일자리 공급 보도자료(출처 : 네이버)

(요약)

내일배움카드로 HRD-NET에서 100% 국가지원으로 수강 가능하다. 7월 이전에 수강이력이 있는 사람은 55%의 자부담이 있다. 수강을 완료하면 고용노동부 인증 수료증이 발급된다.

(10) 인공지능 데이터 전문가 자격증

'인공지능 데이터 전문가' 자격증은 한국인공지능협회에서 발급하는 자격증으로 새로 생긴 자격증이라서 아직 국가자격증은 아니지만 1급, 2급을 취득할 수 있다. 현재 1급은 준비 중이고, 2급은 누구나 취득이 가능하다.

시험은 내일배움카드로 데이터 라벨링 교육과정과 실습경험을 바탕으로 해도 되지만, 이론 20문제도 있고, 내일배움카드 발급이 안 되는 사람들을 위해 자격증 취득 교육과정도 개설돼 있다. 크라우드웍스 홈페이지에서 아카데미 메뉴를 보면 '작업자를 위한 필수교육 AIDE 2급'으로 풀 패키지, 입문 패키지, 중급 패키지 이렇게 3개 항목이 나온다.

[그림20] 인공지능 데이터 전문가 자격증 홈페이지(출처: 네이버)

데이터 라벨링 교육을 처음 수강하는 이들은 풀 패키지를 선택해서 기초부터 수강하는 게 좋다. 또한 내일배움카드로 수강하는 이들은 '입문'이나 '중급'을 선택해서 본인에 맞게 수강하면 자격증 준비에 도움이 될 것이다. 물론 자격증 과정을 수강하지 않아도 시험에 합격 할 수 있겠으나 국민 내일배움카드에는 포함돼 있지 않은 이론 교육들이 있고, 이론에서도 20문제가 출제되므로 본인에게 알맞은 자격증 과정을 수강하고 시험 보는 것을 추천한다.

인공지능 데이터 전문가 자격증을 취득하면 크라우드웍스 뿐만 아니라 550여 개 한국인공지능협회의 협력 인공지능 데이터 업체에서 작업 할 수 있는 기회도 많아질 것이므로 프로젝트 참여시 작업자 선발 우대도 받을 수 있을 것이다. 앞으로도 인공지능 산업이 계속해서 발전하고 커지면 인공지능 데이터 전문가 자격증으로 관련 기업에 정식 입사하는 데도 도움이 될 것으로 여겨진다.

시험은 별도의 응시기준은 없으며 모두 온라인으로 시험이 진행된다. 이론과 실습 모두 100점 만점에 60점 이상이면 합격이며 응시료는 7만 원이다. 결과는 시험 후 5일 후 확인이 가능하다.

(요약)

시험구성 : 필기 20문제, 실기 30문제로 100점 만점에 60점 이상 취득하면 합격이다.
응시료 : 7만 원이다.
결과 : 시험 후 5일 후 확인이 가능하다.
참고로 50대와 60대에서 가장 많이 취득한 자격증이다.

- 50대 자격증 취득 순위

1위 : 지게차운전기능사, 한식조리사기능사
2위 : 굴삭기운전기능사, 양식조리기능사
3위 : 전기기능사, 미용기능사
4위 : 조경기능사, 미용기능사
5위 : 에너지관리기능사, 중식조리기능사

- 60대 자격증 취득 순위

1위 : 지게차운전기능사, 한식조리기능사
2위 : 조경기능사, 미용기능사
3위 : 굴삭기운전기능사, 양식조리기능사
4위 : 전기기능사, 조경기능사
5위 : 에너지관리기능사, 중식조리기능사

주로 건설기계, 조리, 전기 분야에서 지게차운전기능사, 굴삭기운전기능사, 한식조리기능사 등 취업과 창업에 많이 활용되는 면허성 자격을 취득하는 것으로 나타났다.

구분	1위		2위		3위		4위		5위	
	남성	여성	남성	여성	남성	여성	남성	여성	남성	여성
50대	지게차 운전 (4,888)	한식 조리 (5,546)	굴삭기 운전 (3,017)	양식 조리 (583)	전기 (1,426)	미용사 (피부) (561)	조경 (1,053)	미용사 (일반) (486)	에너지 관리 (757)	중식 조리 (476)
60대 이상	지게차 운전 (901)	한식 조리 (525)	조경 (654)	미용사 (일반) (67)	굴삭기 운전 (618)	양식 조리 (52)	전기 (302)	조경 (38)	에너지 관리 (199)	중식 조리 (31)

[표2] 50대 이상의 시니어들이 많이 취득하는 자격증 순위(단위 : 기능사, 명)
(출처 : 한국산업인력공단)

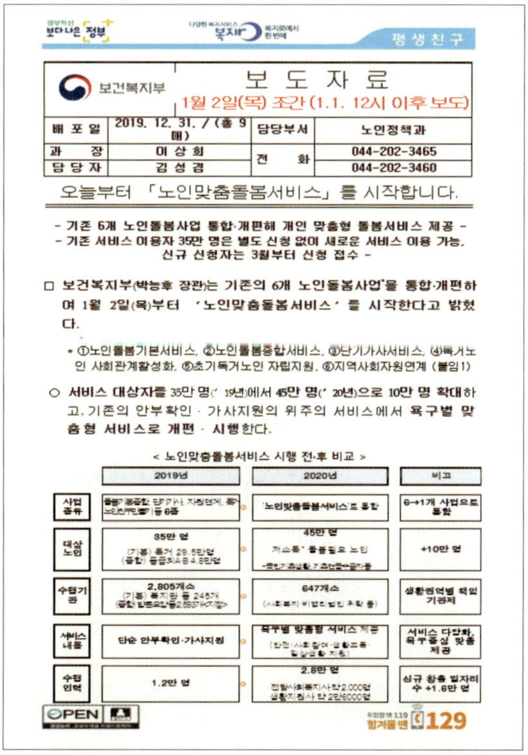
보다 나은 정부 복지로 평생친구

보건복지부 보 도 자 료

1월 2일(목) 조간 (1.1. 12시 이후 보도)

배 포 일	2019. 12. 31. / (총 9매)	담당부서	노인정책과
과 장	이 상 희	전 화	044-202-3465
담 당 자	김 성 겸		044-202-3460

오늘부터 「노인맞춤돌봄서비스」를 시작합니다.

- 기존 6개 노인돌봄사업 통합·개편해 개인 맞춤형 돌봄서비스 제공 -
- 기존 서비스 이용자 35만 명은 별도 신청 없이 새로운 서비스 이용 가능, 신규 신청자는 3월부터 신청 접수 -

□ 보건복지부(박능후 장관)는 기존의 6개 노인돌봄사업*을 통합·개편하여 1월 2일(목)부터 '노인맞춤돌봄서비스'를 시작한다고 밝혔다.

* ①노인돌봄기본서비스, ②노인돌봄종합서비스, ③단기가사서비스, ④독거노인 사회관계활성화, ⑤초기독거노인 자립지원, ⑥지역사회자원연계 (붙임1)

○ 서비스 대상자를 35만 명('19년)에서 45만 명('20년)으로 10만 명 확대하고, 기존의 안부확인·가사지원의 위주의 서비스에서 욕구별 맞춤형 서비스로 개편·시행한다.

< 노인맞춤돌봄서비스 시행 전·후 비교 >

	2019년	2020년	비고
사업 종류	[illegible] 등 6종	'노인맞춤돌봄서비스'로 통합	6→1개 사업으로 통합
대상 노인	35만 명	45만 명	+10만 명
수행기관	2,805개소	647개소	생활권역별 책임 기관제
서비스 내용	단순 안부확인·가사지원	욕구별 맞춤형 서비스 제공	서비스 다양화, 욕구중심 맞춤 제공
수행 인력	1.2만 명	2.8만 명	신규 창출 일자리 수 +1.6만 명

OPEN 힘겨울 땐 129

[그림21] 노인 맞춤 돌봄 서비스 보도자료(출처 : 보건복지부)

3) 50대 이상이 많이 취득하는 자격증 순위

열심히 일한 후 휴식의 달콤함은 정말 이루 말할 수 없이 행복하다. 그럼 액티브 시니어들의 취미활동 몇 가지를 알아볼까 한다.

(1) 등산

산 정상에 올라 아래를 내려다보면 가슴이 뻥 뚫리는 기분이 든다. 그리고 왠지 모를 성취감 마저 느껴진다. 아마 이래서 힘들어도 자꾸만 산을 찾게 되는 것 같다. 나에겐 일종의 치유법이자 마음의 안식처와도 같다. 물론 체력적으로 힘들 때도 있지만 그것 마저도 나름의 매력이 있다고 생각한다. 우선 맑은 공기를 마시며 걷다 보면 머리가 맑아진다. 또 아무 생각 없이 오로지 걷는 행위에만 집중하다 보면 복잡했던 머릿속이 한결 가벼워지는 느낌이다.

또 하나 좋은 점은 자연 풍경을 감상하며 마음의 여유를 가질 수 있다는 것이다. 바쁜 일상생활에서는 좀처럼 느끼기 힘든 감정인데 이렇게라도 잠시나마 휴식을 취할 수 있어 좋다. 정신없이 걷다 보면 어느덧 정상에 도착하는데 이때 느껴지는 희열은 이루 말할 수 없다. 힘들게 올라온 만큼 기쁨도 배가 된다. 하산 후 먹는 맛있는 음식이야말로 산행의 백미다. 시원한 막걸리 한잔 들이켜면 세상 부러울 게 없다.

[그림22] 설악산 대청봉(출처 : 네이버)

(2) 식물 키우기

반려식물이라는 말이 있다. 동물 대신 집에서 키우는 식물을 일컫는 신조어인데 정서적 안정감을 주고 공기 정화 기능이 탁월한 산세베리아부터 미세먼지 제거에 좋다는 틸란드시아 등 실내 환경이 쾌적해져서 인기가 높다. 초록빛 싱그러운 잎사귀를 바라보고 있으면 마음이 편안해진다. 덕분에 집안 분위기가 한층 밝아졌다.

종류도 다양하다. 산세베리아, 스투키, 선인장, 다육이 등 취향대로 고를 수 있으니 선택의 폭도 넓다. 물을 주는 횟수도 제각각 다르다. 매일 줘야 하는 것도 있고 보름에 한 번 정도면 충분한 것도 있다. 관리법도 어렵지 않다. 햇빛 잘 드는 곳에 두고 가끔 분무기로 물을 뿌려주면 되는 식물도 있다. 물론 모든 식물이 이렇게 쉽게 키울 수 있는 건 아니다. 초보자라면 비교적 기르기 쉬운 아이비나 스킨답서스를 추천한다. 둘 다 생명력이 강하고 병충해에도 강하다. 또 수경재배도 가능하다는 장점이 있다. 다만 과습에 주의해야 하는데 흙이 완전히 마를 때까지 기다렸다가 흠뻑 물을 주면 된다.

[그림23] 식물 키우기(출처 : 네이버)

(3) 반려동물 기르기

1인 가구가 늘어나면서 반려동물을 키우는 인구가 크게 늘었다. 예전엔 애완동물이라는 표현을 사용했지만 지금은 동물보호법상 반려동물이라는 용어를 사용해야 한다. 동물을 사랑하는 사람으로서 적극적으로 권하고 싶은 취미 생활이기도 하다. 강아지,

고양이, 햄스터, 앵무새, 거북이, 물고기 등 종류도 다양하다. 본인이 책임감 있게 끝까지 키울 각오가 돼 있는 대상을 잘 선택해야 한다. 반려동물이란 표현은 동물을 장난감 취급하던 예전과는 달리 가족 구성원으로서 함께 생활한다는 의미가 담겨있다.

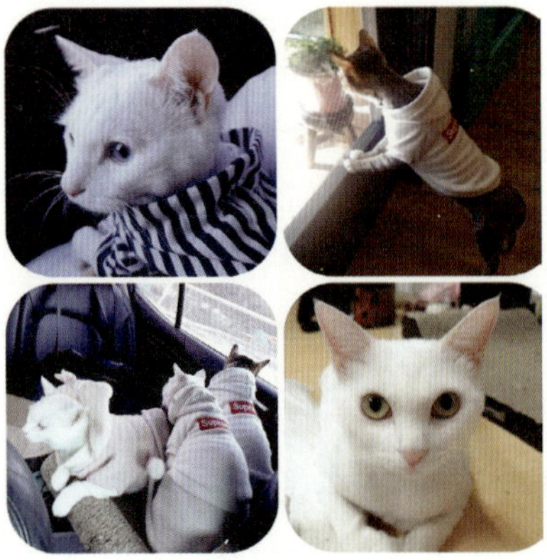

[그림24] 반려동물 기르기(출처 : 네이버)

(4) 낚시

낚시는 기다림의 미학이라는 말이 있다. 물고기가 미끼를 물 때까지 하염없이 기다려야 하기 때문이다. 물론 운이 좋으면 단 몇 분 만에 짜릿한 손맛을 볼 수도 있지만 그건 어디까지나 확률 싸움이고 보통은 오랜 기다림 끝에 짜릿한 손맛을 보게 된다. 그렇다 보니 인내심이 부족한 사람에게는 어울리지 않는 취미이기도 하다. 나 역시 성격이 급한 편이라 기다리는 일 자체가 곤욕스러웠다.

그럼에도 불구하고 계속하게 되는 이유는 아마도 직접 잡은 물고기를 즉석에서 회를 떠서 먹는 재미가 쏠쏠하기 때문이다. 예전 목포 근처의 남촌이라는 곳에 친구가 있었는데 마을 앞바다 가운데 조그만 무인도가 있었고 그 무인도에는 낚시하는 분들의 텐트가 곳곳에 자리하고 있었다. 우리는 마을 구경을 하고 친구 아버님의 배를 빌려 밤낚시를 했다. 그런데 정말 재미있는 것은 로프로 매듭만 만들어서 바닷물에 넣어두면 금방금방 장어가 잡혀 올라오는 거였다. 정말 신기하고 재미있었다. 그 후 낚시에 관심을 갖게 됐다.

그 갓 잡은 장어를 즉석에서 초장에 먹는 생선회는 정말 입에서 살살 녹는다. 신선도는 두말하면 잔소리다. 또 하나 좋은 점은 가족 또는 친구들과 함께 즐길 수 있다는 것이다. 여럿이 모여 수다 떨면서 맛있는 음식을 나눠 먹다 보면 저절로 힐링이 된다. 낚시는 남녀노소 누구나 즐길 수 있는 레저 스포츠임에 틀림 없다고 생각한다.

[그림25] 낚시(출처 : 네이버)

(5) 그림 그리기

한 번쯤은 스케치북에 크레파스로 그림을 그려본 기억이 있을 것이다. 물론 지금이야 디지털 기기가 발달해 종이 대신 태블릿 PC나 스마트폰을 이용하지만 여전히 아날로그 감성을 선호하는 사람들이 많다. 그림을 그리다 보면 마음이 편안해진다. 또 하나 좋은 점은 창의력 계발에 도움이 된다는 것이다. 머릿속에 떠오르는 이미지를 자유롭게 표현하면 잠재돼 있던 상상력이 깨어나는 느낌이랄까? 그림 그리기는 심리 치료 및 정서 안정에도 탁월한 효과가 있다고 한다.

어른이 된 지금도 가끔 동심으로 돌아가고 싶을 때면 색연필을 꺼내 든다. 학창시절 즐겨 그리던 캐릭터를 떠올리며 정성껏 그리다 보면 마음이 편안해진다. 물론 전문 화가처럼 잘 그리는 건 아니지만 나름대로 만족스럽다. 이렇게 나만의 작품을 만들다 보면 복잡했던 머릿속이 정리되고 기분 전환도 된다. 그리고 또 좋은 점이 있다면 내가 직접 그린 그림을 소중한 사람들에게 선물할 수 있다는 것이다. 정성이 듬뿍 담긴 만큼 받는 사람에게도 특별한 추억이 되리라 믿는다.

[그림26] 그림 그리기(출처 : 네이버)

(6) 자전거 타기

화창하고 아름다운 날씨에 자전거 타기를 하는 것도 좋을 것 같다. 또한 건강 관리 차원에서 자전거 타기를 한다면 특별한 기술 없이도 쉽게 즐길 수 있기 스포츠라고 여겨진다. 우선 집 근처 공원 또는 하천 변 도로를 이용하면 될 것이다. 이때 안전사고 예방을 위해 헬멧 착용은 필수다. 그리고 복장은 통풍이 잘되고 가벼운 소재의 옷을 입는 게 좋다. 그래야 땀이 나도 금방 마르고 쾌적하다. 마지막으로 준비물로는 물통과 장갑 정도면 충분하다.

이렇게 모든 준비를 마쳤다면 이제 본격적으로 달려볼 차례다. 먼저 안장 높이를 조절해야 하는데 페달을 밟았을 때 무릎이 살짝 굽혀지는 정도가 적당하다. 핸들 바 각도를 조정하는데 상체를 약간 숙이는 자세가 안정적이다. 물론 개인마다 신체 구조가 다르기 때문에 직접 타보면서 편한 위치를 찾는 게 바람직하다. 참고로 기어변속기를 평지에서는 가볍게, 오르막길에서는 무겁게 세팅하는 게 좋다. 만약 체력이 부족하다면 중간 단계로 맞추는 것도 괜찮다.

자, 그럼 출발해볼까? 시원한 바람을 가르며 달리다 보면 쌓였던 스트레스가 한 방에 날아가는 기분이 든다. 여유를 갖고 천천히 동네 주위를 돌다 보면 그동안 알지 못했던 새로운 풍경들과 그동안은 보이지 않았던 것들을 알게 되는 즐거움을 얻을 수도 있을 것 같다. 햇빛을 봐야 생성되는 비타민D는 우리가 평소에는 대부분은 그늘에서 생활하기 때문에 좀 부족한 면이 있으리라 생각된다. 그러므로 이렇게 야외에서 자전거를 타면서 햇볕을 쬐면 비타민D도 생성하고 활력도 충전할 수 있어 좋다.

[그림27] 자전거 타기(출처 : 네이버)

(7) 인테리어 소품 만들기

인테리어 소품 만들기는 직접 가구를 만들고 페인트칠을 하다 보면 마음이 차분해지고 기분 전환도 된다. 또 내 취향대로 집을 꾸밀 수 있다는 장점도 있다. 물론 전문가 수준은 아니지만 나름 만족스럽다. 시중에 파는 제품과는 달리 본인이 알맞은 사이즈 조절이 가능하다는 게 특징이다. 덕분에 좁은 공간을 효율적으로 쓸 수 있다는 게 큰 장점이기도 하다. 참고로 소품 만들기를 해보고 싶은데 어떻게 해야 할지 모른다면 '손잡이닷컴'이라는 사이트를 이용해 보는 것도 좋을 것 같다.

[그림28] 인테리어 소품 만들기(출처: 네이버)

(8) 여행

내가 제일 좋아하는 단어이자 나를 표현하는 수식어이기도 하다. 여행은 갈 때마다 새롭고 즐겁다. 물론 힘든 순간도 있지만 지나고 나면 모두 추억이 된다. 그리고 또 하나 깨달은 게 있다. 낯선 환경에 적응하려면 적극적인 자세가 필요하다는 것이다. 현지인들과 소통하려 노력하고 주어진 상황에 최선을 다하면 좋은 인연을 만날 수 있다. 돌이켜보면 그것만큼 값진 경험도 없다.

만약 기회가 된다면 죽기 전에 지구본을 돌려 가보지 못한 나라들을 전부 여행해보고 싶다. 언젠가는 꼭 이루고 싶은 버킷리스트 1순위다. 해외여행이던 국내여행이던 가리지 않지만 굳이 꼽자면 유럽 배낭여행을 가보고 싶다. 여행하다 보면 낯선 환경에서 다양한 사람들을 만나고 문화를 접하면서 시야가 넓어진 느낌이 든다. 그리고 해외에 나가면 모두가 애국자가 된다는 말을 늘 실감하는 한 사람으로서 우리나라와 그곳 현지와의 차이점들을 보고 듣고 느끼면서 많은 생각을 하게 된다.

[그림29] 여행(출처: 네이버)

(9) 바둑

지금은 인터넷 대국 프로그램이 활성화돼 있지만 얼마 전까지만 해도 마땅한 수단이 없어서 직접 두는 게 일반적이었다. 바둑판 위에 가로 19줄, 세로 19줄 모두 361개의 교차점이 생긴다. 그리고 각각의 교차점 사이에 검은 돌과 흰 돌이 번갈아 놓이게 된다. 이때 흑 돌은 선공이고 백 돌은 후공이다. 아울러 집을 많이 지은 쪽이 승리하는데 상대방의 집을 빼앗거나 내 집을 지으면 점수를 획득하게 된다. 만약 서로 똑같은 개수의 집을 지었다면 무승부 처리된다.

바둑은 두뇌 회전에 좋고 치매 예방에도 탁월하다고 알려져 있다. 또 상대방의 심리를 꿰뚫어 보는 통찰력과 판단력을 기를 수 있으며 인내심과 끈기를 기르는 데도 좋다. 이외에도 여러 장점이 있으므로 남녀노소 누구에게나 추천하고픈 프로그램이다.

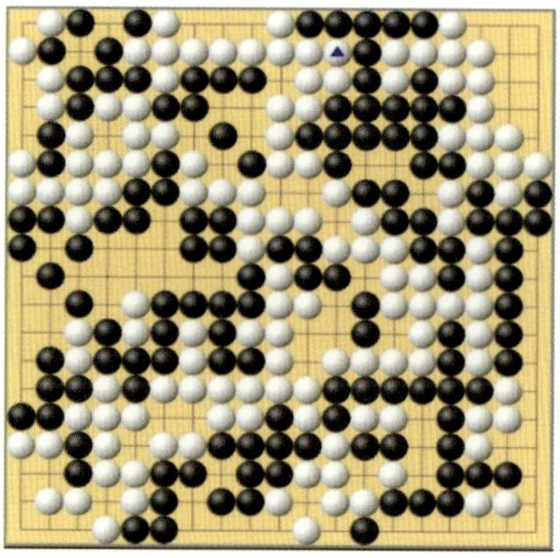

[그림30] 바둑(출처: 네이버)

(10) 종이접기

어릴 적 색종이 하나만 있으면 온종일 놀아도 지루하지 않았다. 학 접기, 별 접기, 배 접기, 비행기 접기 등등 종류도 다양했고 접는 방법도 제각각이어서 지루할 틈이 없었다. 물론 지금이야 인터넷 검색 몇 번이면 원하는 모양을 쉽게 찾을 수 있지만 그때는 달랐다. 직접 접어봐야 알 수 있었고 시행착오 끝에 터득해야만 제대로 접을 수 있었다. 덕분에 손가락 근육 발달은 물론 창의력 계발에도 상당한 도움이 됐다. 또 친구들과 함께 접으며 협동심과 배려심을 배울 수 있어 인성 교육에도 유익했다.

아직까지도 기억에 남는 몇 가지 작품이 있는데 학과 거북이를 꼽을 수 있다. 그리고 동서남북 네 방향 모두 다르게 접는 바람개비, 딱지치기용 표창도 재미있게 만들었던 기억이 난다. 또 모빌 만들기도 즐겨 했는데 알록달록 예쁜 색종이에다 그림을 그려 넣으면 세상에 단 하나뿐인 장난감이 만들어졌다. 이외에도 팽이, 별, 하트, 장미꽃 등 셀 수 없이 많은데 하나같이 추억이 깃든 소중한 물건들이다.

이렇듯 50~60대는 주로 몸을 활용해서 할 수 있는 취미 생활이 좋으며 60~70대는 정적이며, 두뇌 사용이나 마음의 안정을 찾는 취미활동이 좋다.

[그림31] 종이접기

7. 다시 대학 입학을 선택한 만학도, 학과가 중요한 시대

1) 동강대학교 미디어 콘텐츠학과 대학에 재도전하다

[그림32] 2022년 동강대학교 미티어 콘텐츠학과 입학식 날

(1) Youtube와 미래의 수입

필자는 이미 학사과정을 마쳤지만 50대에 새로운 도전에 나섰다. 동강대 미디어 콘텐츠학과에 입학하게 된 것이다. 필자가 동강대 미디어 콘텐츠학과에 입학하게 된 동기는 2가지였다. 우리가 앞으로 살아가야 할 세상 지금도 많은 사람들 입에 오르내리는 4차 산업혁명 시대. 다가오는 세상을 당당히 맞이하면서 앞서 살아가면서 노후를 대비할 수 있는 일은 무엇인가?

첫째는 급변해가는 세상에서 액티브 시니어로 살아가려면 임대료와 같은 개념의 인세에 상당하는 수입이 필요했고, 그 무엇을 찾던 도중이었다. 필자는 2년여 동안 끊임없이 그 무엇인가를 찾아보고 있었다. 그러다가 그 무엇이든 나이가 들어가는 내가 할 수 있을 때까지, 하고 싶을 때까지 남의 눈치 안 보고, 나의 만족을 느끼며 성취감도 느끼면서 누군가에게는 봉사도 할 수 있는 일이 있을까를 찾고 있었다.

어느 날이었다. 필자는 평소에 TV를 보지 않는데 이유는 볼 시간이 없다고 여겨지기 때문이고 시간이 아깝다고 생각하기 때문에 보지 않는다. 그런데 가족 중 누군가가 켜 둔 TV에 어떤 프로그램이 진행되고 있었다. 그런데 TV에서 보이는 방송 자막에 필자는 뒤통수를 둔기로 맞은 것처럼 엄청 아프고 정말 멍한 상태가 돼서 그 자리에 멈춰 서지 않을 수가 없었다.

그 방송은 유재석이 출연하는 '놀면 뭐 하니'라는 프로그램이었다. 정말 놀면 뭐 하니? 저 분들은 놀면서도 수입이 되는 삶을 사는데 이 사람은 왜 놀면서도 돈이 안 되게 노는 것인가? '나도 저런 방법을 찾아야겠다'라고 마음먹고 찾아보았다. 그래서 '하고 싶은 거 하면서 그 과정이라든지 상황을 영상으로 남겨 스스로 참고하면서 다른 누군가에게도 정보가 될 수 있는 일을 하면 되겠구나'라고 생각했다.

그래서 찾게 된 일이 Youtube였다. 현재 여러 가지 SNS를 하고 있어도 수입과는 거리가 멀다. Youtube도 당장 수입이 되는 것은 아니고 조건을 채우고 매니지먼트 계약이 돼야만 한다지만 차근히 해 나간다면 될 듯싶었기 때문이다.

둘째는 Youtube를 해야겠다고 생각하고 배울 방법을 다방면으로 찾던 도중이었다. 2022년도 동강대학교에 미디어 콘텐츠학과가 신설됐고 학과장의 배려로 입학하게 됐다. 학과장은 모 방송국의 PD로 20여 년간 근무하고 동강대학교로 부임해 처음 맡게 된 학과여서 열정이 대단했다.

정말 많은 곳에 학생들을 인솔하면서 '영상 인의 밤'을 개최하고 영상인들과의 만남을 주선하는가 하면, 조선대학교의 e스포츠센터에서 게임스포츠에 대한 경험을 하게 했다. 미디어센터에서는 방송을 직접 체험하게 하고, 장비를 대여해 사용할 수 있도록 방법을 주선해줬다. KBC 방송국에서는 방송하는 장면들을 직접 체험할 수 있도록 하며, 학생들에게 최대한 많은 체험을 하고 볼 수 있도록 배려해 줬다. Youtuber로서 여러 유명한 분들을 교수로 초청해서 학생들에게 노하우에 대한 가르침을 주게 했다.

학생들을 지도하는 교수로는 '하루 세끼'의 서주환 교수가 있다. 아주 좀 유명하다. Youtube 실버 버튼을 획득한 분이다. 윤혁진 교수도 '남도맛집'이라는 타이틀로 Youtube 채널을 운영 중이다. 남도의 여러 식문화를 소개하면서 정말 복스럽게 먹는 모습으로 유명하며 그 모습만 봐도 배부를 것 같은 느낌이 든다.

강영옥 교수는 휴대폰의 다양한 메뉴를 자유자재로 다룰 수 있도록 많은 정보를 주면서 자격증 취득과 경험을 쌓을 수 있도록 도움을 주고 있다. 휴대폰은 정말 기능이 좋아서 간편하게 들고 사용할 수 있는 작은 컴퓨터와도 같다. 대부분의 사람들은 휴대폰의 기능을 극히 일부분만 사용한다고 해도 과언이 아닐 것이다. 그런데 강영옥 교수는 정말 다양하게 활용할 수 있도록 많은 노하우를 알려주고 있다.

김정관 교수는 메타버스를 가르치고 있다. 필자가 꼭 배워서 하고 싶은 한가지이다. 온라인에서 자기의 세상을 만들어 누군가를 자신의 공간으로 초대해 함께 할 수 있는 일이란 정말 멋진 일이다. 이제 곧 NFT도 배우고 코인 발굴하는 것도 배울 것이다.

(2) 드론자격증

필자는 동강대학교 미디어 콘텐츠학과에서 자격증을 열심히 취득하고 있는데 현재는 드론 1종을 취득했다.

최근 들어 드론 조종사라는 직업이 각광 받고 있다. 취미 생활뿐만 아니라 촬영용으로도 인기가 높다. 하지만 아무나 드론을 날릴 수 있는 건 아니다. 반드시 국가공인자격증을 취득해야 한다.

현재 민간단체에서 발급하는 사설 자격증은 인정되지 않는다. 따라서 전문 교육기관에서 일정 시간 동안 이론 및 실기 교육을 이수해야만 시험응시 자격이 주어진다. 필기시험 과목은 항공법규, 항공기상, 비행 이론 및 운용 등 세 개이며, 실기는 구술평가와 실제 비행능력 평가로 나뉜다. 합격 기준은 70점 이상인데 난이도가 꽤 높은 편이다. 참고로 올해부터는 기존의 학과시험 외에 실기시험까지 추가됐다. 앞으로는 보다 체계적이고 전문적인 교육과정을 통해야만 드론 조종사가 될 수 있다는 의미이다.

정부 차원에서 드론 산업 육성정책을 적극적으로 추진함에 따라 관련 일자리가 크게 늘었기 때문이다. 현재 약 1만여 명의 전문인력이 필요한 상황으로 아직은 턱없이 부족한 실정이다. 따라서 전망이 매우 밝다고 볼 수 있다. 하지만 무턱대고 도전하면 낭패를 보기 십상이다. 우선 드론 국가자격증 취득 여부를 따져봐야 한다. 그래야 본격적으로 일을 시작할 수 있기 때문이다.

초경량비행장치 무인 멀티콥터는 14세 이상이어야 응시 자격이 된다. 조종자는 4종 최대이륙중량 250g 초과 2kg 이하, 3종 최대이륙중량 2kg 초과 7kg 이하, 2종 최대이륙중량 7kg 초과 25kg 이하, 1종 최대이륙중량 25kg 초과 150kg 이하를 조종할 수 있다. 150kg 이상은 항공기이므로 초경량 비행장치 무인 멀티콥터에 해당하지 않으므로 1종이 최고이며, 만약 지도자 과정을 취득하고 싶다면 교관 자격을 취득하면 된다. 시험평가원이 있다.

시험 과정은 취득하고자 하는 기체를 운용할 수 있어야 하며 필기시험과 실기시험을 통과해야 한다. 시험 난이도는 꽤 어렵게 느껴진다. 필기는 규정이 있어서 규정대로만 하면 되는데 실기는 규정도 있지만 그야말로 심사위원의 평가라서 주관적인 개념이 많이 개입됐다고 볼 수 있다. 그리고 응시자가 워낙 많아서 합격률이 30% 정도에 불과하다. 게다가 3종은 비행경력 6시간을 채워야 하고, 2종은 비행경력 10시간, 1종은 비행경력 20시간, 지도조종자는 비행경력 100시간을 채워야 시험 볼 수 있는 자격이 주어지며 시험평가원은 교관자격에서 60시간의 비행시간을 더 훈련해야 시험 볼 자격이 주어진다.

드론에 대해 좀 더 알아보자면 프로펠러 개수에 따라 부르는 명칭이 달라진다. 프로펠러 개수가 2개는 바이콥터(bi copter), 3개는 트라이콥터(tri copter), 4개는 쿼드콥터(quad copter), 5개는 펜타콥터(penta copter), 6개는 헥사콥터(hexa copter), 8개는 옥타콥터(octo copter), 12개는 도데카콥터(dodeca copter)라고 명명한다.

그리고 교육비가 만만치 않다. 응시료는 과정마다 7만 원 정도이고 교육비는 3종, 2종, 1종, 지도조종자에 따라 교육비가 점점 비싸지며 좀 많이 비싸다는 생각이 든다. 필자는 각 과정을 아이와 함께 밟아가느라 교육비가 상당히 많이 들었다. 국비로도 가능하다고 하니 관심 있다면 잘 알아보고 저렴하게 취득할 수 있으면 좋겠다. 네이버에서 '드론자격증 국비'로 검색하면 '국토교통부 TS안전공단'이 바로 검색된다.

4차 산업혁명 시대 핵심 기술 가운데 하나인 드론 조종사 자격증 취득자가 급증하고 있다. 국토교통부에 따르면 지난해 기준 국가공인 드론 자격증 취득자는 1만 6,000여 명으로 전년 대비 약 50% 가까이 늘어났다고 한다. 올해 들어서도 증가세가 이어지고 있는데 지난달까지만 해도 벌써 8,000명이 넘는 사람들이 시험에 응시했다.

이렇게 인기가 높은 이유는 아무래도 미래 유망직종이기 때문일 것이다. 현재 정부 차원에서 드론 관련 규제를 완화하려는 움직임이 활발하다. 덕분에 향후 일자리 창출 및 경제 활성화에 대한 기대감이 높아지고 있다. 물론 아직까지는 넘어야 할 산이 많다. 안전사고 위험 부담이 크고 사생활 침해 우려도 제기되고 있기 때문이다. 그럼에도 불구하고 전망이 밝은 만큼 미리 준비해두면 좋을 것 같다.

이렇듯 유망한 초경량비행장치 무인 멀티콥터 자격증은 필자가 Youtube를 하려다 보니 취득하고 있어야 자유로울 것 같아서 드론 중량과 관계없이 띄울 수 있는 1종을 취득하는 것으로 결정했다. 현재 Youtube 채널은 일부 운영 중에 있다. 앞으로 더 열심히 하면서 키워가야겠다.

2) 평생학습법

교육부에서는 2019년 1월 29일 「평생교육법」을 개정해 '평생학습계좌제'를 도입했다. 성인 학습자에게 적합한 새로운 형태의 대학 강좌 운영 방식인 '성인전담 학위과정'을 도입한다고 밝혔다. 이른바 '평생교육 단과대학 지원사업'인데 올해 9월부터 시범운영 후 내년부터 본격적으로 추진할 예정이다. 기존 4년제 대학 내에 별도의 단과대학을 설치해 다양한 수요층을 고려한 맞춤형 교육과정을 제공한다는 취지이다. 현재까지 선정된 학교는 총 8개교이며 향후 최대 30여 개까지 늘릴 계획이라고 한다.

이번 사업은 학령인구 감소 등 급변하는 사회 변화에 대응하기 위한 방안으로 마련됐다. 저출산, 고령화로 인해 학생 수가 급감함에 따라 정부 차원에서 선제적으로 대비책을 마련한 것이다. 아울러 선 취업, 후 진학제도 활성화 및 일-학습 병행 확산에도 기여할 것으로 전망된다. 한편 일각에서는 우려의 목소리도 나오고 있다. 자칫하면 부실 학사관리로 이어질 수 있다는 지적이다. 아직은 구체적인 커리큘럼조차 나오지 않은 상태라 섣불리 판단하긴 이르다는 설이다. 다만 분명한 건 이제라도 제대로 된 대책을 마련했다는 점이다. 부디 좋은 성과를 거둬 보다 많은 사람들이 혜택을 받았으면 하는 바람이다.

최근 들어 자기계발 및 학습 관련 서적들이 봇물 터지듯 쏟아져 나오고 있다. 서점에 가보면 온통 공부 잘하는 법, 시험 잘 보는 법 등 각종 노하우를 담은 책들로 가득하다. 시중에는 다양한 종류의 학습법 도서들이 인기리에 판매되고 있다. 도대체 왜 그럴까? 아마도 그만큼 수요가 많기 때문일 것이다. 게다가 자신에게 맞는 학습법을 찾는 건 결코 쉬운 일이 아니어서 누군가 먼저 경험해보고 알려주는 정보라면 충분히 가치가 있다고 판단했을 것이다. 필자 역시 마찬가지이다. 필자가 직접 터득한 비법을 남들에게도 알려주고 싶었다. 그리고 이왕이면 좀 더 체계적이고 구체적으로 정리해 공유하고자 했다.

이럴 땐 학습 효율을 높이는 나만의 노하우가 필요하다. 내가 추천하는 방법은 크게 세 가지이다. 첫째, 자신에게 맞는 강의를 선택한다. 둘째, 반복 수강을 통해 완전히 이해하도록 노력한다. 셋째, 배운 내용을 실제 생활에 적용해본다. 중간에 포기하고 싶은 순간도 많을 것이다. 그럴 때마다 스스로 동기부여를 하면서 끝까지 완주하겠다는 의지를 다져야 한다. 그래야만 진정한 의미의 자기계발이 될 테니 말이다.

성인 학습자의 자기 주도적 생애 역량개발을 지원하고자 기존 제도와는 달리 개인의 다양한 학습 경험을 누적 관리하고, 그 결과를 학력이나 자격 인정과 연계하거나 고용정보로 활용하도록 해 국민 개개인의 사회적 통합 및 국가경쟁력 제고를 도모한다는 취지이다.

구체적으로 살펴보면 다음과 같다. 먼저 계좌개설 신청자는 은행 예금계좌 형태의 평생학습계좌를 발급받는다. 그리고 원하는 시기에 필요한 강좌를 선택해 수강하면 된다. 이때 정부로부터 일정 금액의 보조금을 지급 받을 수 있는데 최대 35만 원까지 받을 수 있다. 단, 모든 과정이 무료는 아니며 일부 프로그램은 자부담금이 발생하기도 한다. 참고로 현재 운영되고 있는 기관은 모두 445개이고 제공되는 강좌는 무려 8,000여 개에 달한다.

이용방법은 간단하다. 홈페이지 접속 후 회원가입 절차를 거쳐 희망하는 강좌를 검색·신청하면 된다. 다만 주의해야 할 점이 있다. 우선 반드시 공인인증서 로그인을 해야 하고 이수 과목당 80% 이상 출석해야 한다는 조건이 붙는다. 만약 중도 포기 시에는 미 수료 처리돼 향후 불이익을 당할 수도 있으니 신중하게 결정하길 바란다.

3) 배움에도 전략이 필요하다

세상엔 다양한 학습법이 존재한다. 누군가는 강의실 맨 앞자리에 앉아 교수의 말 하나라도 놓칠세라 열심히 받아 적고, 또 다른 누군가는 노트 필기 대신 녹음기에 의존하기도 한다. 그런가 하면 아예 책을 통째로 외워버리는 사람도 있다. 물론 각자 나름대로 장단점이 있지만 필자에겐 맞지 않았다. 우선 수업 진도를 따라가기 버거웠다. 가뜩이나 이해력이 부족한데 그걸 일일이 적으려니 여간 힘든 게 아니었다. 그리고 나중에 복습할 때도 무척 불편했다. 필기한 내용을 보면서 공부해야 하는데 글씨가 워낙 엉망이라 알아보기 힘들었다.

결정적으로 암기 과목에서는 별 효과를 보지 못했다. 암기는 반복 학습이 생명인데 눈으로만 읽으니 금방 잊어버리기 일쑤였다. 고민 끝에 내린 결론은 단 하나뿐이었다. 내 방식대로 하자! 남들이 뭐라 하든 신경 쓰지 않기로 했다. 대신 내게 맞는 최적의 환경을 조성하는 데 힘썼다. 일단 최대한 편한 자세로 앉았고 교재보다는 칠판을 주시했다. 그래야 선생님 얼굴도 잘 보이고 집중도 잘 됐다. 더불어 예습보단 복습에 중점을 뒀다. 그날 배운 내용은 반드시 당일 복습했고 다음 날 아침 일찍 일어나 전날 배운 내용을 훑어보았다. 그랬더니 신기하게도 기억에 오래 남았다.

학창시절 공부 잘하는 친구들을 보면 공통점이 하나 있다. 그건 바로 자기 주도학습 능력이 뛰어나다는 것이다. 수업 시간에 배운 내용을 토대로 혼자 힘으로 복습하고 예습하는 과정을 통해 온전히 내 것으로 만든다. 그리고 시험 기간이 되면 선생님 말씀을 꼼꼼히 정리해 핵심 포인트를 짚어낸다. 돌이켜보면 나에게도 나름대로 학습법이 있었다.

우선 교과서 중심으로 개념을 이해하는 데 중점을 뒀다. 그러고 나서 참고서를 활용해 부족한 부분을 보충했는데 이때 오답 노트를 적극 활용했다. 틀린 문제를 따로 모아 놓고 반복해서 풀어보면서 실수를 줄여나갔다. 물론 모든 과목을 이렇게 공부한 건 아니어서 수학만큼은 예외였는데 기초가 워낙 부족했기에 학원 강의를 수강해야만 했다. 다행히 좋은 선생님을 만나 기본기를 탄탄하게 쌓을 수 있었고 지금까지도 연락을 주고받을 만큼 돈독한 관계를 유지하고 있다. 어쨌든 앞의 사례에서처럼 올바른 공부법을 터득한다면 분명 학업 성취도를 높일 수 있다고 확신하다. 다만 주의해야 할 점이 있는데 무작정 남들을 따라 하기 보다는 자신에게 맞는 방식을 찾는 게 중요하다는 것이다. 그래야 지치지 않고 꾸준히 이어나갈 수 있기 때문이다.

지금으로부터 약 30년 전 하버드 경영대학원 교수이자 베스트셀러 작가인 존 코터는 『기업이 원하는 변화의 리더』라는 책을 통해 이른바 '변화 관리 8단계 모델'을 제시했다. 1단계 위기감 조성, 2단계 강력한 혁신팀 구성, 3단계 비전 및 전략 수립, 4단계 단기 성과 창출, 5단계 커뮤니케이션 활성화, 6단계 시스템 구축, 7단계 변화 가속화, 8단계 지속적인 개선 순으로 이뤄진다는 게 핵심이다.

얼핏 보기엔 간단해 보이지만 결코 쉽지 않다. 우선 구성원들 사이에 공감대가 형성되지 않으면 위기에 대한 인식 자체가 불가능해진다. 따라서 조직 내 모든 구성원들이 함께 참여해야 하며 자발적이고 적극적인 자세로 임해야 한다. 그래야만 진정한 변화를 이끌어낼 수 있기 때문이다. 물론 단계별로 필요한 요소들이 있지만 공통적으로 적용되는 사항도 있다. 그것은 바로 최고경영자의 솔선수범이다. CEO가 먼저 나서서 모범을 보이고 직원들의 동참을 유도한다면 보다 수월하게 목표를 달성할 수 있을 것이다.

지식 습득 과정에서는 다양한 학습법이 존재한다. 크게 나누면 강의 듣기, 읽기, 시청각 교육, 토론 및 토의, 협동학습, 자기 주도학습 등 여섯 가지 정도로 구분할 수 있다. 이중 필자가 선호하는 방식은 단연코 자기 주도학습이다.

세상엔 배울 거리가 넘쳐난다. 학교 공부만이 전부가 아니다. 책 읽기, 글쓰기, 외국어 배우기, 악기 연주 등 배우고 싶은 마음만 있다면 뭐든 배울 수 있다. 다만 무작정 덤비기보다는 효율적으로 접근해야 한다. 그래야 원하는 목표를 달성할 수 있기 때문이다. 따라서 지금부터는 보다 현명하게 배우는 방법에 대해 소개하고자 한다.

먼저 첫 번째 단계는 목적지를 정하는 것이다. 이때 주의할 점은 구체적일수록 좋다는 것이다. 가령 영어회화 능력을 기르고 싶다면 해외여행 가서 막힘없이 대화하겠다는 식으로 명확한 목표를 세워야 한다. 다음으로는 지도를 펼쳐 가고자 하는 길을 미리 확인하면 헤매지 않고 빠르게 갈 수 있듯이 학습 계획을 세울 때도 마찬가지이다. 전체적인 로드맵을 그려두면 시행착오를 줄일 수 있다. 마지막으로 나침반을 준비한다. 방향을 제대로 잡고 있는지 수시로 체크해야 하기 때문이다. 만약 잘못된 방향으로 가고 있다면 재빨리 수정해야 한다. 그러지 않으면 엉뚱한 곳에 도착했을 때 후회해도 소용없다.

지금으로부터 약 30년 전 일본 도쿄대학 교양학부 교수이자 교육학자인 사토 마나부 교수는 『배움의 공동체』라는 책을 출간했다. 제목 그대로 학교 수업방식을 기존의 교사 중심에서 학생 중심으로 전환하자는 취지의 이론인데 현재까지도 꾸준히 주목받고 있다. 핵심은 간단하다. 지식전달 위주의 강의식 수업 대신 협동학습을 통해 서로 가르치고 배우는 과정을 반복하면 학습효과가 배가 된다는 것이다.

구체적으로 살펴보면 다음과 같다. 먼저 소그룹별로 모여 각자 공부한 내용을 공유한다. 이때 선생님은 조력자로서 질문을 던지거나 토론을 유도해 원활한 소통이 이뤄지도록 돕는다. 그리고 전체 그룹 원들끼리 배운 내용을 바탕으로 함께 과제를 수행한다. 마지막으로 개인별 또는 팀별로 최종 보고서를 작성하는데 이때 동료 평가 및 자기 평가를 실시한다.

이렇게 모든 과정을 마치면 그날 배웠던 내용을 완전히 습득할 수 있게 된다. 얼핏 보기엔 간단해 보이지만 결코 쉬운 일은 아니다. 우선 가르치는 입장에서는 준비해야 할 게 너무나 많다. 자칫 어설프게 가르쳤다가는 제대로 이해하지 못한 채 넘어갈 수도 있기 때문이다. 따라서 충분한 예습과 복습은 필수이다. 또 하나 어려운 점은 구성원 모두가 적극적으로 참여하도록 동기부여를 해줘야 한다는 것이다. 만약 누군가 의욕 없이 대충대충 한다면 나머지 팀원들에게도 부정적인 영향을 끼칠 수 있으니 주의해야 한다.

그럼에도 불구하고 필자가 이 방법을 추천하는 이유는 분명 그만한 가치가 있기 때문이다. 일단 주입식 교육과는 차원이 다르다. 일방적으로 듣기만 하는 수동적인 자세로는 절대 배울 수 없다. 끊임없이 묻고 답하는 과정을 거쳐야 진정한 배움이 이뤄진다.

아울러 혼자서는 해결하기 힘든 문제도 여럿이 머리를 맞대면 의외로 쉽게 풀리기도 한다. 물론 단점도 있다. 아무래도 정해진 틀대로 움직여야 하기 때문에 자유롭게 사고하는 능력이 떨어질 수 있다. 그렇지만 그건 어디까지나 개인차이지 옳고 그름의 문제는 아니라고 생각한다. 어쨌든 분명한 건 이제부터라도 올바른 방향으로 변화해야 한다는 것이다.

Epilogue

이 책을 쓰고 어르신들과 관련된 라이브커머스를 완성하는 여정을 되새기면서 어르신 커뮤니티에 대한 자료 및 정보수집을 진행하며 감탄이 절로 나왔다.

한편으로는 그들의 변함없는 힘과 지혜, 그리고 은혜를 통해, 그들은 나이가 숫자에 불과하다는 것을 몇 번이고 증명했다.

나는 이 책을 연구하고 쓰는 과정을 거치면서 선배 커뮤니티가 가지고 있는 방대한 지식과 경험에 충격을 받았다. 생존과 회복력에 대한 그들의 이야기에서부터 삶, 사랑, 행복에 대한 그들의 귀중한 통찰력까지, 우리는 우리의 연장자들로부터 배울 수 있는 것이 너무 많다.

앞으로 나는 많은 어르신들과 교류할 수 있는 정보를 통해 특권을 누렸는데 정말 겸손한 경험이었다. 새로운 제품과 기술에 대해 배우고자 하는 그들의 열정, 호기심, 그리고 열의는 고무적이었다. 공유된 경험과 관심사를 놓고 서로 어떻게 유대감을 형성하는지 보는 것도 훈훈했다.

이러한 경험을 통해 우리 사회에서 노인들이 종종 간과되고 저평가된다는 것을 깨닫게 되었으며 나도 이젠 시니어 시대에 합류하고 세상에 널리 알리며 나아가기로 한다.

Chapter

06

라이브커머스에 필요한 방송 장비

윤 채 홍

Chapter 06

Chapter 06

라이브커머스에 필요한 방송 장비

Prologue

라이브커머스 방송에 있어서 방송 인원 중 기본인원은 5명이다. 본문을 통해 라이브커머스 방송 시 현장에서 필요한 장비들을 알아보기로 한다. 네이버 쇼핑라이브(N LIVE)를 비롯한 그립(Grip), 소스(sauce), 보고(VOGO) 등과 같은 라이브방송 위한 기본 장비와 고급 장비에 대해 정리해 본다.

1. 기초장비

1) 스마트폰, 짐벌, 삼각대

기초장비로는 스마트폰, 짐벌, 삼각대가 필요하다.

[그림1] 스마트폰과 짐벌
(출처 : 네이버블로그 호남백과사전)

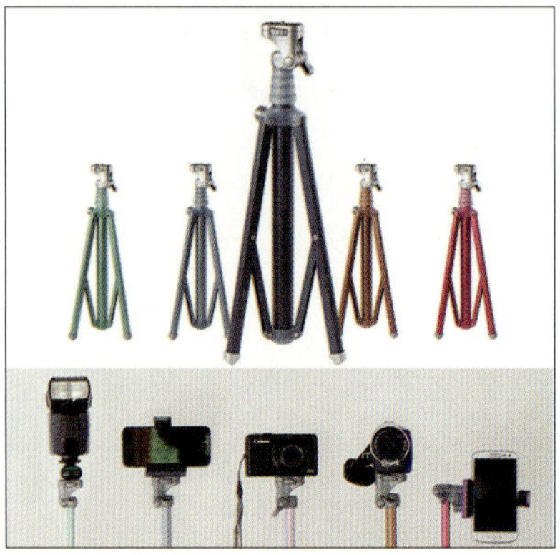

[그림2] 다양한 삼각대
(출처 : 유쾌한 생각)

2) 조명

라이브커머스 방송에서 촬영현장에서 느끼는 밝기가 실제 방송에 나오는 밝기와 차이가 있어 생각보다 어둡게 느껴지기 때문에 조명은 사용하는 것이 좋다. 또한 조명은 상품을 보여주는 데 필요한 적절한 빛과 모양을 제공해 시청자에게 화려하고 매력적인 방송을 제공할 수 있도록 돕는다. 또한 라이브커머스 방송의 분위기를 높이는 데 도움을 줄 수 있다. 라이브커머스 방송에서는 일반적으로 '지속광 조명'을 사용한다.

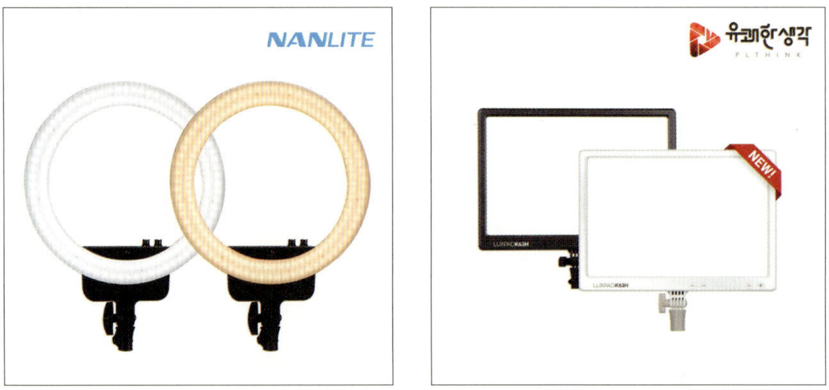

[그림3] 조명(출처 : 유쾌한 생각)

'순간광(Momentary lighting)'과 '지속광(Continuous lighting)'은 사진 촬영 및 비디오 제작에서 사용되는 두 가지 조명 형태를 의미한다. 순간광은 순간적으로 발광하는 조명으로, 카메라의 노출 시간에 따라 빛을 제공한다. 예를 들어, 적은 노출 시간에서의 발광을 사용할 수 있어 빛의 양을 제어할 수 있다. 이 형태의 조명은 주로 플래시나 빛 스튜디오 등에서 사용한다.

이에 반해 지속광은 지속적으로 빛을 제공하는 조명으로, 사용자가 원하는 만큼 언제든지 빛의 양을 조절할 수 있다. 이 형태의 조명은 사진 촬영 및 비디오 제작에서 대상의 모습을 미리 볼 수 있는 매우 유용한 장점이 있다.

3) 마이크

선명한 음성으로 효과적인 라이브커머스 방송을 하기 위해 마이크를 사용한다. 핀 마이크를 사용하거나 장비에 부착하는 마이크를 많이 사용한다.

[그림4] 핀마이크(출처 : 유쾌한 생각)

'지향성 마이크(Directional microphones)'와 '무지향성 마이크(Omnidirectional microphones)'로 구분 할 수 있다. 지향성 마이크는 방향성이 있는 마이크로 특정 방향에서의 소리만 잘 캡처 할 수 있다. 예를 들어, 강연을 하고 있는 사람의 목소리를 따로 기록하고자 할 때 이용한다. 무지향성 마이크는 방향성이 없는 마이크로 360도 각도의 주변 모든 방향에서의 소리를 잘 캡처 할 수 있다. 핸드폰 마이크나 핀 마이크 등이 무지향성 마이크이다. 예를 들어, 공연이나 이벤트에서의 주변 소음을 기록하고자 할 때 이용된다.

4) 확인용 모니터

'확인용 모니터'는 라이브커머스 방송을 진행할 때 모니터링 용으로 활용할 수 있다. 방송용 대본이나 다양한 제품에 대한 정보를 모니터를 통해서 도움받을 수 있다.

[그림5] 확인용 모니터(출처 : 유쾌한 생각)

5) 스튜디오

스튜디오는 없어도 무방하지만 스튜디오를 통해서 라이브커머스 방송의 몰입도를 높일 수 있다면 스튜디오를 사용하는 것이 좋다. 또한 요리에 관련한 제품 등 종류에 따라서 스튜디오가 필요한 경우도 있다.

[그림6] 스튜디오(출처 : 픽사베이)

2. 고급장비

1) 카메라

라이브커머스 방송을 캡처해 세부적으로 전송하거나 영상에 대한 디테일한 조정이 필요할 때 고품질 카메라가 필요하다. 최근 추세는 가벼운 미러리스 카메라를 활용해 동영상을 촬영하는 것이다. 액션캠도 서브 카메라로 많이 활용하고 있다.

[그림7] 카메라(출처 : 캐논코리아)

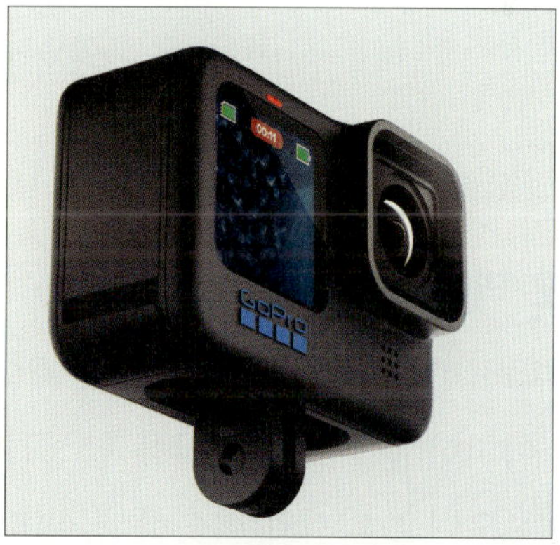

[그림8] 고프로카메라(출처 : 고프로)

2) 오디오 믹서

오디오 믹서는 오디오 신호 믹싱을 수행하는 전자장치이다. 여러 가지 이름으로 불리는데, 믹싱 콘솔(mixing console), 믹싱 데스크(mixing desk) 그리고 사운드 보드(sound board)라고도 한다. 오디오 믹서는 녹음 스튜디오, 방송실, 방송 & 영화 후반작업, 확성 시스템(PA System) 등과 같은 많은 환경에서 사용하고 있다. 오디오 믹서는 소리의 세기 및 음색 그리고 위상과 서라운드 이미지를 제어할 수 있다.[출처 : 위키백과]

라이브커머스 방송용 오디오 믹서는 8채널 정도면 충분하다.

[그림9] 오디오 믹싱 장비(출처 : 유쾌한 생각)

3) 비디오 믹서(스위처)

비디오 믹서(비디오 스위처)는 여러 개의 다른 비디오 대상을 선택하는 데에 쓰이는 장치이다. 어떠한 경우에는 영상을 합성하고 특수 효과를 넣을 수도 있다. 이는 오디오를 처리하는 오디오 믹서와 비슷하다. 비디오 믹서는 잘라내기(cut)뿐만 아니라 다양한 전환 효과를 만들어 낼 수 있다.

[그림10] 비디오 믹서(출처 : 유쾌한 생각)

3. 1인 소상공인 사례 VS 기업 사례

다음은 네이버 쇼핑라이브 현재 진행 중인 카테고리이다. 현재 라이브커머스는 이와 같은 형태로 진행되고 있으며 기존 홈쇼핑 방송이나 케이블TV 방송 못지 않은 소비자층과 구매고객을 확보하면서 꾸준한 성장세를 보이고 있다.

이들이 이와 같이 성장이 빠른 것은 기존 홈쇼핑 같은 경우 제품에 대한 사전 검사와 제출 서류 등 과정이 복잡하고 어려우면서도 그렇게 해서도 방송이 불가한 제품이 허다하기 때문에 대부분 중소상공인들의 방송은 라이브커머스에 초점이 맞춰지고 있다.

뿐만 아니라 실시간 고객의 궁금증을 풀어내면서 함께 소통하고 이 소통이 구매로 이어지면서 충성고객층을 형성할 수 있다는 충분한 동기를 갖고 있다는 것이 라이브커머스의 장점이다.

따라서 이와 같은 방송을 함에 있어서 장비는 필수적 요소이다. 단 본문을 통해 방대한 장비부분을 다 풀어놓지 않은 이유는 기존 PD나 방송국 진행요원을 대상으로 하는 것이 아니라 일반 소비자나 예비 쇼핑호스트들이 타깃이기 때문이다.

1) 뷰티 사례

[그림11] 뷰티 구매 Top10(출처 : 쇼핑라이브)

[그림12] 내 피부에 빨간불,
에뛰드로 긴급대응
(출처 : 쇼핑라이브)

[그림13] 속건조 해결 끝판왕
히알루론산 앰플
(출처 : 쇼핑라이브)

2) 푸드 사례

[그림14] 푸드구매 Top10(출처 : 쇼핑라이브)

[그림15] 설명절 마지막 배송 특집 (출처 : 쇼핑라이브)

[그림16] 단백질 일년을 꼬박 먹어온 결과? (출처 : 쇼핑라이브)

3) 패션 사례

[그림17] 패션 구매 Top10(출처 : 쇼핑라이브)

[그림18] 올젠과 함께하는 행'복'한 LIVE (출처 : 쇼핑라이브)

[그림19] 01/21)가로수101 팽구와 함께 설연휴코디 (출처 : 쇼핑라이브)

4) 라이프 사례

[그림20] 라이프 구매 Top10(출처 : 쇼핑라이브)

[그림21] 설특집 삼성 비스포크 공기청정기 64% 선착순할인 (출처 : 쇼핑라이브)

[그림22] 스텐팟 6L 대용량 가열식 가습기, 스텐 신생아 (출처 : 쇼핑라이브)

5) 여행/체험 사례

[그림23] 여행/체험 구매 Top10(출처 : 쇼핑라이브)

[그림24] 눈과 함께 하는 모든 즐거움! 휘닉스 평창 스노우파크 (출처 : 쇼핑라이브)

[그림25] 포항 유니의바다 카라반 캠핑장 라이브 초특가! (출처 : 쇼핑라이브)

6) 키즈 사례

[그림26] 키즈 구매 Top10(출처 : 쇼핑라이브)

[그림27] 슈퍼맨 제이쓴과 신상출시 토크쇼 쏟아지는 할인+적립! (출처 : 쇼핑라이브)

[그림28] 놀이훈련소의 쇼핑라이브 (출처 : 쇼핑라이브)

7) 테크 사례

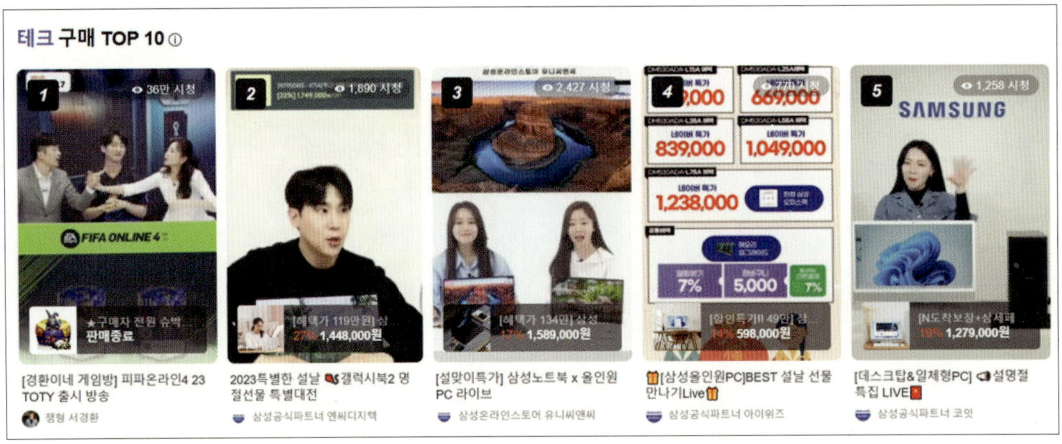

[그림29] 테크 구매 Top10(출처 : 쇼핑라이브)

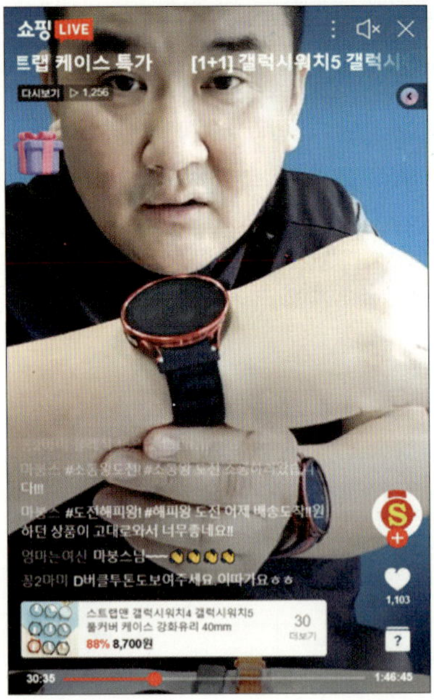

[그림30] [경환이네 게임방] 피파온라인4 23TOTY 출시 방송 (출처 : 쇼핑라이브)

[그림31] [1+1] 갤럭시워치5 갤럭시워치4 스트랩 케이스 특가 (출처 : 쇼핑라이브)

8) 취미/레저 사례

[그림32] 취미 레저 구매 Top10(출처 : 쇼핑라이브)

[그림33] [키덜트쇼] 심형탁x더합체 마이트가인 단독 론칭 (출처 : 쇼핑라이브)

[그림34] 프라임기어의 쇼핑라이브 (출처 : 쇼핑라이브)

9) 문화생활 사례

[그림35] 문화생활 라이브(출처 : 쇼핑라이브)

[그림36] [이집트 미라전] 역대 최대 스케일! 선착순 한정 특가 (출처 : 쇼핑라이브)

[그림37] 인테리어와 항균을 한번에! 김호성작가 작품! 선물로딱좋아 (출처 : 쇼핑라이브)

Epilogue

라이브커머스 방송에서 무엇보다 중요한 부분이 바로 방송 장비이다. 방송장비는 대부분 스튜디오나 방송국에 마련해 놓지만 때로는 개인적인 장비를 갖춰야할 때도 있다. 방송장비는 고가라고 해서 무조건 좋은 것은 아니다. 무엇보다 사용용도에 가장 최적화된 장비를 선택해 사용하는 것이 중요하다.

아무리 쇼핑호스트가 말을 잘하고 콘티가 잘 짜여 있어 준비한 제품홍보에 자신이 있다 하더라도 방송장비가 갖춰져 있지 않으면 아무도 방송을 볼 수 없게 될 것이다. 그래서 방송장비는 라이브커머스에 있어서 어찌 보면 가장 필요한 부분이고 중요한 부분이다.

기본적으로 방송장비에 관심이 많다면 본문에 소개한 장비 외에 더 다양한 많은 장비를 간파하고 있을 것이다. 그렇지 않을 경우에는 필자가 기록한 최소한의 방송 장비 만이라도 해당 정보를 알고 있다면 크게 도움이 될 것이다.

또한 장비마다 장단점, 활용방법 등이 다양하기 때문에 무조건 활용방법에 대한 부분은 누구보다 쇼핑호스트라면 충분히 인지하고 있어야 한다. 그리고 장비에 대한 지식이 많다고 해서 좋은 방송을 할 수 있는 것은 아니다.

장비에 대한 정보를 넘어 장비를 다양한 측면에서 활용해보고 어떻게 할 때 가장 퀄리티 높은 화면이 송출될 수 있을지 손에 익을 때까지 자주 사용해 볼 것을 추천한다. 쇼핑호스트라고 해서 장비를 몰라도 되는 것은 아니기 때문이다.

어느 각도에서 어떤 조명을 활용해야 할지, 마이크는, 기타 장비는 어떻게 배치하고 활용해야 가장 원하는 화면, 제품이 돋보이는 화면, 소비자가 듣기에 편한 사운드와 화면이 될지 고민하고 자주 사용해서 가장 좋은 화면송출 방법을 알아야 할 것이다.

라이브커머스는 쇼핑호스트의 역할도 중요하지만 무엇보다 제품이 주인공이 돼야 한다. 그래서 장비가 필요하고 중요한 것이다. 제품이 주인공처럼 돋보일 때 소비자는 구매 의지가 생기고 이는 매출로 이어지는 것이다. 이때 장비는 쇼핑호스트 만큼이나 중요한 징검다리 역할을 해 줄 것이다.

Chapter
07

가수에서 메타커머스 가수로 도전장 내밀다

김 덕 건

Chapter 07

Chapter 07

가수에서 메타커머스 가수로 도전장 내밀다

Prologue

책을 쓰는 일은 나에게 있어 일종의 도전이다. 글쓰기에 자신이 없었던 데다 평소 독서량도 많지 않았기 때문이다. 하지만 코로나19 상황에서 새로운 분야에 도전을 했고 공부도 많이 했다. 그 덕분에 제2의 인생을 넘어 제3의 인생을 사는 의미에서 한 번쯤 책으로 정리해 볼 만한 가치가 있다고 판단했다.

돌이켜보면 내 인생은 비교적 순탄한 인생이었다. 어린 시절 부모님의 사랑으로 학창 시절을 보냈고, 가정 형편이 어려워 대학 진학은 못했어도 무난하게 고등학교까지 졸업해서 대기업에서도 근무했었고, 남편을 만나서 아들딸 낳고 행복한 가정을 꾸리고 있으니 이 정도면 순탄한 인생이라 할 수 있다.

어린 나이에 일찍 결혼을 해서 남편 사업을 도우며 지내고 있던 어느날, "당신하고 싶은 거 있으면 해봐"라는 남편의 말 한마디에 힘 입어 지금의 가수 활동을 하고 있다. 그만큼 필자에게 아주 좋은 기회였고 그 기회를 놓치지 않고 잘 잡았다. 남편이 필자가 원하는 가수의 길을 후원해 줬고 평탄하게 가수로서 많은 활약을 하고 있었다.

그러던 어느 날 전 세계인의 발을 묶어버린 코로나19 팬데믹 상황이 필자를 힘들게 했다. 앞날을 예측하기 힘든 상황이 돼버린 것이다. 그때 위기를 기회로 만든 사례 및 스토리텔링으로 엮어볼 생각에 집필하기로 마음먹었다.

집필하는 내내 생각도 많이 하게 되고 자료수집을 하면서 공부를 더 깊게 할 수 있었다. 탈고 하기까지 늦깎이 대학생이라 기말고사까지 겹쳐있고, 필자는 가수이기 때문에 공연이나 행사도 해야 했다. 또 강의 일정까지 소화하면서 해야 하는 상황이었기 때문에 무척 힘들게 집필을 했다.

코로나19로 인해 활동을 전혀 못 하는 상황에서 지역 가수에서 만능 엔터테이너로 거듭나기 위함과 SNS를 통해 셀프브랜딩 하는 방법, 앞으로 5060 액티브 시니어 인생 2막을 위해 도전하는 이야기 등 필자의 끊임없이 도전하는 내용을 담았다.

필자는 시도조차 하지 않는다면 영영 후회 속에서 살 것 같았다. 우연히 알게 된 SNS 온라인 마케팅 전문가를 만난 게 이렇게 두 번째 출판의 기회를 갖게 됐고 필자에겐 충분한 자극이 됐다.

독자들도 이 책을 보고 용기를 내서 다가올 제2의 인생에 도전할 수 있는 계기가 됐으면 하는 마음이다. 내 나이 올해 쉰셋 적지 않은 나이지만 뒤늦게 공부를 시작했다. 남들은 늦었다고 하지만 난 지금이 적기라고 생각한다. 왜냐하면 배움에는 끝이 없기 때문이다. 물론 학창 시절에도 열심히 공부했지만 그때는 성적을 잘 받기 위한 목적이 컸다. 이제는 다르다. 정말 배우고 싶어서 도전했고 또 그만큼 노력하고 있다.

1. 생각 근육키우기

1) 메타버스 교육에 도전하다

최근 들어 자기 계발 및 취미 활동 등 다양한 목적으로 평생학습에 참여하는 사람들이 늘고 있다. 필자 역시 마찬가지다. 평소 관심 있었던 분야를 공부함으로써 새로운 지식을 습득하고 삶의 활력소를 얻고 있다.

어느덧 지역 가수로서 활동한 지가 현재 10년이 넘었다. 필자는 코로나19 팬데믹 상황에 아무것도 할 수 없는 현실이 안타까웠다. 무기력해지고 경제적으로도 힘들어지는 상황에 우울증이 생길 것만 같았다. 다른 일을 찾는다는 게 쉬운 일도 아니고 노래만 하던 사람이 노래 없이 다른 일을 한다는 건 도저히 상상도 하기 싫었다.

그러던 어느 날 2021년 3월에 학창 시절 집안 사정이 어려워 대학 진학을 하지 못한 꿈을 이루기 위해 조선대학교에 입학을 했다. 만학도로서 최선을 다해 학업에 전념하면서 1학기를 마칠 무렵 지인의 소개로 SNS 온라인 마케팅 전문가를 만나 셀프브랜딩을 할수 있는 공부를 시작하게 됐다.

코로나19로 인해 아무 일도 할 수 없는 상황이었기에 뭔가를 배워서 나를 홍보할 수 있다는 사실에 벅찬 가슴으로 학업과 SNS 배우기에 열정을 다했다. 정말 너무 늦게 알았다는 것이 안타까울 정도로 선생님의 말씀에 잘 따랐고 평생 공부할 것을 이때 다 해보는 것 같았다. 주말도 없이 선생님의 일정에 방해가 되지 않는 범위 내에서 함께 참여하면서 많은 것을 내 것으로 만들 수 있었다.

[그림1] 함께 참여했던 시니어 크리에이터 교육

이렇게 열정을 불태우고 있을 때 쯤 선생님께서는 '메타버스'를 배워보라 권유했다. 처음엔 '생소한 단어이기도 하고 어렵겠다'라는 생각에 엄두도 못냈었는데 "필자가 갖고 있는 열정정도면 한번 도전해볼만 하다"라는 말씀에 '한번해볼까?'하는 욕심이 생겼다.

선생님께서 필자에게 던져주는 메시지는 항상 자극적이고 호기심을 불러 일으키기에 충분했다. 그동안 바빠서 갈망했던 일들을 선생님의 가르침으로 앞으로의 나아갈 방향성을 찾게 된 것이다. 마침 코로나19 상황에 새로운 것을 배울수 있다는 것도 필자에게 도전이자 자기 계발 시간으로 좋은 기회였다고 생각한다.

그래서인지 '메타버스'라는 교육을 받아 보라고 권유했을 때 크게 고민하지 않고 적극적으로 시작을 했던 것 같다. 한번 시작하면 열정적으로 하는 성격이라 교육 날짜는 이미 나와 있었고 주저할 것 없이 새로운 메타버스에 대한 공부를 시작하게 됐다.

인생 이모작 시대라고 하지 않는가. 지금까지 살아오면서 쌓아온 경험과 지식을 바탕으로 새로운 분야에 도전한다면 충분히 승산이 있다고 본다. 필자 역시 마찬가지다. 앞으로도 꾸준히 공부해 제2, 제3의 인생을 멋지게 펼쳐보고 싶다.

많은 사람들이 반복되는 업무와 일상 속에서 무기력함을 느끼고 새로운 자극을 찾는다. 매일 똑같은 일을 하며 살다 보니 삶이 지루하게 느껴지면서 뭔가 변화가 필요하다는 걸 절실히 느끼기 때문에 나 자신에게 변화를 주고 싶다는 생각을 한다. 하지만 어디서부터 어떻게 시작해야 할지 막막하게 느껴질 때가 많다. 그럴 때 선택하는 게 바로 '평생학습'이다. 평소 관심 있었던 분야를 공부함으로써 삶의 활력소를 얻고 자기 계발에 몰두할 수 있다.

[그림2] 시니어 크리에이터 교육

평생학습 덕분에 다양한 분야의 지식을 쌓을 수 있고 시야도 한층 넓어지는 걸 느낄 수 있다. 또 하나 좋은 점은 함께 배우는 분들과의 교류를 통해 인맥을 넓힐 수 있었다는 것이다. 서로 격려하고 응원하며 긍정 에너지를 나눌 수 있었다. 돌이켜보면 그때만큼 열정적으로 살았던 적이 없었던 것 같다. 앞으로도 꾸준히 배우고 성장해 보다 나은 미래를 그려나가고 싶다.

2) '핵폭탄'에서 강사경진대회에서 우수상을 거머쥐다

한국메타버스연구원에서 스파르타식 교육으로 '메타버스'를 배우기 시작했다. 줌 플랫폼에서 매일 시간을 엄수하며 하루도 빠짐없이 참여해서 '메타버스' 교육을 받는데 필자는 정말 힘들었었다.

교육은 컴퓨터와 스마트폰으로 이뤄지는데 노트북 기능도 모른 체 시작을 해서 함께 배우는 교육생들에게 폐를 끼치는 상황까지 벌어지게 됐다. 나로 인해 교육 진행이 늦어지는 상황도 생겼고, 전국에서 모집된 교육생들과 온라인으로 배우는 만큼 따라가려면 큰 맘먹고 노트북도 새로 구입을 해야만 했다.

좀 더 빠르고 편리한 교육을 위해 기본을 갖추고 시작을 해야만 할 것 같았다. 함께 배우는 교육생들이 좋은 분들이 많아서 모르는건 체면 안 따지고 물어보고, 선배 교수님들께도 여쭤보면서 고난의 메타버스 교육을 우수상까지 받아 부러움을 한 몸에 받으며 수료했다.

그 어려운 메타버스 교육을 마치기까지 에피소드도 많았고 함께 교육했던 동기생들과 짧았지만 정도 들고 지금도 연락을 가끔 전하고 있다. 특히 필자는 다른 교육생들보다 많이 뒤떨어지기 때문에 사무국에서 회의 결과 선배 교수님에게 특별 개인지도를 해주라는 지시가 있었다고 한다.

처음엔 개인지도가 웬 말인가 싶었는데, 나중 알고 보니 필자는 '핵폭탄'이었다는 말을 듣게됐다. 그만큼 모르는 게 많고 필자 때문에 진도가 늦어지고 교육생들에게 피해를 주기 때문에 그런 결정을 내리신 것 같다. 나를 끝까지 완주 시키기 위해 사무국의 특별 지시가 있었던 덕분에 필자는 메타버스 교육과정을 우수한 성적으로 수료할 수 있었다.

그때 당시에 필자는 늦깎이 대학생이었기에 대학 수업에도 전념을 해야 하는 상황이었고 마침 기말고사 기간이었다. 새로운 걸 배우기에는 정말 버거운 시기였다. 그럼에도 불구하고 최선을 다한 결과 경진대회에서 우수상을 받았고 강사 인증서와 수료증을 받았다.

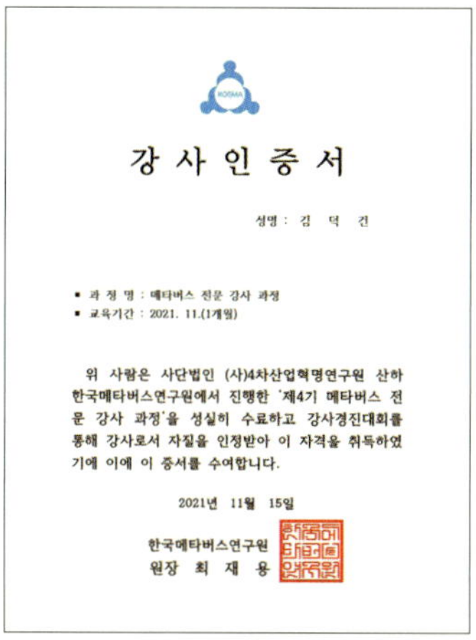
강 사 인 증 서

성명 : 김 덕 건

- 과 정 명 : 메타버스 전문 강사 과정
- 교육기간 : 2021. 11.(1개월)

위 사람은 사단법인 (사)4차산업혁명연구원 산하 한국메타버스연구원에서 진행한 '제4기 메타버스 전문 강사 과정'을 성실히 수료하고 강사경진대회를 통해 강사로서 자질을 인정받아 이 자격을 취득하였기에 이에 이 증서를 수여합니다.

2021년 11월 15일

한국메타버스연구원
원장 최 재 용

[그림3] 메타버스 강사 인증서

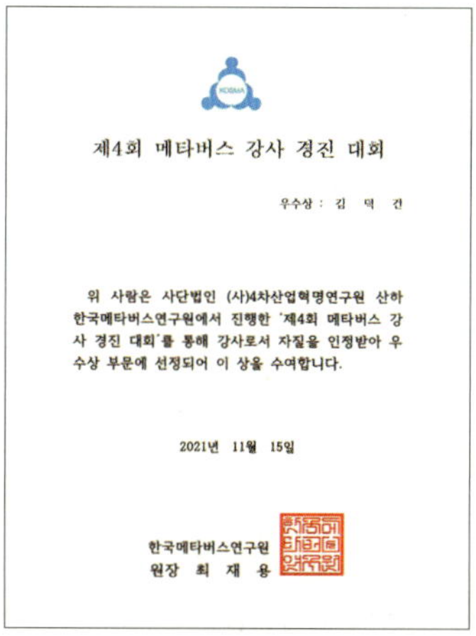
제4회 메타버스 강사 경진 대회

우수상 : 김 덕 건

위 사람은 사단법인 (사)4차산업혁명연구원 산하 한국메타버스연구원에서 진행한 '제4회 메타버스 강사 경진 대회'를 통해 강사로서 자질을 인정받아 우수상 부문에 선정되어 이 상을 수여합니다.

2021년 11월 15일

한국메타버스연구원
원장 최 재 용

[그림4] 강사 경진대회 우수상

수 료 증

성명 : 김 덕 건

- 과 정 명 : 메타버스 전문 강사 과정
- 교육기간 : 2021. 11.(1개월)

위 사람은 사단법인 (사)4차산업혁명연구원 산하 한국메타버스연구원에서 진행한 '제4기 메타버스 전문 강사 과정'을 성실히 수료하고 시범강의를 통해 강사로서 자질을 인정받아 이 자격을 취득하였기에 이에 이 증서를 수여합니다.

2021년 11월 15일

한국메타버스연구원
원장 최 재 용

[그림5] 교육 수료증

그때 기분은 세상을 다 가진 느낌이었다. 필자가 우수상을 받는 것도 믿기지 않았지만 함께했던 동기분들께 미안했다. 필자보다 교육받는 과정에서 실력자들이 많았기에 전혀 기대를 하지 않았었다. 수료식 전에 경진대회가 있는데 그때 발표를 잘했다는 말을 많이 들었다. 메타버스 교육은 처음이었지만 필자는 평소에 강의를 하고 있었기 때문에 그 경험이 큰 도움이 됐던 거것이다. 우수상도 받고 그동안 수고에 뿌듯하고 보람도 느끼고 가슴에서 뜨거운 게 느껴질 만큼 벅차올랐다.

이렇게 메타버스 교육을 마치고 나면 배움을 토대로 공저로 책 쓰기를 한다. 이 기회에 공부도 더 깊게 해서 책 쓰기에 필자도 동참하기로 했다. 책을 쓴다는 게 결고 쉬운 일이 아니었다. 한 번도 써 본 적 없는 데다가 뭘 알아야 책을 쓸 것이 아닌가?

수료과정 교육은 과정일 뿐이고 그 내용으로는 책을 쓸 수 있는 실력이 되질 않았다. 처음부터 다시 심도 있게 공부를 해서 책 쓰기 준비를 해야만 했다. 수료했다고 해서 끝나는 게 아니고 이제부터는 나만의 공부를 해서 내 것으로 만드는 과정이 필요했다.

3) 생애 첫 책 쓰기에 도전하다

그런데 이런 기쁜 생활을 하는 가운데 뜻하지 않은 일이 터지고 말았다. 노래 강사로서 티칭과 가수로 공연만 하던 사람이 어렵고 힘든 공부를 시작하자니 폭풍 학습을 하는 과정에서 힘들고 스트레스를 받았을까?

늦은 밤 책 쓰기를 하다가 그날은 평소보다 일찍 잠을 청했다. 책 집필하는 기간엔 보통 새벽 4시에 잠들곤 했었는데 잠을 자다가 새벽에 두 번이나 가슴에 통증이 생겨서 잠에서 깨어났다. 결국엔 통증이 심해져 119에 신고를 해서 응급실에 실려 갔다.

병원에서 혈관 조영술 검사 결과 '불안정협심증'이라는 병명이 나왔다. 의사 선생님께서 "언제 어디서 심장으로 가는 혈관이 막힐지 모르는 위험한 상황이다"라며 "평생 아침저녁으로 약을 복용해서 관리를 해야 한다"고 하셨다.

처음엔 믿기지도 않고 평생 약을 복용해야 하는 병이 생긴 것에 너무 속이 상했지만 그래도 다행이다 싶었다. 이렇게 무사했으니…. 3박 4일간의 입원치료를 하면서 책 쓰기를 중단해야 하는 상황이 왔고 많은 갈등이 있었다. 책 쓰기를 당장 그만둬야 할지 아니면 되고 날짜는 다가오는데 병원에 입원해있는 상황에서 계속해야만 할지에 대해 고민하다가 병원에서 책 쓰기를 마무리하기로 마음을 먹었다.

시술한 상태라 머리도 너무 아팠고 누워 있어야 하는 상황에 책 쓰기는 무리인 듯싶었다. 그래도 끝까지 정신력으로 버텼다. 언제 또 올지 모르는 책 쓰기에 올인을 해야만 했다. 이번이 처음이자 마지막이라는 생각으로 집필을 하는 동안엔 고통도 잊고 책 쓰기에 매진한 결과 드디어 어느 정도 마무리가 돼가고 있었다. 뿌듯했다. 내 스스로를 위로하고 칭찬해 주고 싶었다.

퇴원해서도 복용하는 약물이 내 몸에 적응하는 시기에 두통이 심하게 나타났는데 정말 그때 생각하면 고통이 너무 심해서 웬만한 정신력 아니고서는 버텨내기가 힘들었다. 그렇게 열흘 정도 지나자 두통도 점점 사라지고 빠른 쾌유로 건강을 찾을 수 있었다.

그 어려운 메타버스 공부를 하면서 스트레스도 받고 잠도 제대로 못 자고 갑자기 무리해서 생긴 병이지만 필자는 절대 후회하지 않는다. 나 자신에게 놀라웠고, 역시 '하면 된다'라는 자신감도 생겼고, 자기 계발에 큰 도움이 됐으니 메타버스 교육과 책 쓰기 하기를 잘했다는 생각이 든다. 그 덕분에 공저자님들과 온라인으로 출판기념회에서 소감도 발표하면서 후배 교육생들과 지도교수님들께 큰 박수도 받았다. 너무 감격스러웠고 내 생애 첫 번째 책은 이렇게 어려움을 겪으며 출판이 됐다.

[그림6] 필자의 첫 번째 책 '세상의 중심 메타버스'

[그림7] 세상의 중심 메타버스 공저자들과 비대면 출판기념회 장면

2. 이제는 융합형 인재가 대세!

1) 가수에서 만능 엔터테이너로 성장하다

최근 몇 년 사이 예능 프로그램에서는 다양한 분야의 연예인들이 활약하고 있다. 불과 몇 년 전까지만 해도 개그맨 아니면 배우 정도로만 구분되던 방송계 판도가 완전히 바뀐 것이다. 이제는 노래 잘하는 가수보다는 춤 잘추는 아이돌 그룹 멤버가 더 인기 있고, 연기파 배우보다는 재치 넘치는 개그맨이 더 대접받는 시대가 됐다. 물론 예전에도 코미디언 출신 MC라는 개념이 존재하긴 했다. 하지만 지금처럼 광범위하게 활동하진 않았다. 그저 보조 역할에 지나지 않았던 것이다. 그러던 것이 어느 순간 메인 자리를 꿰차더니 급기야 정상까지 올랐다. 그야말로 격세지감이 아닐 수 없다.

도대체 무슨 일이 있었던 걸까? 아마도 인터넷과 SNS의 발달 덕분일 것이다. TV 시청률이 점점 하락하자 각 방송사들은 새로운 돌파구를 찾아야 했고, 결국 대안으로 떠오른 것이 유튜브 등 동영상 플랫폼이었다. 그리고 그곳에서 살아남기 위해서는 보다 참신하고 재미있는 콘텐츠가 필요했다. 이때 주목받기 시작한 것이 바로 끼 많고 재능 충만한 엔터테이너들이었다.

90년대 후반까지만 해도 아이돌 그룹멤버라고 하면 노래 잘하고 춤 잘추는 소위 '딴따라' 이미지가 강했다. 하지만 2000년대 이후부터는 달라졌다. 이제는 연기면 연기, 예능이면 예능 못하는 게 없다. 그야말로 다재다능한 팔방미인 시대가 도래한 것이다. 물론 모든 연예인이 다 그런 건 아니다. 일부 스타급 연예인들만이 누릴 수 있는 특권이기도 하다.

그럼에도 불구하고 예전과는 확연히 달라진 분위기임엔 틀림없다. 게다가 최근 들어 방송사에서는 아예 대놓고 '멀티플레이어'를 요구한다. 다양한 분야에서 활동하길 원하는 시청자들의 욕구를 충족시키기 위함이다. 덕분에 재능 있는 연예인들은 자신의 끼를 마음껏 발산할 수 있게 됐다. 바야흐로 진정한 엔터테이너의 시대가 열린 셈이다.

필자는 가수로 활동하고 있지만 '만능 엔터테이너'로 성장해야 한다고 평소에 생각하고 있었다. 노래 이외에도 갖고 있는 재능이 많다. 바쁘다 보니 그 재능을 성장시키지 못했는데 오히려 2020 코로나19 팬데믹 상황으로 인해 재능을 살릴 수 있었다.

첫 번째는 '유튜브 생방송' 진행을 하게 되면서 방송 진행에 대해 익혔고 그 덕분에 케이블방송 음악프로그램 'KCTV 가요톡톡'을 진행하는 행운을 얻었다.

[그림8] 레미행TV 유튜브 생방송을 진행하는 필자(출처 : 레미행 TV 유튜브)

[그림9] KCTV 가요톡톡을 진행하는 필자(출처 : KCTV가요톡톡)

두 번째는 '라이브커머스 쇼호스트'이다. 최근 유통업계에서는 실시간 동영상 스트리밍 방송을 통해 물건을 판매하는 이른바 '라이브커머스'가 대세로 떠오르고 있다. 코로나19 사태 장기화로 비대면 쇼핑 수요가 급증하자 새로운 판로 개척에 나선 것이다.

네이버쇼핑, 카카오 등 포털 업체뿐만 아니라 쿠팡, 11번가, 티몬 등 기존 전자상거래 업체들도 앞다퉈 라이브커머스 서비스를 도입하고 있다. 홈쇼핑 업계도 마찬가지다. CJ오쇼핑, 롯데홈쇼핑, 현대홈쇼핑 등 주요 TV홈쇼핑 업체들은 모바일 앱 내에 라이브커머스 코너를 신설했으며, 신세계TV 쇼핑, SK스토아 등 T커머스 업체들도 관련 서비스를 제공하고 있다.

덕분에 시청자들은 보다 다양한 채널을 통해 원하는 상품을 구매할 수 있게 됐다. 기존 홈쇼핑과는 달리 장소 제약 없이 어디서든 스마트폰 하나만 있으면 누구나 손쉽게 이용할 수 있기 때문이다. 게다가 고객과의 쌍방향 소통이 가능하다는 점도 매력적이다. 바야흐로 라이브커머스 전성시대라 해도 과언이 아닐 정도다.

[그림10] 사과를 파는 라이브커머스 방송 리허설 장면

필자는 가수 데뷔 전 오프라인으로 상품을 판매해 봤던 경험이 있기에 자신 있게 해보고 싶었다. 역시나 내 몸에 딱 맞는 옷처럼 필자에게 잘 맞는 일이었다. 필자가 처음으로 라이브커머스 방송으로 판매했던 상품이 '영광굴비'였다. 더블 진행으로 방송을 했는데 무척 떨리고 어떻게 진행했는지 정신없이 지나갔던 기억이 난다.

[그림11] 영광굴비를 라이브커머스를 통해 판매하는 필자(출처 : 호남백과사전)

방송 마친 후 PD님께서 피드백을 해주셨고 부족한 부분은 고쳐나갔다. 그 덕분에 너무 해보고 싶었던 '라이브커머스 생방송' 이었는데 빠른 속도로 성장해서 드디어 명품사과 '장수사과'를 라이브 방송하게 됐다.

필자는 일 년에 두 번씩 직접 장수 사과 농장을 방문해 촬영을 해서 블로그, 인스타그램, 페이스북, 유튜브로 홍보를 하고 있다. 사과 맛에 푹 빠져서 언제부턴가 SNS 홍보를 하고 있었는데 드디어 라이브커머스 생방송을 하게 된 것이다.

더블 진행이 아닌 단독으로 생산자를 모시고 진행했는데 1시간을 혼자서 한다는 게 부담이기도 했지만 PD님과 호흡을 잘 맞춰서 무사히 방송을 마칠 수 있었다. 명품사과라 많은 분들이 관심을 보여줬고 시청해 줘서 조회 수도 높은 편이었고 방송을 마친 후 매출 상황도 좋았다.

[그림12] 명품사과를 라이브커머스를 통해 단독으로 판매하는 필자(출처 : 호남백과사전)

세 번째는 기념식과 행사진행이다. 행사장에서는 다양한 종류의 이벤트가 열린다. 공식행사에서부터 공연, 진시회, 세미나 등 다채로운 프로그램이 마련된다. 따라서 각각의 성격에 맞는 식순과 멘트 그리고 음악 선곡까지 신경 써야한다. 먼저 기본적인 순서로는 개회사, 국민의례, 내빈소개, 경과보고, 환영사, 축사, 시상식, 폐회식 순으로 진행된다. 이때 사회자는 전체적인 흐름을 잘 이끌어가야 하며 돌발 상황에도 유연하게 대처해야 한다. 아울러 정해진 대본대로 읽는 것보다는 자연스러운 애드리브를 섞어가며 청중에게 즐거움을 선사하는 것이 좋다.

한편 축하공연 시에는 분위기에 어울리는 곡을 선정하되 지나치게 유행 타는 노래는 피하는 것이 좋다. 자칫하면 관객들의 집중력을 흐트러뜨릴 수 있기 때문이다. 또 중간중간 박수 유도 및 호응을 끌어내는 것도 잊지 말아야 한다. 마지막으로 모든 식이 끝난 후에는 참석자 전원에게 감사 인사를 전하는 것도 잊어서는 안 된다.

필자는 전문 진행자가 아니다 보니 아직은 배우면서 하고 있다. 사회자는 기본적으로 목소리가 좋아야 한다. 그래야 청중에게 신뢰감을 줄 수 있기 때문이다. 또박또박 정확한 발음과 안정된 톤 그리고 적당한 성량까지 갖춰야 금상첨화다. 물론 타고 난 목소리가 좋은 사람도 있지만 후천적인 노력으로도 충분히 개선될 수 있다.

우선 복식호흡을 통해 발성 연습을 꾸준히 해보자. 배에서부터 소리를 끌어올린다는 느낌으로 숨을 들이마신 뒤 천천히 내뱉으면 된다. 이때 목에 힘을 주면 절대 안 된다. 자칫하면 성대에 무리가 갈 수 있기 때문이다. 더불어 평소 대화 시에도 정확한 발음구사를 위해 신경 써야 한다. 만약 잘못된 발음 습관이 있다면 의식적으로 고치려는 노력이 필요하다.

마지막으로 자신만의 개성 있는 말투를 개발해야 한다. 남들과 똑같은 억양과 어투로는 결코 주목받을 수 없다. 이렇게 연습을 통해 부족함을 채워가면서 평소에도 많은 강의를 하고 있기 때문에 진행도 두려움 없이 도전할 수 있었던 것 같다.

[그림13] 광주광역시 서구에서 펼쳐진 기념식 행사를 진행하는 필자

최근 유통업계에서는 새로운 형태의 쇼핑 플랫폼이 등장해 화제다. 이른바 '메타 커머스'라 불리는 서비스인데 '메타버스'와 '커머스'의 합성어로 가상의 공간에서 제품 또는 서비스를 체험하거나 물건을 구매하는 기존 쇼핑몰과는 달리 판매자가 직접 자신의 상점을 개설해 운영하는 새로운 형태의 전자상거래 방식이다.

쉽게 말해 오픈마켓 형식이지만 입점비나 수수료 등 비용부담이 전혀 없다는 장점이 있다. 게다가 누구나 자유롭게 물건을 사고팔 수 있어 진입 장벽이 낮다. 일반 고객뿐만 아니라 전문가나 파워블로거 등 영향력 있는 인플루언서에게도 개방돼 있다는 점이다. 이로 인해 다양한 콘텐츠 생성 및 공유가 가능해져 보다 폭넓은 홍보 효과를 누릴 수 있다.

게다가 SNS 기능까지 갖추고 있어 개인 미디어로써의 역할도 톡톡히 해내고 있다. 이곳에선 개인 또는 법인사업자라면 누구나 별도의 절차 없이 손쉽게 가게를 열고 물품을 판매할 수 있다. 물론 구매자도 마찬가지다. 현재 베타서비스 중인 '네이버 스토어팜'이 대표적인 사례다. 다만 아직까지는 모바일에서만 이용 가능하다는 한계가 있다. 하지만 조만간 PC 버전으로도 출시될 예정이라니 앞으로의 행보가 기대된다. 언젠가는 집안에서 백화점을 둘러보고 물건을 구입하는 게 기본값인 시대가 올 거라는 기대와 메타 커머스가 어떻게 진화해나갈지 기대가 크다.

필자는 코로나19 상황으로 인해 시간이 여유로워진 덕분에 평소에 관심이 많았던 분야에 귀 기울이게 됐고 적극적으로 찾아다니면서 배우게 됐다. 배움의 길을 터서 배울 수 있는 필자에겐 정말 소중한 시간이었다. 코로나19 상황 앞에 뭔가 할 수 있는 게 있다는 것 만으로도 위로가 됐다. 또 코로나19가 언젠가는 종식돼 일상생활이 다시 찾아왔을 때 미래의 성장한 모습을 꿈꾸며 최선을 다해 급변하는 시대에 내가 가진 재능을 다양한 분야에서 힘차게 닦아나갔다.

2) 다재다능한 엔터테이너로 거듭나다

필자는 가수이다. 그런데 가수 외에 잘하는 게 몇 가지 더 있다. 라이브커머스 쇼호스트, 노래교실 강사, 케이블방송 음악 프로그램 진행, 기념식 사회 진행, 행사 진행 등 다방 면에서 활동하고 있는데 적성에 맞고 성과도 좋게 나오고 있다. 뭐든 맡겨놓으면 척척해내는 소질이 있다는 평가 뒤에는 필자의 노력과 열정이 이뤄낸 결과이다.

최근 가요계에서는 아이돌 그룹 멤버들의 활약이 두드러진다. 예전에는 솔로 가수라 하더라도 보컬리스트로서의 역량만 인정받으면 됐지만, 이제는 춤과 랩까지 소화해야 살아남을 수 있다. 그만큼 만능 엔터테이너로서 자질을 갖춰야 한다는 의미다. 물론 모든 걸 잘한다는 건 결코 쉬운 일이 아니다. 하지만 불가능한 일도 아니다. 왜냐하면 연습생 시절부터 체계적인 트레이닝을 받기 때문이다. 게다가 소속사 차원에서 다양한 분야로의 진출을 적극 지원하기도 한다. 덕분에 몇몇 아이돌스타들은 연기자나 예능인으로도 맹활약 중이다. 이른바 '멀티 플레이어 시대'가 도래한 것이다.

필자는 뭐든 주어진 일에는 최선을 다한다. 이제는 지역 가수에서 더 높이 오르기 위해 새로운 준비를 한다. 노래 잘 부르는 가수이지만 공부도 잘하고, 노래 잘 부르는 가수인데 메타버스에 대해서 잘 알며, 가수인데 진행도 잘하는 등 이 많은 걸 잘할 순 없다고 생각했는데 척척 해내는 모습 속에서 필자의 한계에 대해서 놀라고 있다. 코로나 19가 닥쳤을 때 움츠러들지 않고 미래를 내다보며 끊임없이 배우고 익혀서 내 것으로 만들어 다재다능한 엔터테이너로 거듭난 필자의 모습을 보며 주변 분들은 놀랍다는 말씀들을 많이 해주신다. 이렇게 다져나가다보면 가수한테서 보이는 가능성은 남다를 것이다.

필자는 지상파 방송에 나가게 되면 어떤 인터뷰를 할 것인가에 대해서도 차분히 준비하고 있다. 지금 책 쓰기를 하는 것도 소중한 방송 인터뷰 소재로 남을 것이고 미래를 위해 지금도 시간과 돈을 투자해서 배우며 익히고 있다. 다재다능한 가수로서 자질을 갖췄을 때 그에 상응하는 좋은 기회가 반듯이 올 것이다.

3. 변화된 일상 즐기기

1) 코로나19로 인해 사라진 축제 현장

코로나19는 전 세계인의 발을 꽁꽁 묶어버리고 말았다. 2년 6개월 넘게 사회생활에 있어서 대면으로 가능했던 모든 일들이 비대면으로 대체되면서 사회생활 자체에 큰 제약을 받고 있는 상황에 놓여 있었다. 지금은 다소 완화 돼 실내에서는 마스크를 착용하고 있고 실외에서는 벗고 있지만 아직도 코로나19로부터 완전히 해방되지는 않았기에 앞으로 우리는 어떻게 살아가야 하는지에 고민해 보지 않을 수가 없다.

필자는 코로나19 상황이 닥치자 대부분의 사람들이 그러하듯이 아무것도 할 수 없는 상황이 됐다. 일반적인 사회생활을 하는 이들에 비하면 문화예술인들은 비대면 사회 속에서는 아무것도 할 수 없기 때문에 코로나19가 잠잠해지기만을 기다리는 방법밖에 없었다. 그러나 너무 길어지다 보니 앞으로의 대안을 찾지 않을 수가 없었다. 각 지역마다 지역을 알리는 축제는 찾아볼 수도 없었고 우리 가수들은 설 무대가 없어져서 생계마저 위태로운 안타까운 상황이 됐다.

[그림14] 코로나19 이후 변화된 지역축제의 모습(출처 : 관광지식정보시스템)

축제 중에서도 지역축제는 코로나19로 직격탄을 맞았다. 실제로 2019년과 2020년 상반기 지역축제와 관련된 SNS상의 '지역축제' 키워드 월별 언급량을 비교해보면 2020년 2월 코로나19의 등장과 함께 3월 이후 2020년의 언급량이 2019년에 비해 급감하는 모습을 보였다고 한다. 2020년 2월까지는 코로나19로 인한 지역축제 개최 여부 등에 대한 논의가 활발히 진행되며 2019년 보다 오히려 언급량이 많은 모습을 보였지만, 3월부터는 지역축제에 대한 언급 자체가 사라지는 안타까운 모습을 보였다.

상황이 이렇게 되자 지역축제에 '우리가 할 수 있는 것을 하자'라는 의지와 실행 안들이 SNS상에서 논의되면서 실제 온·오프라인을 융합하는 지역축제들이 기획됐다고 한다. 대표적인 사례로 '보령머드축제'와 지금도 계속 진행되고 있는 '춘천마임축제'를 들 수 있는데 '대규모의 집단적 일회성 오프라인 행사'라는 고정관념을 깨면서 진행되고 있다.

코로나19로 인해 온·오프라인으로 진행된 보령머드축제는 AR 체험, 집콕머드체험 키트 등 디지털콘텐츠를 활용한 축제를 진행함으로써 시공간 제약을 극복하였으며, 단순한 온라인 콘텐츠 개념을 넘어 지역 농축산물 소개 및 경매 그리고 지역 관광지를 공유하며 랜선 관광객들의 참여를 이끌어냈다. 비대면 축제의 면모를 보여줬고 140만 명 이상의 온라인 참여를 이끌어 내면서 코로나19 시대 대형 축제와 방향성을 제시했다.

[그림15] 보령머드축제(출처 : gettyimgesbank)

2) 변화의 물결에 몸을 싣다

코로나19 팬데믹 상황이 예상보다 길어지면서 '7·8년 정도 이후에 다가올 메타버스'라는 신조어가 생겨났고, 페이스북이 회사 이름을 '메타'로 바꿨다. 마크 저커버그 페이스북 CEO는 "이제부턴 페이스북이 아니라 '메타버스'다"라며 사명을 '메타'로 바꾼다고 선언했다. 신산업인 메타버스로 사업의 방향을 옮기겠다는 제2의 창업 선언을 한 것이다.

'메타버스'는 가상, 초월을 뜻하는 '메타(meta)'와 세계, 우주를 뜻하는 '유니버스(universe)'의 합성어로 '가상세계'를 뜻한다. 메타버스 세계는 가상현실(Virtual Reality)이라는 말로 표현하기도 하는데 현재는 메타버스라는 단어로 주로 사용한다. 쉽게 말해서 현실 세계와 같은 사회·경제·문화 활동이 가능한 3차원의 가상세계를 말한다. 이렇게 빠르게 변화하는 물결에 우리도 빠르게 관심을 가져야 할 때이다.

SNS에 관심을 갖고 배우고 익히면서 그 이후 온라인 셀프 브랜딩까지 하게 되자 하기 전과 후가 확연히 달라진 걸 볼 수 있었다. 또 이렇게 되기까지 시간이 그리 오래 걸리지 않았다. '누구든지 마음만 먹으면 할 수 있다'라는 걸 알리고 싶었다. 이렇게 열정적으로 배우고 있을 무렵 선생님께서는 '메타버스'도 배워보라고 권유하셨다. SNS도 이제 겨우 익혀가는 중인데 메타버스까지 하면 체력이 받쳐줄지 걱정부터 앞섰다.

필자는 그때 당시에 늦깎이 대학생 1학년 재학 중이었었다. 만학도로서 공부하는 것도 벅찬 일이었기에 메타버스까지 배운다면 정말 버거울 거란 생각에 선뜻 맘먹기가 쉽지 않은 상황이었다. 일단 결정을 하고 난 후 교육에 참여했다. 코로나19로 인해 변화의 물결에 변화를 시도하는 그 자체만으로도 신선했고 뭔가 앞서가는 설렘은 충분히 나를 자극했다. 남보다 먼저 새로운 변화에 적응하고 먼저 성취하는데 어찌 쉬울 수만 있을까? 남보다 몇 배는 노력하고 발 빠르게 움직여서 성장해가는 나의 참모습을 보면서 많은 분들이 응원해 주고 격려해 주실 때 더욱 보람되고 힘을 얻게 될 것이다. 이제 남보다 한발 앞서 '메타버스'에 승차했으니 이제부터 신세계를 향해 힘차게 달려보자.

4. 새로운 세계로의 초대

1) 메타버스 플랫폼에 빠지다

최근 들어 가상현실 기술이 비약적으로 발전하면서 새로운 개념의 공간이 탄생했다. 이른바 '메타버스'라는 이름의 세상이다. 쉽게 말하면 아바타를 통해 실제 생활과 유사한 사회·경제·문화 활동을 할 수 있는 디지털 지구라고 할 수 있다. 지금까지 존재하던 인터넷 서비스와는 차원이 다르다.

우선 사용자가 직접 콘텐츠를 생산한다는 점이 특징이다. 기존 SNS에서는 이용자가 일방적으로 정보를 제공받는 데 그쳤지만 메타버스에서는 자신만의 개성을 살린 창작물을 만들고 공유할 수 있다. 게다가 누구나 참여할 수 있다는 점도 매력적이다. 나이, 성별, 인종 등 어떠한 조건에도 제약받지 않고 원하는 대로 살아갈 수 있다. 머지않아 일상생활 속 깊숙이 자리 잡을 것으로 예상된다.

메타버스는 기존의 가상현실과는 달리 경제활동까지 이뤄지는 보다 진화된 형태라는 점에서 주목받고 있다. 현재 글로벌 IT 기업들은 앞다퉈 메타버스 관련 서비스를 선보이고 있다. 페이스북은 VR 기기 제조업체 '오큘러스'를 인수했고, 마이크로소프트는 혼합현실 헤드셋 '홀로렌즈2'를 출시했다. 애플 역시 'AR 글래스' 개발에 박차를 가하고 있으며, 구글은 스마트폰 기반의 증강현실 플랫폼 '데이드림'을 공개했다.

가상현실 기술이 빠르게 발전하면서 새로운 개념의 디지털 세상이 열리고 있다. 메타버스 공간은 기존의 가상현실과는 조금 다르다. 증강현실, AR 기술 등을 활용해 실제 존재하는 장소나 사물 위에 또 하나의 이미지를 덧씌워 보여주는 방식이기 때문이다. 쉽게 말하면 내가 직접 그곳에 가보지 않아도 마치 현장에 있는 것처럼 생생하게 체험할 수 있다는 의미다. 현재로써는 주로 게임 분야에서 활발히 사용하고 있지만, 앞으로는 다양한 산업 분야에서도 적용할 전망이다.

가령 의료계에서는 수술 실습용 시뮬레이터로 쓰일 수 있고, 건설업계에서는 건축물 설계 및 시공 교육 도구로 활용할 수 있다. 엔터테인먼트 업계에서는 아이돌 팬미팅이

나 콘서트장으로도 이용할 수 있다. 그야말로 무궁무진한 확장성을 지닌 셈이다. 물론 아직까지는 초기 단계라서 보완해야 할 부분이 많지만 향후 몇 년 이내에 일상생활 속 깊숙이 자리 잡을 것으로 예상된다.

이렇듯 주요 테크기업들이 차세대 먹거리로 메타버스를 선택한 이유는 간단하다. 그만큼 성장 잠재력이 크기 때문이다. 전문가들은 메타버스 시장 규모가 2025년 약 315조 원에 달할 것으로 전망한다. 물론 아직까지는 초기 단계이기 때문에 해결해야 할 과제가 산적해 있다. 하지만 분명한 건 미래 산업의 핵심 키워드로 자리 잡을 거라는 사실이다. 따라서 지금부터라도 관심을 갖고 꾸준히 지켜봐야 할 것이다.

현재까지 알려진 메타버스 플랫폼으로는 로블록스(ROBLOX), 제페토(ZEPETO), 젭(ZEP), 포트나이트(FORTNITE), 이프랜드(IFLAND) 등이 있다. 이중 필자가 즐겨 사용하는 건 네이버 제트가 운영하는 증강현실 아바타 서비스 앱 '제페토'이다. 메타버스 플랫폼 '제페토'가 화제다. 제페토에서는 얼굴인식과 증강현실, 3D 기술 등을 이용해 자신만의 개성 있는 캐릭터를 만들어 가상공간에서 활동할 수 있도록 지원한다.

2021년 기준 가입자 수는 2억 4,000만 명이며 그 중 해외 이용자가 90% 일 정도로 글로벌적으로 인기를 끌고 있다. 최근에는 블랙핑크 멤버 '제니'를 모델로 내세워 다양한 이벤트를 진행했는데 무려 4,600만 명이 넘는 사용자가 참여했다고 한다. 가히 폭발적인 반응이다.

한편에서는 우려의 목소리도 나온다. 어린아이들이 무분별하게 사이버 공간에 노출될 위험이 있다는 지적이다. 물론 지나친 몰입은 경계해야겠지만 적절한 교육과 지도가 병행된다면 긍정적인 측면이 더 많을 것 같다.

전 세계 이용자 3억 명으로 대부분의 K 팝 팬들이 제페토를 통해 유입되고 있다. 구찌, 디올 등 유명 브랜드들이 제페토에 입점했고 모바일 버전만 접속 가능하다. 현재 제페토 게임 속 크리에이터 숫자는 약 250만 명이 있으며, 지금까지 약 500만 개 이상의 아이템이 만들어져 거래되고 있다.

제페토는 아시아 지역 1위 메타버스 플랫폼이다. 제페토 내에서 의상 하나당 10~20젬 정도 거래되며 5,000젬을 모으면 현금으로 인출가능하다. 이곳에서는 자신만의 개성이 넘치는 캐릭터를 만들고 다양한 의상 및 아이템을 활용해 나만의 스타일을 연출할 수 있다.

또 친구들과 함께 사진을 찍고 동영상을 촬영해 공유할 수도 있다. 물론 SNS 기능도 갖추고 있어 서로 소통하기도 편리하다. 게다가 얼굴인식시스템 덕분에 나와 닮은꼴 연예인 찾기도 가능하다. 이렇게 보면 마치 싸이월드 미니홈피 같기도 하다.

하지만 분명한 차이점이 있다. 우선 이용자가 직접 콘텐츠를 생산한다는 점이다. 기존 소셜미디어와는 달리 누구나 크리에이터가 될 수 있다는 의미다. 그리고 수익 창출 구조가 확실하다는 점도 주목할 만하다. 유튜브의 채널 구독자, 인스타그램 팔로워 숫자가 돈이 되듯이 제페토 월드 속 인기도도 현금화가 가능하다. 아직까지는 베타 버전이지만 향후 정식 출시되면 엄청난 파급력을 발휘할 것으로 예상한다.

일단 규모 면에서 압도적이다. 현재까지 알려진 메타버스 관련 서비스만 해도 무려 1,000여 개에 달한다. 게다가 앞으로 계속적으로 늘어날 전망이어서 그야말로 미래 먹거리 산업으로 주목받고 있다. 물론 아직까지는 걸음마 단계여서 갈 길이 멀다.

[그림16] 제페토 이미지(출처 : 제페토)

메타버스 플랫폼 가운데 하나인 '로블록스'는 사용자가 직접 게임을 만들고 공유할 수 있는 서비스다. 레고 모양의 아바타를 이용해 가상세계 속에서 친구들과 소통한다. 현재 약 1억 5,000만 명의 유저가 활동하고 있으며 월간 활성 사용자는 무려 4,370만 명에 달한다.

코로나19 사태 이후 인기가 급상승했는데 비대면 시대에 적합한 놀이문화라는 평가를 받고 있다. 최근엔 뉴욕 증시 상장 첫날 시가총액이 무려 42조 원까지 치솟으며 화제를 모았다. 하지만 일각에서는 우려의 목소리도 나오고 있다. 우선 미성년자에게 부적절한 콘텐츠가 많다는 지적이 제기되고 있다.

또 중독성이 강해 학업에 지장을 줄 수 있다는 비판도 적지 않다. 게다가 개발자와 운영자 모두 성인이기 때문에 청소년 보호 장치가 미흡하다는 점도 문제점으로 꼽힌다. 그럼에도 불구하고 앞으로의 성장 가능성은 무궁무진하다. 지금까지는 주로 어린아이들이 즐겨왔지만 향후 다양한 연령층으로 수요가 확대될 전망이다.

[그림17] 로블록스(출처 : 로블록스)

'이프랜드'는 SK텔레콤이 선보인 새로운 개념의 가상현실 공간인데 아바타를 통해 소통한다는 점에서 기존 서비스와는 차이가 있다. 누적 가입자 460만 명 MZ 세대의 니즈에 맞춘 플랫폼이며, 이프랜드 앱을 실행하면 직관적인 UI 요소로 누구나 쉽게 이프랜드를 즐길 수 있게 만들었다.

이프랜드에서 800여 종 코스튬을 제공하며 내가 원하는 또 다른 자신의 아바타를 개성있게 꾸밀 수 있다. 이프랜드 내에서 대형 컨퍼런스홀, 야외무대, 루프탑, 학교 대운동장 등 총 18여종의 룸 테마 공간이 준비돼 있으며, 하나의 룸에 최대 131명 까지 참여가 가능하다. MZ 세대들의 취향과 관심을 고려해 이프랜드 내에서 강연, 페스티벌, 콘서트, 팬미팅 등 다양한 행사를 진행중이다.

[그림18] 이프랜드(출처 : SK텔레콤)

게더타운(GATHER TOWN)은 미국 스타트업이 출시한 업무 특화 플랫폼이다. 코로나19 팬데믹 상황에서 전 세계적으로 사회적 거리 두기 여파로 일상생활뿐만 아니라 업무환경도 자연스레 오프라인에서 온라인으로 점차 변해가고 있다.

게더타운은 오피스업무, 회의 목적으로 만들어진 메타버스 플랫폼인데 최대 25명까지 무료로 사용할 수 있어서 규모가 작은 기업이나 소규모 스터디 모임에서 주로 사용

된다. 이렇듯 메타버스 플랫폼은 다양하다. 아직은 진화과정 단계이므로 앞으로 어떻게 변화의 물결로 나아갈지 주목할만하다.

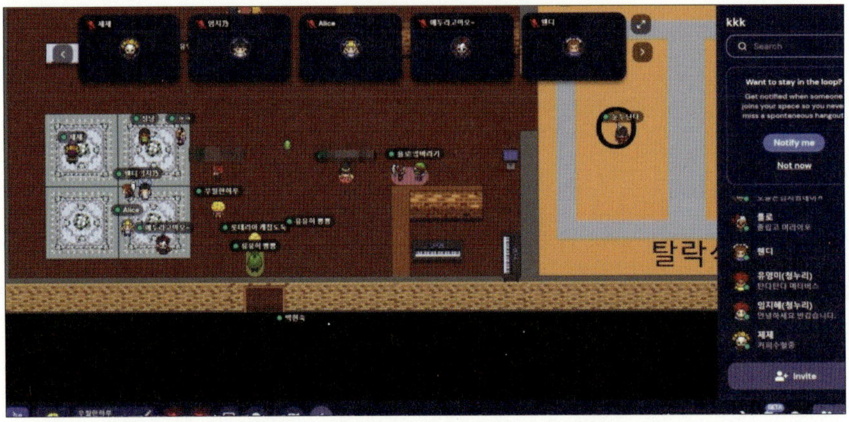

[그림19] 게더타운(출처 : 네이버)

2) 메타버스 가수로 새로운 도전

메타버스 가수! 막연히 메타버스 가수가 되겠다고 생각 했는데 메타버스가 뭔지 알고 싶었다. 그래서 메타버스를 배우기 시작하다 보니 생각했던 것 보다 제3차원의 세계는 환상적이었다. 어렵다 생각해서 엄두조차 못 냈다면 지금도 필자는 새로운 용어에 관심도 없었을 테고 메타버스가수 타이틀도 얻지 못했을 것이다.

메타버스 가수는 장점이 많다. 필자는 메타버스 영화 '아바타'가 생각났다. 영화 아바타에서 주인공은 현실 세계에서 군인으로 하반신 마비였다. 하지만 메타버스 세계 속에서는 걷고 뛰고 행복해한다. 즉 메타버스 공간에는 장애인이 없다는 것이다.

우리는 누구나 잠재적인 불의의 사고로 장애인이 될 수 있지만 메타버스에서는 누구나 건강하고 걷고 뛸 수 있다. 그리고 메타버스는 시간과 공간을 초월하기 때문에 팬과 만나서 수십만 명, 수천만 명이 동시에 접속 가능하고 소통할 수 있다.

코로나19로 인해서 모든 공연과 행사가 취소됐을 때도 3차원의 가상세계 메타버스에서는 가상현실(VR, 컴퓨터로 만들어 놓은 가상의 세계에서 사람이 실제와 같은 체험을 할 수 있도록 하는 최첨단 기술)보다 한 단계 더 진화한 개념으로 아바타를 활용해 단지 게임이나 가상현실을 즐기는 데 그치지 않고 실제 현실과 같은 사회·문화적 활동을 할 수 있다는 특징이 있다.

가수는 일반인이 아니라 팬덤 층을 가진 엔터테이너로서 코로나19에도 걱정없이 얼마든지 메타버스 공간에서 공연과 노래를 부를 수 있다.

[그림20] 필자의 제페토 캐릭터

흔히 알고 있는 SNS도 메타버스 공간으로 유튜브에서 노래하고, 인스타그램에서 라이브로 소통하고, 현실의 나와 가상의 나를 온라인과 연결하는 인터넷만 잘 된다면 언제 어디서든 시공간을 초월하는 곳이다.

필자는 메타버스 플랫폼 제페토에서 공연은 아직 못 해봤지만 내가 공연을 할 수 있는 맵을 만들고 있다. 직접 만든 월드에 팬들을 초대해서 야외 콘서트를 개최해 볼 생각이다.

[그림21]은 제페토 스튜디오에서 나만의 월드를 만들어 가는 과정 중이다. 아직은 미완성인데 다양한 오브젝트를 이용해 멋진 제페토 월드를 완성시켜서 하루빨리 메타버스 가수로 거듭날 수 있는 상상을 해본다.

[그림21] 필자의 제페토월드

5. 미래학자처럼 생각하라

1) 통찰력을 기르자

최근 들어 '4차 산업혁명'이라는 단어가 자주 등장한다. 인공지능, 사물인터넷, 빅데이터 등 첨단 기술이 사회 전반에 걸쳐 혁신적인 변화를 가져올 것이라는 전망이다. 하지만 정작 일반인들에게는 막연하게 느껴질 뿐이다.

도대체 뭐가 어떻게 바뀐다는 건지 감조차 오지 않는다. 게다가 관련 책이라도 읽어보려 해도 도무지 무슨 소리인지 이해되지 않는 전문 용어 투성이다. 그러다 보니 결국 포기하고 마는 경우가 허다하다. 물론 나 역시도 마찬가지였다.

그러던 어느 날 문득 이런 생각이 들었다. 지금까지 내가 알던 지식으로는 도저히 답이 나오지 않을 것 같다는 생각이다. 새로운 관점과 시각 그리고 사고방식이 필요하다는 걸 절실히 느꼈다. 그때부터 본격적으로 공부를 시작했다. 우선 서점에 가서 관련 서적을 모조리 구입했다. 그리고 틈나는 대로 읽었다. 또 각종 강연회에도 참석했고 인터넷 커뮤니티 활동도 열심히 했다. 그러자 서서히 길이 보이기 시작했다. 이전과는 전혀 다른 세상이 눈 앞에 펼쳐졌다. 마치 SF영화 속 주인공이 된 듯한 기분이었다.

[그림22] 미래학자처럼 생각(출처 : 동아닷컴)

이제 막 걸음마를 뗀 수준이지만 나름대로 깨달은 점도 몇 가지 있다.

첫째, 인간만이 할 수 있다고 믿었던 일들을 기계가 대체할 거라는 사실이다. 따라서 향후 일자리 지형도는 크게 바뀔 것이다.
둘째, 기존 질서가 무너지고 새로운 패러다임이 도래할 것이다.
셋째, 모든 분야에서 경계가 허물어질 것이다.
넷째, 상상치 못한 비즈니스 모델이 탄생할 것이다.
마지막으로 창의성의 시대가 열릴 것이다.

지금으로부터 약 30년 전 빌 게이츠는 앞으로 세상을 바꿀 세 가지 기술로 PC, 인터넷, 그리고 모바일을 꼽았다. 오늘날 스마트폰 하나로 거의 모든 일을 해결할 수 있게 된 걸 보면 그의 예측이 얼마나 정확했는지 알 수 있다.

이렇듯 미래학자는 현재 상황을 바탕으로 가까운 미래를 예측한다. 물론 틀릴 수도 있지만 적어도 남들보다 앞서 나갈 수 있다는 장점이 있다. 따라서 급변하는 시대 흐름 속에서 살아남기 위해서는 반드시 미래학자처럼 생각해야 한다.

앞으로 다가올 세상에서는 정보기술이 모든 산업 분야를 지배하게 될것이라고 예측했다. 그리고 정확히 30년 후 오늘날 IT 기술은 상상조차 못했던 엄청난 변화를 가져왔다. 이제 인터넷 없이는 단 하루도 살 수 없게 됐고 스마트폰 하나면 못하는 게 없는 세상이 됐다. 바야흐로 본격적인 모바일 시대가 도래한다는 의미다. 따라서 현재 상황에 안주해선 안 된다. 끊임없이 새로운 트렌드를 읽고 공부해야 한다. 그래야 남들보다 앞서 나갈 수 있고 기회를 잡을 수 있고 새로운 가치를 창출할 수 있기 때문이다.

하지만 아쉽게도 대다수 직장인들은 여전히 기존 사고방식에 갇혀있다. 변화보다는 안정을 추구하고, 도전보다는 안주하길 원한다. 그러다 보니 늘 제자리걸음일 수밖에 없다. 만약 여러분들이 이런 부류라면 이제부터라도 마인드를 바꿔야 한다. 그러지 않으면 도태될 수밖에 없기 때문이다.

인공지능 시대가 도래함에 따라 인간의 일자리가 위협받고 있다. 로봇에게 밀려나는 건 단지 제조업 분야뿐만이 아니다. 최근 들어 금융권에도 AI 바람이 불고 있다. '로보어드바이저'라는 이름의 자동 투자 시스템이 등장한 것이다. 알고리즘 기반의 프로그램이 고객의 자산 운용을 대신해 주는 방식인데 기존의 펀드매니저와는 달리 감정 기복 없이 객관적이고 합리적으로 판단한다는 장점이 있다.

[그림23] 인공지능 활용(출처 : samsung newsroom)

하지만 일각에서는 우려의 목소리도 나온다. 기계가 인간 고유의 영역까지 침범하게 되면 결국 인간 소외 현상이 나타날 수도 있다는 것이다. 물론 아직까지는 먼 미래의 일이지만 충분히 가능성 있는 시나리오다. 따라서 앞으로는 지금과는 전혀 다른 사고방식과 행동 양식을 갖춰야 한다.

이른바 4차 산업혁명 시대에 걸맞은 인재가 돼야 한다는 의미다. 그러려면 우선 고정관념으로 부터 벗어나야 한다. 그래야 새로운 시각으로 세상을 바라볼 수 있고 남들과 차별화된 가치를 창출할 수 있기 때문이다.

2) 변화로 인한 액티브 시니어

최근 들어 시니어 5060 세대에게 새로운 바람이 불고 있다. 은퇴 후에도 기존 노인세대와는 달리 적극적이고 활동적인 모습을 보이는 이른바 '액티브 시니어'가 늘고 있다. 예전 같으면 그저 집에서 TV 시청이나 하면서 소일거리 삼아 텃밭 가꾸는 정도였을 텐데 지금은 다르다. 나이가 들어도 여전히 사회활동을 활발히 하고 취미생활에도 적극적이다. 건강관리에도 열심이어서 외모 관리뿐만 아니라 운동 등 자기 계발에도 힘쓴다. 게다가 젊은 층 못지않게 최신 트렌드에도 민감하다. 인터넷 사용법을 배우고 스마트폰을 구입하는가 하면 SNS 활동까지 활발하게 즐긴다. 그야말로 인생 제 2막을 활기차게 살아가는 셈이다.

물론 모든 중년들이 다 그런 건 아니다. 하지만 분명한 건 예전과는 달리 스스로 삶을 주도하려는 의지가 강하다는 거다. 그러다 보니 자연스레 경제권을 쥐고 가정 내 의사결정권도 행사한다. 자식에게 의존하던 이전 세대와는 사뭇 다른 모습이다. 바야흐로 지금은 노년층에게도 자신만의 라이프스타일이 필요한 시대다.

각종 취미 활동 및 동호회 활동 등 다양한 분야에서 제2의 인생을 즐기고 있다. 이전 세대와는 달리 경제활동 의지가 강하고 여가생활 및 사회활동 참여 욕구가 강한 특징을 갖고 있다. 실제로도 현재 전체 인구의 14% 정도를 차지하고 있으며 매년 꾸준히 증가하고 있다고 한다. 물론 예전에도 실버산업이라는 이름으로 노년층을 겨냥한 다양한 서비스가 존재하긴 했다. 하지만 지금과는 차원이 달랐다. 그저 먹고사는 데 필요한 최소한의 경제활동 정도로만 인식됐다. 따라서 사회적으로도 별다른 관심을 받지 못했다.

그러던 것이 2000년대 중반 이후 상황이 달라졌다. 평균수명이 늘어나면서 은퇴 후 삶에 대한 고민이 깊어졌고 자연스레 노후 준비에 대한 관심도 높아졌다. 필자는 코로나19로 인해 SNS를 배웠고 메타버스까지 접하면서 빠른 성장을 했다. 그동안 활동한 유튜브 활동이나 라이브커머스 쇼호스트 경력이 온라인상의 건물주가 되는 꿈을 꾸게 해줄 것이고 네이버에 내 이름 석 자만 치면 나에 대한 정보가 모두 검색된다.

최근 들어 개인 브랜딩 시대가 도래하면서 자신만의 브랜드를 구축하려는 사람들이 늘고 있다. 필자 역시 마찬가지다. 내 이름 석 자를 세상에 알리기 위해 부단히 노력 중이다. 하지만 이게 어디 쉬운 일인가? 일단 포털 사이트에 검색했을 때 노출되지 않으면 아무런 소용이 없다. 좀 더 확실하게 어필하려면 인물등록 신청을 해보는 게 좋을 것 같았다.

물론 심사 과정이 까다롭고 통과되기까지 오랜 시간이 걸린다는 건 익히 들어서 알고 있었다. 그래서 인물등록을 제일 먼저 했던 것 같다. 이미 필자는 모든 조건이 충족한 상태여서 큰 어려움 없이 등록절차를 준비했었다. 먼저 필요한 서류를 준비해야 하는데 기본적으로 이름, 생년월일, 직업, 학력 등 인적 사항 정보가 정확해야 하고, 사진 및 영상 자료까지 첨부해야 한다. 게다가 소속사 유무, 수상내역, 경력사항, 저서, 언론 보도 내역 등 다양한 항목별 심사기준을 충족시켜야 한다. 따라서 프로필 작성 시 최대한 상세하게 기술하는 것이 좋다.

물론 이렇게 한다고 해서 모두 승인되는 건 아니다. 다만 최소한의 기준점은 될 수 있기 때문에 가급적 꼼꼼하게 작성하는 걸 추천한다. 자유 양식으로 A4용지 1장 분량 정도면 충분하다. 참고로 서류심사 기간은 보통 평일 기준 4일 내외이며 주말 포함하면 최대 6일 정도 소요된다. 이제 모든 준비가 끝났다.

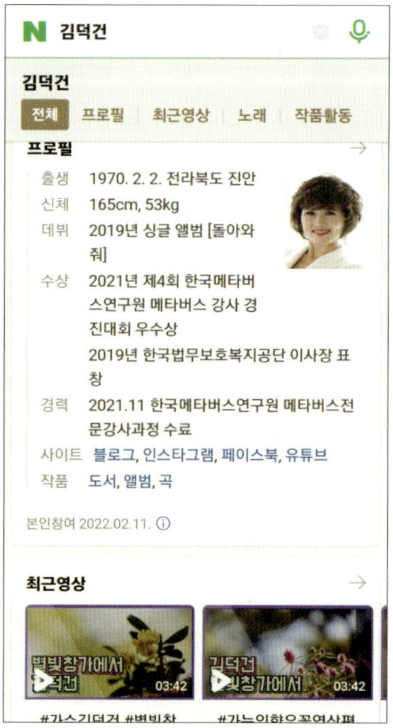

[그림24] 필자의 인물등록 화면(출처 : 네이버)

지금 현재도 많이 알려져 있고 앞으로도 지속적인 성장을 위해 끊임없이 노력하다 보면 액티브 시니어로서 미래가 밝다고 볼 수 있다. 필자는 그런 의미에서 노후대책은 이미 된거나 마찬가지다. 그동안 안주하지 않고 최선을 다해 노력한 결과이기도 하고, 누구든 액티브 시니어로 살기위해 개인 스스로도 노력을 해야 한다. 활동적 장년을 위해 자신감을 갖고 도전한다면 충분히 좋은 성과를 거둘 수 있을 것이다.

6. 메타버스 가수로 탄생하다

1) 지역가수에서 TV 출연까지

필자는 지역가수로 활동한지 현재 10년이 됐다. 늦게 시작한 만큼 마음은 급했지만 더디게 갈 수밖에 없는 게 지역가수의 현실이다. 소속사 없이 혼자 활동하는 만큼 시간은 걸렸어도 그만큼 내공은 쌓여갔다.

남편 사업을 돕다 새롭게 제2의 인생을 시작하게 된 게 노래강사였다. 너무 적성에 잘 맞아서인지 폭풍 성장을 하게 돼 노래강사로 승승장구하고 있을 즘 어느날 남편이 공연장에 와서 공연하는 모습을 보고 음반을 내보라고 권유했다. 가수의 꿈을 향해 도전해 보라며 음반작업을 할수 있도록 도움을 줘서 드디어 세상에 하나밖에 없는 나만의 노래가 탄생했다.

프로필 사진촬영도 하고 앨범 디자인도 준비하면서 무척 설레었던 기억이 지금도 생생하다. 'FIRSTALBUM 돌아와 줘' 음반이 2019년 2월에 발매됐고 음원등록까지 모두 마치고 대표곡 '돌아와 줘, 몰랐네, 사랑애, 별빛창가에서' 4곡이 수록돼 전국으로 음원이 울려 퍼지기만을 기대하며 방송활동도 조금씩 하고 있었다.

첫 음반에 4곡을 작업하다 보니 타이틀 곡을 정하는데 고민이 됐다. 장르별로 곡을 만들었고 고민 끝에 '돌아와 줘'를 타이틀곡으로 정하고 열심히 홍보를 했다. 첫 지상파 방송 TV프로그램 'MBC 가요베스트'에도 출연했다. 한 달 전에 섭외를 받고 한 달 내내 설렘과 동시에 잘 해낼 수 있을지 걱정이 태산 같았다. 그런데 방송 1주일 전 목감기가 와버렸다. 정말 울고 싶었다. 방송 이틀 전까지도 목소리가 안 나와서 연습은커녕 방송에 참여나 할 수 있을지가 불투명했다.

매일매일 병원 다니면서 치료를 했고 그 더운 삼복더위에 에어컨도 못 틀고 식구들이 컨디션 조절에 온갖 신경을 써준 덕분에 녹화 당일 큰 무리 없이 녹화를 마칠 수 있었다. 첫 지상파 방송 기회인데 목 관리도 실력이란 말이 있듯이 너무 내 스스로 안타깝고 힘들었다.

전남 순천 '월등복숭아축제' 녹화방송이었는데 관광버스로 팬들이 많이 와주었고 그 응원의 힘으로 실수 없이 방송을 잘 마칠 수 있었다. 그때 기분은 중앙 가수 부럽지 않을 만큼 행복했었다.

[그림25] MBC 가요베스트
647회 방송 출연 장면

[그림26] 필자의 MBC 가요베스트
647회 방송 출연 시

그 이후로도 전주방송 '와글와글시장가요제'에도 출연했고, 라디오 생방송 프로그램에도 출연하면서 활동을 넓혀가고 있을 때쯤 2020. 1월 코로나19 팬데믹 상황이 온 것이다. 이때부터 문화예술인들은 앞날을 내다보기 힘든 상황이 돼 버렸다.

문화예술인들뿐만 아니라 여러 분야에 속해 있는 분들의 발이 꽁꽁 묶여버린 것이다. 힘든 시간을 하루하루를 버티다가 이대로 있을 수 없다는 생각으로 뭐든 배워보려고 시도를 했다. 첫 번째로 유튜브 생방송을 진행을 하면서 방송 스킬을 익히고, 막막하기만 했던 시간들을 조금씩 채워가는 느낌으로 새 출발의 문을 활짝 열었다.

전 국민을 대상으로 '온라인 무반주 전화 노래방'을 시작했는데 코로나19로 답답했던 시청자들에게 잠시라도 답답함을 잊고 온라인으로 소통하면서 끼를 발산하고 스트레스를 해소할 수 있는 기회를 드리고 싶었다.

1주일에 한번 유튜브 생방송으로 진행됐고 출연자 세분 중 시청자들의 댓글심사와 현장심사 합산으로 한 분을 선정해서 상품도 드리는 아주 활기치고 재밌는 방송을 했다. 노래자랑에는 상품이 있어야 참여도가 좋을 것 같아서 여기저기 찾아다니면서 선물 협찬을 받았다. 지역특산품과 공산품, 주유상품권 등 많은 분들께서 협찬을 해주셔서 지역홍보도 되고 방송이 풍성하고 활기차게 진행됐다. 출연하신 분들이 다음 참가자를 소개해 주는 형식으로 하다 보니 방송도 입소문이 나는 거 같았다.

덕분에 필자도 하루 방송을 위해 1주일을 준비해야만 했다. 생방송이라 철저히 준비를 해야 했고 또 방송전문 진행자가 아니다 보니 방송을 마치고 바로 모니터링해가면서 더욱 방송의 질을 높여갔다. 필자는 배워가면서 하는 입장이라 늘 최선을 다했다.

[그림27] 레미행 TV 유튜브 생방송 진행(출처 : 레미행 TV 유튜브)

코로나19 상황에도 최선을 다해서 자기 계발 시간을 갖고 앞으로의 성장할 수 있는 토대를 마련 해 나가고 있었다. 그 덕분에 케이블 TV 방송 음악프로그램 진행자로 캐스팅 돼서 지금까지도 하고 있다. 방송을 진행하다 보니 평소에 관심있었던 '라이브커머스 쇼호스트'에도 도전장을 내밀었다. 이제는 코로나19와 같은 팬데믹 상황이 오더라도 필자는 걱정없이 일을 할 수 있는 발판을 마련해 놓았다. 필자가 하던 일과 연계해서 배우게 되니까 더욱 빠른 성장을 할 수 있고 즐겁게 할 수 있는 것 같다.

두 번째로 고등학교 졸업 후 대학 진학을 못했는데 2021년 3월 조선대학교 미래사회융합시비스대학 문화산업과에 입학했다.

[그림28] 필자가 입학한 조선대학교(출처 : 조선대학교 홈페이지)

1년 전 52세에 대학생이 된 것이다. 늦은 나이에 공부하려니 여간 힘든 게 아니었다. 하지만 새로운 도전이라는 설렘 덕분에 매일매일이 즐거웠다. 물론 어려움도 적지 않았다. 우선 수업 진도를 따라가기가 벅찼다. 고등학교 졸업 이후 거의 32년 만에 책을 펼쳐든 탓인지 이해되지 않는 부분이 수두룩하고, 이제 2학년 2하기인데 무엇보다 중간고사, 기말고사가 걱정이었다. 중간중간에 과제도 있고 리포트 제출도 만만치 않은데 그래도 포기하지 않고 끝까지 해볼 생각이었다. 어느덧 2학년 2학기가 됐다. 4학년 선배님은 너무 빨리 지나가서 아쉬움이 많다면서 학교에 더 다니고 싶다고 했다.

역시 대학 공부는 달랐다. 전공 이외에도 교양과목을 수강하는데 일반상식에 대해서도 넓혀지는 것 같았다. 지금은 코로나19 완화로 인해 대면 수업으로 동기들과 자주 만나는데 대학에서 배우는 게 어려움은 있어도 학교 다니길 잘했다고 생각한다. 또 필자가 선택한 전공과목은 문화산업인데 현재 하고 있는 일과 연관성 있다 보니 잘 선택했다는 생각을 하게 됐다.

비록 늦깎이 학생이지만 최선을 다해 노력한다면 언젠가 좋은 결과가 있으리라 믿었다. 적지 않은 나이지만 뒤늦게 공부를 시작했다. 그것도 무려 4년제 대학 졸업장을 따기 위해 주경야독했다. 물론 지금 당장 학위를 취득하려는 건 아니다. 다만 배움에 대한 갈증이랄까, 아니면 일종의 도전의식 같은 게 생겨서 더 용기를 냈다. 게다가 평생교육시대 아닌가? '늦었다고 생각할 때가 가장 빠른 법'이라는 말도 있지 않은가? 아무튼 이왕 시작한 거 열심히 해볼 생각이었다. 다행히 학교 수업이 야간에 있어서 낮에는 직장생활을 병행할 수 있었다. 덕분에 일과 학업을 병행하느라 힘들긴 했어도 나름 보람있고 재미있었다. 가끔 학창시절 추억이 떠오르기도 하고 캠퍼스 분위기 자체가 신선하게 느껴지기도 했다.

세 번째로 2021년 10월부터 '메타버스'라는 용어에 관심을 갖고 어려워서 전혀 신경을 안 썼던 메타버스 공부를 시작했다. '메타버스 가수' 타이틀을 갖게 되려면 메타버스를 알아야 했기에 메타버스를 공부하게 됐고 막상 공부를 시작해서 보니 만만치가 않아서 힘들었다.

필자가 인기가수였다면 굳이 메타버스를 배우지 않아도 코로나19 상황에도 매니지먼트사의 스케줄에 맞춰 활동하면 된다. 하지만 필자는 매니지먼트사도 없었고 셀프브랜딩을 하지 않으면 도태된다는 생각을 갖고 있었기에 미래를 위해 자신에게 시간과 투자를 해서 가치를 높여야만 했다. 늘 배워가면서 나 스스로를 업데이트하고 언제 어디서 섭외가 들어오더라도 준비가 돼야만 했다.

한국 메타버스연구원에서 교육을 받으면서 수업에 참여하기 전 미션수행을 하기 위해 유튜브에 영상을 올리는 과제가 있었다. 그 영상을 보고 지상파방송 작가들한테서 연락을 받고 방송 출연을 하게 됐다. 처음엔 정말 신기했다. "어떻게 알고 전화 주셨냐?"고 물어보면 "필자의 개인 유튜브 채널에 메타버스 교육 자료를 업로드한 걸 보고 전화했다"고 하는데 놀라운 일이었다.

이렇게 연락이 돼서 지상파 방송까지 출연을 하게 됐다. '전주 KBS1 아침마당' 프로그램에도 섭외를 받고 특집 방송에 출연했다. 길어지는 코로나19 상황에 어떻게 견디며 지내고 있는지에 대한 스토리텔링과 노래로 방송이 진행됐다. 필자의 고향은 전북 진안인데 친정엄마께서 전주 KBS1 아침마당 방송을 보시고 너무 좋아하신걸 보면 빠른 시간 내에 지상파 방송에 많이 나갈 수 있는 기회가 생겼으면 좋겠다는 생각을 했다.

[그림29] 전주 KBS1 아침마당 출연
(아랫줄 왼쪽에서 세 번째 필자)

[그림30] 전주 KBS1 아침마당 출연
(왼쪽 패널 중 두 번째 필자)

또 KBS1 '노래가 좋아' 프로그램에 섭외를 받고 남편과 딸이 함께 출연준비를 하면서 힘도 들었지만 출연 준비과정에서 남편은 필자를 더욱 이해해 줄 수 있는 계기가 됐다고 한다. 팀명은 '아빠만 외로워' 팀으로 출연을 했고 2주 정도 방송 준비를 했었다. 방송 들어가기 전까지 전화인터뷰부터 녹화 당일 리허설 준비과정, 기다리는 시간 등 연예인들의 겉으로 보기엔 화려해 보이지만 스포트라이트를 받기까지의 힘든 과정을 알 수 있었다. 준비하는 과정에서 힘은 들었지만 우리 가족은 추억 쌓기를 하며 행복한 마음으로 준비를 했었다.

[그림31] KBS1 '노래가 좋아'
아빠만외로워 팀(오른쪽 필자)

[그림32] KBS1 '노래가 좋아'
아빠만외로워 팀(오른쪽에서 두 번째 필자)

TV 방송이 나간 이후 지인들로부터 전화도 많이 받고 문자나 카톡으로도 많은 분들이 알아봐주시고 축하해 주셨다. 라디오방송으로 필자의 타이틀곡 '돌아와 줘'가 흘러나가기만 해도 전화 주시는 분들이 많은데 역시나 지상파 TV 방송의 영향은 더욱 컸다. 계속 도전하고 노력한 결과가 지상파방송도 탈 수 있는 기회를 잡은 것이다. 코로나19 상황이 필자에게는 자극이 돼 새로운 일에 도전을 하게 됐고, 도전함에 있어서 좋은 결과로 이어지는 걸 느끼기 때문에 참 잘했다는 생각을 했다.

2) 유튜브로 퍼스널 브랜딩

바야흐로 '1인 미디어 시대'다. 누구나 자신만의 콘텐츠를 제작해 세상과 소통할 수 있게 됐다. 덕분에 이제는 연예인 못지 않은 인기를 누리는 '유튜버 스타'까지 등장했다. 하지만 모든 유튜버가 다 잘 되는 건 아니다. 구독자 수가 몇 십만 명에 달하는 채널이라도 수익창출 승인을 받지 못하면 광고 수입을 얻을 수 없다. 따라서 본격적으로 활동하려면 반드시 수익창출 승인을 받아야 한다. 물론 아무나 받을 수 있는 건 아니다. 일정 기준을 충족해야 하는데 기본적으로 구독자 1,000명 이상, 시청 시간 4,000시간 이상이어야 한다.

만약 둘 중 하나라도 부족하면 수익창출 신청 자체가 불가능하다. 참고로 최근 들어 조건이 강화돼 심사기간이 길어지는 추세다. 게다가 한번 거절당하면 재신청 시 불이익을 당할 수도 있으니 주의해야 한다. 그럼에도 불구하고 여전히 많은 사람들이 도전장을 내밀고 있다. 그만큼 매력적인 직업이기 때문이다. 장점으로는 일단 진입장벽이 낮다. 특별한 기술이나 전문 지식 없이도 영상편집 프로그램만 다룰 줄 알면 된다. 또 나이제한도 없고 학력이나 경력 등 스펙과도 무관하다. 심지어 성별이나 외모와도 전혀 관계없다. 오로지 자기 개성과 창의성만으로 승부수를 띄울 수 있다는 의미다.

다만 명심해야 할 사항이 있다. 결코 만만하게 봐서는 안 된다는 거다. 앞서 말했듯 현재 크리에이터라는 직업은 레드오션 상태다. 워낙 많은 사람들이 관심을 갖고 있고 진출하려고 하다 보니 경쟁이 치열해졌다. 그러니 남들과는 다른 나만의 무기를 갖춰야 한다. 그래야 살아남을 수 있다. 누구나 쉽게 동영상 콘텐츠를 제작하고 공유할 수 있게 되면서 개인 방송국 전성시대가 열린 것이다. 덕분에 '유튜버'라는 새로운 직업까지 등장했다. 현재 활동 중인 유튜버 수만 해도 무려 수십만명에 달한다.

이제 막 첫 발을 내디디려는 초보 유튜버라면 다음 세 가지 사항을 반드시 기억해야 한다.

첫째, 채널 정체성을 분명히 하라.
둘째, 일관성 있는 콘텐츠를 꾸준히 업로드하라.
셋째, 구독자 관리에 신경 써라.

이 세 가지만 잘 지켜도 어느 정도 안정적인 수익을 올릴 수 있다. 하지만 이것만으로는 부족하다. 보다 확실한 성과를 거두기 위해서는 자신만의 브랜드를 구축해야 한다. 그래야만 지속가능한 성장이 이뤄진다. 이때 필요한 것이 바로 퍼스널 브랜딩이다. 나만의 개성과 매력을 어필함으로써 시청자들에게 신뢰감을 심어주는 것이다. 물론 쉽지 않은 일이다. 오랜 시간 꾸준한 노력과 열정이 뒷받침돼야 하기 때문이다. 그럼에도 불구하고 도전해 볼 만한 가치는 충분하다. 왜냐하면 그만큼 보상이 크기 때문이다.

최근 들어 유튜버라는 직업이 각광받고 있다. 누구나 쉽게 도전할 수 있고 진입장벽이 낮기 때문이다. 게다가 자신만의 콘텐츠만 있다면 수익창출까지 가능하니 그야말로 일석이조라 할 수 있다. 하지만 모든 일이 그렇듯 마냥 쉬운 건 아니다. 일단 영상제작이라는 작업 자체가 결코 만만치 않다. 기획에서부터 촬영, 편집 등 어느 하나 만만한 게 없다. 거기다 구독자 확보 및 유지에도 신경을 써야 하고 꾸준히 업로드해야 한다는 부담감도 크다.

그럼에도 불구하고 매력적인 분야임에는 틀림없다. 내가 가진 지식과 경험을 바탕으로 세상 사람들과 소통할 수 있다는 장점이 있기 때문이다. 물론 그만큼 책임감도 막중하다. 자칫하면 한순간에 나락으로 떨어질 수도 있으니 말이다. 따라서 보다 신중하게 접근할 필요가 있다. 우선 채널 콘셉트를 명확하게 정해야 한다. 그래야 일관성 있게 운영할 수 있으니까 말이다. 다음으로는 지속가능한 콘텐츠를 개발해야 한다. 단발성 이벤트로는 절대 롱런할 수 없다. 마지막으로 꾸준함만이 살 길이다. 초반 반짝 인기몰이에 현혹되지 말고 장기적인 관점에서 바라봐야 한다.

1인 미디어 시대 아무나 다 성공하는 건 아니지만 최소한 시도조차 하지 않는 것보다는 낫다. 나 역시 블로그를 통해 퍼스널 브랜딩에 도전했고 나름대로 성과를 거두고 있다. 현재 내가 운영 중인 채널은 하나인데 가수이다보니 노래 영상을 업로드시켜 놓는다. 커버 송이나 필자의 공연영상을 업로드시키는데 유튜브 영상을 보고 지상파방송 TV프로그램 작가들의 연락이 자주 오는 걸 보면 분명 유튜브 퍼스널 브랜딩 효과를 본 것이다. 만약 독자 중에서 아직까지 이렇다 할 만한 취미 생활이 없다면 지금부터라도 동영상 촬영 및 편집기술을 배워보는 것도 좋을 것 같다.

일단 영상 편집기술 등 기본적인 지식습득이 필요하다. 더불어 구독자 확보 및 유지를 위한 지속적인 노력도 요구된다. 결국 꾸준한 관심과 열정 없이는 결코 성공할 수 없다는 의미다. 그럼에도 불구하고 도전해 볼 만한 가치는 충분하다. 왜냐하면 그만큼 매력적인 직업이기 때문이다. 우선 자유롭게 일할 수 있다는 장점이 있다. 출퇴근 시간이 따로 정해져 있지 않으며 장소 제약도 없다. 게다가 개인 역량에 따라 수익창출 규모가 달라진다. 물론 일정 수준 이상의 인기를 얻어야 한다는 전제조건이 따르긴 하지만 그래도 일반 직장인들에 비하면 훨씬 나은 편이다. 또 하나 주목해야 할 점은 나이 제한이 없다는 것이다. 은퇴 후 새로운 인생을 설계하려는 중장년층에게 더할 나위 없이 좋은 기회라고 할 수 있다.

누구나 자신만의 콘텐츠를 갖고 있다면 스타가 될 수 있고 영향력을 발휘할 수 있다. 기본적으로 영상제작 능력뿐만 아니라 채널운영 노하우까지 갖춰야 하기 때문이다. 게다가 구독자 확보 및 유지에도 상당한 노력이 필요하다. 따라서 전문지식 없이 무작정 도전했다가 포기하는 사례가 부지기수다. 그럼에도 불구하고 여전히 인기 크리에이터 대열에 합류하고자 하는 사람들이 늘고 있다. 그만큼 매력적인 직업이기 때문이다. 우선 수익창출 측면에서 유리하다. 광고수입 외에도 협찬 등 다양한 경로를 통해 안정적인 수이을 올릴 수 있다. 또 하나 좋은 점은 나이제한이 없다는 것이다. 물론 미성년자는 부모님 동의가 있어야겠지만 성인이라면 누구나 자유롭게 활동할 수 있다. 마지막으로 직장생활과는 달리 내가 원하는 시간에 일할 수 있다는 점도 장점이다.

다만 주의해야 할 사항이 몇 가지 있다. 먼저 저작권 침해 행위를 조심해야 한다. 타인의 창작물을 무단으로 사용하면 법적 처벌을 받을 수 있기 때문이다. 그리고 자극적인 소재보다는 유익한 정보를 제공하는 데 초점을 맞춰야 한다. 그래야 시청자들로부터 신뢰를 얻을 수 있으니까 말이다. 필자에겐 코로나19 팬데믹 상황이 유튜브로 퍼스널 브랜딩을 할 수 있는 기회를 맞이하게 됐다. 평소에 관심은 있었으나 접근할 엄두도 나지 않았었고 유튜브 개인채널 없이 회사 유튜브 채널로 유튜브 생방송 진행을 했었다. 그 덕분에 방송스킬도 익히게 됐고 자기 계발에 좋은 경험이었다.

그러나 개인 채널관리는 생각보다 힘이 들었다. 구독자 확보나 영상 업로드를 꾸준히 해야 하는데 처음으로 시작하는 단계에서 힘들긴 했지만 지금은 부지런히 업로드시키는 데에 집중하고 있다. 또 앞으로 메타버스 가수로서 기본적으로 1인 유튜브 라이브 생방송을 개인채널로 할 계획이다. 팬들과 소통하기 좋고 앞으로 빠르게 다가올 '메타커머스', '메타버스 가수'의 길로 가기 위해 무조건 해야 하는 방송중의 하나이다.

3) 인생 터닝포인트

내 삶에도 몇 차례 전환점이 있었다.

첫 번째는 결혼해서 남편 사업을 20년간 돕다가 내가 하고 싶은 노래강사와 가수로 제 2의 인생을 살고 있는 것이다. 두 번째 음반도 나오고 방송활동을 활발히 하고 있을 때 코로나19로 아무것도 못하는 상황에서 SNS를 배워 퍼스널 브랜딩을 하게 되면서 제 3의 인생을 살게 됐다. 코로나19 상황이 길어지면서 앞으로 뭘 해서 먹고 살지 막막하던 차에 마침 SNS 전문가를 만나 배우게 된게 내 인생의 큰 전환점이 됐다. 돌이켜보면 항상 새로운 걸 배우겠다는 마음의 준비가 돼있었고, 우연히 만나게 된 선생님 덕분에 새로운 교육으로 내 인생이 이렇게 바뀔줄은 생각도 못했었다.

내 인생 최고의 순간은 단연코 지금으로부터 1년 전쯤 찾아온 기회 덕분이다. 우연한 계기로 메타버스 교육을 마치고 책을 써보지 않겠냐는 제안을 받았다. 솔직히 말하면 글쓰기와는 거리가 먼 가수 활동을 하고 있었고 필자가 글쓰기에 대한 막연한 두려움이 있었다. 어쨌든 고민 끝에 한번 해보기로 결심했다. 그리고 마침내 첫 번째 원고를 탈고했다. 돌이켜보면 정말이지 쉽지 않은 과정이었다. 주제 선정부터 목차 구성, 본문 작성 및 퇴고까지 모든 단계가 난관의 연속이었다.

글쓰기 중에 병원에 입원까지 하면서 마감기한을 지키지 못해 중간에 포기해야 하는 싶은 마음도 있었지만 꾹 참고 버텼다. 그랬더니 거짓말처럼 마지막 장을 넘기는 순간 그토록 바라던 결실을 맺을 수 있었다. 만약 중도에 포기했다면 어땠을까? 아마 평생 후회했을지도 모른다. 아무튼 나에겐 잊을 수 없는 소중한 경험이자 자산이 됐다. 우연한 기회였지만 덕분에 새로운 일도 거침없이 도전할 수 있는 자신감과 목표를 세울 수 있었고 또 그것을 성취할 수 있었다. 만약 그런 계기가 없었다면 지금의 이 자리는 없었을 것이다.

누구나 살다 보면 삶의 변화가 필요하다는 걸 절실히 느껴질 때가 있다. 내 삶에도 변화가 필요하다는 걸 절실히 느꼈다. 남들보다 늦게 시작한 만큼 열심히 노력했고 결국엔 지금은 많이 성장해 있다. 돌이켜보면 정말이지 죽을힘을 다해 배우고 익혔던 것 같다. 덕분에 주변 가수분들한테도 문의가 오고 필자와 같은 교육을 받고 싶어 하는 분들이 많이 생겼다. 가족들도 나의 노력하는 모습에 인정을 하고 열정 없이는 절대 안 된다는 걸 알기에 적극적인 응원을 해주고 있다.

만약 코로나19 팬데믹 상황에 아무것도 하지 않고 그냥 있었더라면 어땠을까? 아마 현재와 다른 삶을 살고 있었을 것이다. 돌이켜보면 모두 나 자신과의 싸움에서 승리한 순간이었다. 물론 앞으로도 넘어야 할 산이 많겠지만 지금껏 그래왔듯 잘 이겨낼 거라 믿는다.

Epilogue

모 지상파방송 작가님한테서 출연요청이 들어왔었다. 서울까지 가서 미팅 후 출연 확정! 그러나 방송을 앞두고 다시 전화가 왔다. 다음 시즌에 출연하는 걸로. 미안해하던 작가님. 그래도 괜찮았다. 필자는 '메타버스 가수' 타이틀로 출연을 시키고 싶었는데 시청자들 눈높이에서 맞질 않다는 이유였다. 발 빠르게 움직여서 배운 '메타버스' 덕분에 어쩌면 방송국에서 제일 먼저 찾는 가수가 될 수도 있겠다는 희망이 생겼다. 작가도 약속했다. 다음 시즌엔 제일 먼저 섭외할 거라고.

책을 마무리하려 하니 많은 생각들이 스쳐 지나간다. 본문 중에도 언급했지만 코로나19 상황이 길어지면서 앞으로 뭘 해서 먹고 살지 막막하던 차에 마침 SNS 전문가를 만나 배우게 된 게 내 인생의 큰 전환점이 됐다. 돌이켜보면 항상 새로운 걸 배우겠다는 마음의 준비가 돼 있었고 우연히 만나게 된 선생님 덕분에 새로운 교육으로 내 인생이 이렇게 바뀔 줄은 생각도 못 했었다.

지금도 참 잘했다는 생각을 하고 있고 그 과정에 무리가 생겨 응급실에 실려가는 상황도 있었고 평생 약으로 관리를 해야 하는 몹쓸 질병도 생겼지만 그래도 괜찮았다. 여고 졸업 후 언제 이렇게 열정적으로 공부했나 싶을 만큼 보람도 크고 스스로 토닥토닥 해주고 싶다.

글을 마치려다보니 나 자신을 위해서 배우고 익히는 과정에서 지금에 이르기까지 힘들었던 이야기를 자주 피력했던 것 같다. 힘든 과정이 있었던 만큼 누구보다 지금 나는 행복하다. 필자의 실제 경험담을 바탕으로 구체적으로 실행방안을 제시하고자 했고 비록 남들 앞에 내세울 만큼 대단한 능력은 아니지만, 적어도 자신 있게 말할 수 있는 건 누구보다 열심히 노력했고 또 그만큼 성장했다는 사실이다.

그리고 이제는 그것을 세상에 알리고 싶다. 누군가에게 도움이 될 만한 정보라면 기꺼이 공유하고 싶고 나아가 선한 영향력을 발휘하고 싶다.